A FILOSOFIA DA DANÇA
UM ENCONTRO ENTRE DANÇA E FILOSOFIA

MARIE BARDET

A FILOSOFIA DA DANÇA
UM ENCONTRO ENTRE DANÇA E FILOSOFIA

Tradução
Regina Schöpke
e Mauro Baladi

martins fontes
selo martins

© 2015 Martins Editora Livraria Ltda., São Paulo, para a presente edição.
© L'Harmattan, 2011
5-7 rue de l'Ecole Polytechnique, 75005 Paris, France.
Esta obra foi originalmente publicada em francês sob o título
Penser et mouvoir: une rencontre entre danse et philosophie.

Publisher *Evandro Mendonça Martins Fontes*
Coordenação editorial *Vanessa Faleck*
Produção editorial *Susana Leal*
Diagramação *Megaarte Design*
Preparação *Luciana Lima*
Revisão *Renata Sangeon*
Juliana Amato
Andréa Vidal

Dados Internacionais de Catalogação na Publicação (CIP)
(Câmara Brasileira do Livro, SP, Brasil)

Bardet, Marie
 A filosofia da dança : um encontro entre dança e filosofia /
Marie Bardet ; tradução Regina Schöpke, Mauro Baladi. – São Paulo :
Martins Fontes - selo Martins, 2014.

 Título original: Penser et mouvoir : une rencontre entre
danse et philosophie.
 Bibliografia.
 ISBN 978-85-8063-179-1

 1. Dança - Filosofia I. Título.

14-11380 CDD-792.801

Índices para catálogo sistemático:
1. Dança e filosofia : Artes 792.801

Todos os direitos desta edição reservados à
Martins Editora Livraria Ltda.
Av. Dr. Arnaldo, 2076
01255-000 São Paulo SP Brasil
Tel.: (11) 3116 0000
info@emartinsfontes.com.br
www.martinsfontes-selomartins.com.br

SUMÁRIO

Uma inquietude pelo concreto 7
   O problema de Sócrates dançando 9
   Um encontro, um modo de andar 15

Pe(n)sar 22
   Nietzsche 28
   Badiou 34
   Valéry 43
   Nancy 53
   Da metáfora da leveza à experiência da gravidade 58

Andar 71
   O andar em comum? 76
   Andamentos coletivos? 86
   Um passo que escuta? 96

Deslizar 107
   Uma certa vulnerabilidade? 117
   Quem decide? 126
   Isso gira? 130

Com-por 145
   Escrever? 150
   Improvisar? 157
   Imediatez? 170

Apresentar 175
   Presente/Presença? 178
   Instante/Momento 185
   Senciente/Movente 190

Atenção 199
   Tendência 213
   Atitude 216

Articulações 221
   Entre percepção e composição 225
   Entre imagens 233
   No me-io 240
   Da pele 244

Imprevisível novidade? 255
   O possível e o real 263
   Atualização 268
   Critérios imanentes 279
   Desfazer o impossível 288

Pistas conclusivas 293
   Em torno da representação 296
   Um movimento descentrado 299
   Inquietudes cruzadas 308
   Enfim, um intervalo 321

Bibliografia 337

Uma inquietude pelo concreto

Queremos ao mesmo tempo o intemporal e o contemporâneo. Porém, por mais que esgotemos as imagens e façamos as palavras correrem como água entre os nossos dedos, nem por isso seremos capazes de dizer como acontece de, em certa manhã, acordarmos com desejo de poesia.

Virginia Woolf
"A leitura", *O escritor e a vida*,
ed. Payot et rivages, 2008, p. 62.

O problema de Sócrates dançando

A filosofia, ao se debruçar sobre a dança, encontra-se presa em uma espiral. Interrogando posturas, aproximações e modos de andar, a dança apresenta à filosofia o problema da apreensão de seus "objetos". Tomar a medida de uma possível filosofia dos corpos em movimento exige medir a aproximação que a filosofia pode ter com a dança. O primeiro ponto de dificuldade seria uma apreensão exterior desses movimentos dançados – diretamente implicada por sua formulação em termos de objeto –, projetando um lugar para a filosofia como espectadora, e espectadora objetivante, na medida em que, por exemplo, em uma perspectiva aristotélica de um movimento como mudança de lugar e de estado, poderiam ser examinados os movimentos dançantes desde os pontos de referência dessas mudanças. A filosofia procuraria construir para si um olhar objetivante determinando a medida desses movimentos em um espaço de referência para descrever e explicar seu objeto: a dança.

No entanto, quando, por exemplo, entre as primeiras ocorrências do movimento dançante na filosofia, encontramos em Xenofonte um Sócrates dançando (*Banquete*, de Xenofonte), é para descrever outra cena. Não um olhar objetivante, mas um Sócrates que, por um lado, se vê dançando em um espelho, estuda seus movimentos e suas atitudes em uma confrontação confusa com o seu reflexo; e, por outro, faz isso afastado dos olhares alheios[1]. Estamos, portanto, em uma situação completamente diferente de uma medida das mudanças em algumas referências espaciais. Estamos em um encontro. Um encontro consigo dançando, do qual saber o que ele era para Sócrates talvez permaneça enigmático. O que será que ele examinava e o que será que procurava observando seu corpo em movimento? Que relação havia entre os seus gestos e esse eu habitado, ao mesmo tempo, por uma razão e por um demônio? Quais seriam as articulações entre *pensar* e *mover* por meio de seus gestos e de seus reflexos percebidos?

Apostaremos que ele tentava decifrar algumas concordâncias e discordâncias, suas atitudes conhecidas e desconhecidas, na situação singular de dançar e de se ver dançar. Sócrates se entregava a um encontro entre a sua atividade (operando em um registro dominável das categorias de mudanças de lugares – lugares discursivos, outros lugares – e mudanças de estados – ensinar, dar o exemplo

---

1. Xenofonte, *Banquete*. Coimbra: Universidade de Coimbra, Centro de Estudos Clássicos e Humanísticos, 2008.

etc.) e sua existência fenomênica e sensível. Um encontro das medidas e desmedidas dos jogos do sensível e da representação. A cena esboçada por esse encontro propõe o problema liminar de uma filosofia *sobre*, *de* ou *na* dança, uma vez que ela redistribui as relações habitualmente disjuntivas entre teoria e prática. Elas extravasam então, como quase sempre, a operação de medida de uma prática por uma teoria ou a da aplicação de uma teoria em uma prática. *Hybris*, desmedida própria de uma dança que "arrasta"; extravasamento que talvez seja a própria filosofia.

Nem objeto mensurado, nem aplicação; para Deleuze, em seu diálogo com Foucault, a prática constitui, nesse sentido, "um conjunto de revezamentos de um ponto teórico a outro"[2], enquanto a teoria é "um revezamento entre uma prática e outra"[3], sem que esta última represente a primeira nem se aplique a ela, tanto quanto a primeira não inspira a última, em uma relação que seria totalizante, reduzindo uma à outra. Joga-se e torna-se a jogar, neste encontro, com a distribuição das posturas, das intervenções, dos discursos e dos gestos, em revezamentos entre eles que extravasam o quadro de sua simples aplicação. É provavelmente aquilo que Sócrates decifrava dançando diante de seu espelho, buscando ver a maneira como se ligavam àquilo que ele sabia de si, suas diversas posturas, o terreno a partir do qual ele intervinha e em que direção,

---

2. Gilles Deleuze, "Les intellectuels et le pouvoir" [*Os intelectuais e o poder*], conversação com Michel Foucault, (p. 288-98), in *L'île déserte et autres textes* [*A ilha deserta e outros textos*], éd. de Minuit, 2002, p. 288; São Paulo: Iluminuras, 2006.
3. Op. cit., p. 288.

as atitudes por meio das quais ele participava dos debates e um ou outro ponto teórico no qual ele se apoiava, variando segundo o terreno da discussão e segundo o interlocutor ou o adversário. Sócrates, sabendo sempre como intervir, a partir de qual ponto teórico, tendo sobre isso uma intuição segura, mas ignorando aquilo que os liga entre si, fora desses debates e longe dos interlocutores. Que movimento, que é certa dinâmica de si mesmo, une todos esses pontos? Sócrates examina isso no espelho e se vê dançando.

Será que essa dança ainda é filosofia? Trata-se de uma questão que os risos e as zombarias dos convivas do banquete apresentam quando Sócrates conta que dança diante de seu espelho, sabendo bem que será objeto de troças. Será que ela é uma consciência de si da filosofia, vendo-se dançar, como um saber sintético de todos os seus pontos e de sua medida? Ou será que ela passou para outra dimensão, na intensidade dos reflexos do movimento no espelho? Em uma imagem que se esboça simetricamente e, no entanto, em outro lugar, sem que nem a dança, nem a filosofia tenham totalmente lugar nesse reflexo?

De fato, não são mais os pontos que contam, as paradas que marcam a linha sobre a qual viria se aplicar no espaço um trajeto do movimento; também não contam as referências que fornecem os pontos para prender uma questão em suas malhas – neste caso, a dança. Nem medida de um objeto dança, nem sua objetivação por uma filosofia que o analisaria, o interpretaria, para lhe dar um sentido, fazendo dele uma metáfora dela mesma, por exemplo. Um espelho não reflete um idêntico ou uma metáfora. As apreensões neste encontro são de outro registro: roçaduras da realidade em movimento mais do que projeções de coordenadas representativas; intensificações de detalhes, de reflexos que não se esgotam em um ponto de referência mais do que esquematizações; claridades cintilantes vindas do próprio real mais do que elucidações de uma iluminação erudita.

Esse reflexo, que segundo o *Banquete* de Xenofonte já soube pôr a filosofia fora de sua visibilidade discursiva tão geralmente transmitida pela tradição (o sábio na cidade), perante ela própria (Sócrates dançando sozinho diante do seu espelho), está então diante de outra imagem daquilo que, nela, pensa, diante de uma imagem que lhe chega pelo viés de movimentos dançados, esse reflexo também atravessou os tempos. A difração do reflexo da filosofia que vê sua dança em outra coisa permite ampliar esse encontro para a filosofia que vê outros dançarem além dela mesma, os bailarinos. Um pensamento está em movimento, a filosofia vê esses movimentos. Esse reflexo continua a irradiar os corpos em movimento de danças que se dizem, nesse mesmo sentido, contemporâneas. Elas encadeiam gestos que estendem um espelho para a filosofia, para que ela reconheça nele não tanto a si mesma (uma metáfora do pensamento como abstração), mas outro que talvez seja mais profundamente ela mesma do que ela mesma (alguns deslocamentos exigidos pela ancoragem de seu exercício em heterogeneidade). Sem dúvida, as danças gregas não são mais as nossas. É bem aquilo que se acredita saber inteiramente, a ponto de hesitar em acreditar saber aquilo que elas podiam realmente ser, e tudo ensina que ninguém saberia mais dançar essas danças. Assim como inversamente não cessa de voltar a crença em compreender aquilo que pensava, aquilo que fazia e aquilo que inventava a filosofia grega, na época e para hoje. Será necessário, então, recomeçar a experiência de Sócrates: olhar os corpos que dançam, os nossos e outros, no presente, de maneira diferente daquela do tempo de Sócrates, e ver como neles se enlaçam, segundo outro registro de revezamento entre "pontos teóricos", quando considerados conjuntamente, os gestos que se faz igualmente ao filosofar.

Essa experiência revela outras realidades nas quais a dança não se oferece como terreno de aplicação total para uma filosofia que elaboraria teorias, no puro estilo de um espaço homogêneo onde se aplicariam os movimentos, ou seja, mudanças, deslocamentos e diferenciações. Elas extravasam as tramas de espaço e de tempo lineares deslocando a linha divisória entre sensível e representação, entre os corpos em movimento, que não elevam mais à visibilidade alguns corpos definidos como figuras individuais, mas mergulham e se estendem em agenciamentos coletivos, apreendendo-se, então, como corporeidades diversificadas e cambiantes que atravessam os corpos envolvidos. O encontro da filosofia com a dança não pode, portanto, ocorrer no terreno de um domínio de si e de uma definição do ser, de uma virtuosidade que passaria em uma liberdade sempre mais fugidia, ou de uma aplicação que daria sua significação a uma dança que careceria dela, mas por meio de uma experiência da gravidade que propõe incessantemente a questão dos atos e dos deslocamentos afirmando uma igualdade no terreno redistribuído do pesado e do leve.

Assim, *pensar* e *mover* não são os atributos respectivos e definitivos (definindo definitivamente) da *filosofia* e da *dança*, mas os fazeres redistribuídos incessantemente no encontro cruzado de suas múltiplas teorias-práticas, traçando, por meio dos seus reflexos e dos seus ecos, gestos, ancoragens, olhares e deslocamentos.

Um encontro, um modo de andar

Um encontro, primordial e temerário, com a filosofia de Bergson que acompanhava meus primeiros passos na filosofia. Daí a intuição e o acionamento de uma tecedura dos ecos entre algumas maneiras de *fazer* filosofia e outras de *fazer* dança. *Fazer* um trabalho na filosofia sobre a dança envolve um *fazer* que não cessa de variar no transcurso de sua declinação teórico-prática, tornando impossível o *sobre* a dança. *Fazer* filosofia *sobre* a dança, ao encontro de uma teoria e de uma prática restituídas em suas relações, torna-se fazer filosofia *com* a dança.

Não poderá se tratar de aplicar uma teoria filosófica (por exemplo, aqui, bergsoniana) a uma prática (aqui, a improvisação na dança), ou seja, de verificar uma filosofia aplicando-a como um sistema fechado a uma dança que com isso se tornaria abstrata, esclarecida, elevada e significada. Tanto quanto, aliás, o ato de fazer filosofia não esperaria de uma prática qualquer (ou mesmo de uma "filosofia prática" qualquer) a sua inserção na realidade. Nessas diferentes cenas do encontro entre dança e filosofia, não poderia haver uma parte prática e uma parte teórica, mas revezamentos entre uma e outra, abrindo furos e atravessando os problemas que a elas se apresentam. Elas ecoam entre si algumas inquietações apreensíveis no reflexo fugidio de ambas. Não poderá se tratar de uma filiação assim como de uma aplicação em um desenrolar histórico linear, mas de ecos inquietos e intempestivos entre danças, palavras e conceitos.

Certamente, trata-se em parte de algo fechado, visto que a leitura se concentrará sobre certos textos, os de Bergson, encontrados e escolhidos para promover o encontro, como essencialmente *Matière et mémoire* [*Matéria e memória*][4] e aquele que ecoa no título deste livro: *pensar e mover*. Além disso, a escrita filosófica, em seu exercício de apreender uma realidade, fecha certamente alguns sentidos em torno daquilo que ela compreende e que, com isso, ela afirma. Assim é necessariamente a sua prática.

Desse modo, tal empreitada de estudo desses ecos não será desprovida de um trabalho crítico. Ensaiar a dança desde

---

4. São Paulo: Martins Fontes, 1990.

a filosofia, e inversamente, é criticar o uso de ambas as partes, é situar-se, nesse encontro, sob o constrangimento feroz de uma dupla exigência de precisão e de clareza. Que ela não seja análise e medida, isso não impede em nada a exigência e a precisão, e ainda mais: assim como Sócrates dançando diante de seu espelho e observando em seus próprios gestos as posturas de suas intervenções, a filosofia procura aqui identificar as próprias atitudes, situações e diferenças. A máxima exigência de precisão para a filosofia provém de seu contato com a realidade concreta, nos revezamentos entre um ponto prático e outro, "para perfurar a parede"[5]. Uma exigência, portanto, nesse trabalho de fronteira: *fazer* o mais perto, o mais perto *daqui*, o mais preciso. A escrita tenderá a uma obstinação sobre o detalhe, sobre as nervuras da folha; nem por isso ela deixará de falar, espero, dos riscos e dos limites desses encontros, nos quais a história evocada ocupa mais o lugar de cenário do que o de precedente histórico original. Os detalhes, os pormenores, bem ao contrário de uma especialização, fazem entrar no concreto, sem permanecer nem deixar intacto. Longe de um panorama explicativo das grandes leis de aplicação, essa seria, antes, uma prospecção das dinâmicas que fazem e desfazem as lógicas de alguns encontros entre dança e filosofia. Exercita-se, então, uma maneira, um gesto, uma virada de mão, desta filosofia roçando mais de perto os gestos da dança. Tal seria um dos riscos desse trabalho em dança para a filosofia. *Uma inquietude pelo concreto.*

---

5. Ibidem, p. 288.

Se o problema de Sócrates dançando apresenta à filosofia a impossibilidade de se pensar ela mesma como teoria e de buscar sua prática em uma aplicação dos pontos de referência de seus movimentos, se Deleuze e Foucault explicitavam os limites do distanciamento entre teoria e prática a propósito do "papel dos intelectuais" pela crítica da palavra de um teórico *sobre* uma prática que falaria no lugar daqueles que fazem, é porque a distinção fundamental entre fazer e dizer chamava muito a atenção.

Assim, o encontro entre filosofia e dança repensa os lugares e os estatutos dos gestos, das palavras e dos textos de artistas. Não falar em seu nome, mas citar tanto quanto possível as conversações, as observações, os livros e as entrevistas que alimentam minha pesquisa para que eles possam intervir diretamente nesse encontro. Nem palavra revelada, nem palavra indígena que aguardaria sua interpretação erudita, uma heterogeneidade das palavras e dos gestos de filósofos, coreógrafos, bailarinos e bailarinas. Existe evidentemente uma diferença de postura, ou seja, ao mesmo tempo lá onde se aproximam e se afastam aquela ou aquele que filosofa e aquela ou aquele que dança, na repartição dos lugares, dos atos e das palavras, dos projetos, das histórias e das apresentações. Em nenhum caso, então, é possível imaginar homogeneizar as atividades de uns e de outros, fazer uma comparação entre eles por justaposição. Esse encontro é intrinsecamente o encontro com uma estranheza, convocação de um heterogêneo, tanto para a dança quanto para a filosofia: fazer entrar um pouco de fora. De um lado, portanto, não reivindicar uma simples referência filosófica, legitimação rápida para a dança, mas se levar pelas situações, pelos compromissos e pelas ancoragens, concretas e conceituais, da dança; de outro, assumir que fazer filosofia é sempre bordá-la em suas bordas, em heterogeneidade com seus encontros. Mesmo sabendo que por um encontro são mil outras experiências que são convocadas, outros campos, outros domínios de uma paisagem que dá seu contexto a bem mais que um diálogo, uma multiplicidade de tomadas de palavra, de atos e de gestos em torno de uma inquietude.

A matéria deste livro é, em parte, oriunda da minha tese de doutorado em filosofia intitulada *"Filosofia dos corpos em movimento. Entre a improvisação na dança e a filosofia de Bergson. Estudo sobre a imediatidade"*, co-orientada por Stéphane Douailler e Horacio Gonzalez e defendida na Universidade de Paris 8 e na Universidade de Buenos Aires em dezembro de 2008. Matéria híbrida, pelo fato de meus estudos de filosofia terem sido acompanhados desde o início por diversas formações nas artes do movimento, em particular com alguns artistas fazendo uma pesquisa sobre a composição improvisada, e de uma prática regular de Feldenkrais. Na sequência, meu trabalho de pesquisa e de escrita prosseguiu até hoje com a minha atividade de ensino na universidade e em outros lugares, mesclando cada vez mais intensamente os questionamentos e as *provas* próprias das misturas entre teoria e prática.

Portanto, ainda mais inquietante: um encontro da estranheza no seio de uma única trajetória... O encontro entre minha experiência na filosofia e minha experiência na dança, em seus reflexos fugidios e em seus ecos diferenciados, facilitou e alimentou essa inquietude. Nem por isso cada terreno do encontro deixa de tomar diferentes sentidos segundo as trajetórias, ou talvez segundo as épocas da trajetória: eu escolhi um lugar a partir do qual falar – a filosofia – e um modo de apresentação – a escrita.

Ao mesmo tempo, esse lugar e esse modo não definem uma palavra homogênea, mas, antes, constituíram um lugar de exercício do trabalho, uma situação social na qual conduzir minha pesquisa, e algumas direções para as quais eu me dirigia, e esse primeiramente (ou finalmente) – eu me dava conta disso à medida que conduzia o trabalho – porque são os conceitos que me interessam, como ferramentas que se forjam nos atritos com o real, atravessados pela exigência própria da partilha (divisão, luta, vínculo) das experiências, das narrações e das invenções com outros, em lugares de criações, de discussões e de ensino, universitários e artísticos. *Pensar com*.

Se existem tão poucos filósofos que escreveram sobre a dança é talvez porque eles sentiram confusamente que isso escapava, isso escapava muito; os filósofos não gostam muito daquilo que escapa, daquilo que foge diante das tenazes do conceito. Os filósofos que tentaram são os aventureiros, que falaram da dança mesmo não chegando a responder às nossas questões de agora. Aqueles que dedicaram algumas linhas à dança, mesmo fugidias – encontra-se em um aforismo de Nietzsche mais do que em outros longos discursos – são os aventureiros, os franco-atiradores, aqueles que pensam que a filosofia não é a tomada do poder, mas o reconhecimento do não poder. Aquilo que define toda uma família espiritual; existem aqueles que querem a tomada do poder, os grandes herdeiros do pensamento ocidental, que vêm com suas próprias ferramentas: se isso não funciona, eles abandonam a causa. E depois existem os outros, que dizem: mas por que se rejeita isso, por que essa pequena coisa sobre a qual vós lançais um olhar desdenhoso não seria interessante? Nós somos pouquíssimo numerosos. É o que faz o encanto do trabalho filosófico fazer aquilo que os outros não quiseram fazer.

Michel Bernard
"Parler, penser la danse" [Falar, pensar a dança],
(p. 110-5), *Revue Rue Descartes* 2004/2, n. 44.

Pe(n)sar

O pensamento só é sério pelo corpo. É a aparição do corpo que lhe confere seu peso, sua força, suas consequências e seus efeitos definitivos: "a alma" sem corpo nada mais faria além de trocadilhos e teorias.
O que substituiria as lágrimas por uma alma sem olhos, e de onde ela extrairia um suspiro e um esforço?

Paul Valéry
Paul Valéry, "Soma et Cem", in *Cahiers I, 1905-1906, Sans Titre* [Cadernos I, 1905-1906, Sem Título], ed. Gallimard, La pléiade, Paris, 1973, p. 1120.

A filosofia tem com o corpo uma relação mais do que ambígua: o descrédito puro e simples, muitas vezes condenado, que o espírito filosófico lançaria sobre um corpo considerado na analogia soma/sema (corpo/túmulo), se, bem entendido, marcou profundamente a tradição ocidental, não pode ser considerado a única relação que a filosofia mantém com o corpo. Aquilo que se torna rapidamente "a questão do corpo" é quase sempre mais complexo do que essa simples rejeição, e essas nuanças merecem atenção. Nosso corpo nos faz *pe(n)sar*[1] sobre a Terra, tanto quanto nos faz voar por numerosos céus, às vezes bem carnais. Não há nenhuma pretensão em definir o corpo, tarefa em todos os pontos inimaginável, mas, na perspectiva que aqui enuncia Valéry em evidência, trabalhar a presença do corpo na prática do pensamento, aqui da filosofia, ali da dança, no fato de ele conferir peso ao pensamento, no sentido em que a

---

1. Cf. a seção "Nancy".

presença do corpo se dá por sua relação com o peso e trabalha o pensamento em sua efetuação e seus limites. O pensamento, assim, se encontra situado por certa ancoragem em seu contexto. Essa ancoragem, de uma aliança "alma e corpo", segundo os termos retomados por Valéry em "Soma e Cem", evitaria que a filosofia permanecesse nos trocadilhos – nada a ver com o humor e o riso raivoso – e na teoria abstrata.

A anedota segundo a qual Kant fazia todos os dias o mesmo passeio por Königsberg – exceto no dia em que ele ouviu falar da Revolução Francesa – circula incessantemente nos cursos de filosofia apresentando, além da questão da constância quase assustadora do filósofo, a questão da caminhada como atividade filosófica. Tratar-se-ia de estender um pouco mais o assunto, propondo-se a questão do agenciamento dos corpos que dá lugar a determinada filosofia, tendo em conta o fato de que, de certa maneira, fazer filosofia é fazer a experiência da realidade. Essa maneira de ver permite refinar um pouco essa imagem do tratamento que a filosofia faz do corpo. Os usos da imagem da dança que quase sempre é a da dançarina, em algumas citações de filosofia, já traduzem a complexidade dessa relação com o corpo. O corpo, tanto quanto a dança, não será considerado aqui objeto sistemático de um estudo dos textos filosóficos, mas como lugar de uma operação possível em seu encontro téorico-prático.

A dançarina faz alguns passos sobre as pontas dos pés, se atira, rodopia e estimula assim o espírito do filósofo em sua suposta elevação; eis aí o que poderia ser uma imagem recorrente da aparição da dançarina na filosofia ocidental. Dois problemas se apresentam com relação a essa cena: o das questões de gênero e o da leveza. A primeira imagem é a da dançarina como musa feminina do espírito do filósofo masculino. Além do fato de o filósofo não ver a arte da dança, mas a imagem da dançarina, os movimentos desta última inspiram o pensamento do primeiro, sem, desse modo, serem eles próprios pensamento; essa divisão de gênero dos papéis ativo e passivo daquele que pensa e daquela que inspira não pode passar despercebida. Fantasma de uma feminilidade pura de uma dançarina que forneceria a matéria inerte para a criação conceitual do filósofo, ela que consegue sublimar a sua existência de mulher em pura metáfora, feminilidade de movimentos sem corpo real: ela sugere sem dizer uma só palavra, ela evoca sem dançar concretamente; ela se move sem que seus pés toquem o chão. O pensador que observa a dançarina reconhece nela, muitas vezes, a extrema qualidade de não ser completamente uma mulher[2], abstraída que ela pode ser pela elevação de sua realidade mais corporal, biológica, terrestre, que pareceria caracterizá-la... Essa representação da dançarina exige, para um pensamento entre filosofia e

---

2. "[...] o ser dançante, nunca senão um emblema, de modo algum alguém. [...] A saber, a bailarina não é uma mulher que dança, pelos motivos justapostos de ela não ser uma mulher, mas uma metáfora [...] e de ela não dançar, sugerindo, [...] com uma escrita corporal." Stéphane Mallarmé, "Crayonné au théâtre" [*Rabiscados no teatro*] (Belo Horizonte: Autêntica, 2010) in *Divagations* [*Divagações*], ed. NRF Gallimard, 1997, p. 192-3; Santa Catarina: Editora UFSC, 2010.

dança, propor a questão da leveza da dança, que caracterizaria uma arte do corpo que justamente se libera dele. A dança representa essencialmente para a filosofia a sua relação com o peso.

Sem necessariamente constituir um repertório dos textos de filósofos sobre a dança, ir aos próprios textos de alguns filósofos permite ver como se forja e como se matiza essa imagem da dançarina como "leve". Para além do contexto histórico da dança que envolve cada época, a imagem da dança como leveza diz, ao mesmo tempo, alguma coisa do pensamento e alguma coisa do corpo. Nessa espécie de imagem ingênua da dança para a filosofia – quando não é uma negação pura e simples da dança que, é preciso dizer, tem pouquíssimo lugar nos escritos dos filósofos – quase nunca se trata de pensar a dança de igual para igual, como um pensamento, nem mesmo como objeto de uma filosofia estética: enquanto arte. De fato, quando a filosofia quer falar da arte, ela convoca com muito mais gosto a pintura, a literatura ou a música. A dança é apenas um reflexo inspirando um filósofo que se observa e vê seus próprios movimentos de abstração através dela. A dançarina se constitui apenas como referência para a filosofia enquanto a leve, a musa, a abstrata, aquela que, mesmo passando pelo corpo, se extrai dele, abstraindo-se, por sua leveza, do peso, em uma articulação entre corpo movente, pensamento, peso e metáfora.

A dançarina é, então, o corpo liberado de seu peso, em todos os sentidos do termo. Seria ela, portanto, o ideal de uma filosofia que se desejaria liberada de sua presença física? A dançarina não seria, nesse caso, evocada e até invocada por ela mesma, por sua prática ou por sua arte, mas como metáfora de um pensamento que rodopiaria no mundo com leveza, longe de todo peso. Ela constituiria, então, uma imagem ideal para uma filosofia que se desejaria leve e metafórica. No entanto, quando pega a dança, a mais "física" das artes, a filosofia se coloca em uma postura certamente mais complexa do que esse quadro maniqueísta pode facilmente fazer crer pintando uma filosofia esquecida e negadora do corpo, dos prazeres, da carne como aquilo que pesa, que quer esvoaçar no mundo do espírito leve, ou, antes, esvoaçar levemente no mundo das ideias sérias.

Por quais laços inextricáveis se encontram, então, ligadas metáfora e leveza? A metáfora pode se revestir de diversos aspectos[3]: se ela é transferência – e essa transferência de um nome –, pode ser um deslocamento de gênero, uma analogia ou então tender a um deslocamento concreto; e então a relação entre leveza e metáfora varia em cada um desses aspectos. Os poucos textos de filosofia, dos clássicos e dos contemporâneos, que tocam nesses problemas da leveza e da metáfora examinando a dança proclamarão essa variação e refinarão as múltiplas nuanças segundo as quais a dança pode se dizer – ou não – metáfora. Com efeito, se

---

3. "A metáfora é a transferência para uma coisa de um nome que designa outra, transferência do gênero para a espécie ou da espécie para o gênero, ou da espécie para a espécie ou de acordo com a relação de analogia." (Aristóteles, *Poétique* [*Poética*], trad. de J. Hardy, ed. Les Belles Lettres, Col. Budé, 1932, reed. 1969, 1457 *b* 6-9. São Paulo: Abril, 1973. In Paul Ricoeur, *La métaphore vive* [*A metáfora viva*], ed. Seuil, Paris, 1975, p. 19; São Paulo: Edições Loyola, 2000.

a metáfora é considerada a operação conjunta e distinta da dança e da filosofia, então sua aliança com a leveza varia conforme ela seja semelhança, analogia, comparação, metamorfose ou deslocamento – ou, para mencionar os extremos, abstração retórica ou transformação. São finalmente as variações entre metáfora e leveza que constituem os indícios das operações da dança e da filosofia, e de suas relações; sem que uma cronologia da história linear da filosofia indique na matéria qualquer progresso *a priori*.

Nietzsche

Em primeiro lugar o "intempestivo", que disse a necessidade vital da música e da dança, e que em seus textos por aforismos, imagens, renova radicalmente a escrita filosófica, particularmente o uso das metáforas. Se ainda é possível falar de metáforas nesse caso, elas têm uma força particularmente prenhe de concretude. Assim, Nietzsche faz a dança andar de uma maneira bem singular com Zaratustra ao ritmo das imagens de uma filosofia que não o é menos. Contra "esse diabo" que é "o espírito de peso", Zaratustra convoca em primeiro lugar os passos das dançarinas de pés leves. Zaratustra anuncia "o canto da dança" como os movimentos dos "leves" que dançam contra "o espírito de peso"[4]. "De Deus eu sou o porta-voz perante

---

4. Friedrich Nietzsche, "*Le chant de la danse*" [*O canto da dança*], (p. 148-51), in *Ainsi parlait Zarathoustra* [*Assim falou Zaratustra*], ed. Folio, Paris, 2002, p. 148. São Paulo: Companhia das Letras, 2011.

o diabo; ora, esse diabo é o espírito de peso. Ó, vós, os leves, como seria possível que das divinas danças eu fosse inimigo? Ou dos pés das mocinhas de belos tornozelos?[5]"

Leves, divinas, contra o diabo de peso, as dançarinas são aliadas do filósofo. Esse enunciado do projeto filosófico se aproximaria, então, nesse ponto preciso, daquilo que aparecia outrora como certa imagem da tradição filosófica que busca na dança a dançarina, e na dançarina uma abstração do corpo pesado para elevar-se nos ares? Todavia, Nietzsche apela para essa imagem da leveza para sua filosofia, sem, no entanto, permanecer em um dualismo opondo corpo pesado e espírito leve. A distinção se faz transversalmente: o espírito é pesado e o corpo, pelo movimento dos pés, seria leve.

Portanto, não são tanto duas instâncias que se opõem (corpo/espírito, pesado/leve), mas operações mesclando diferentemente as duas, que deixam então de estar separadas. É preciso notar desde então que essa operação é principalmente vista, efetuada e lida pelos pés. Não pode se tratar, nesse sentido, de uma simples inversão na qual o espírito se tornaria pesado e o corpo se tornaria leve e aéreo, mas bem mais de pensar, com essa leveza da dança, em uma operação que toma a leveza como um "riso", "um canto de dança e de escárnio"[6], que não se abstrai dos jogos dos pés sobre a Terra.

---

5. Ibidem, p. 148.
6. Ibidem, p. 149.

A evocação da leveza não é, pois, unívoca; ela pode ser abstração, mas pode também tomar com ela a relação com o chão, com a poeira levantada por seus passos. Ela não é igualmente pura metáfora retórica, pura imagem do pensamento: quando Nietzsche convoca a dançarina para essa leveza, ele a deixa ser vista como presença bem real e até mesmo como atividade concreta para o filósofo.

Assim, Zaratustra entraria na dança em "o segundo canto da dança":

> Mal duas vezes, com tuas pequenas mãos, tu fizeste mover tua matraca – já se balançava meu pé, em sua fúria de dança.
> Meus calcanhares se empinaram para escutar se estenderam meus dedos dos pés; seus ouvidos será que o dançarino não os tem – nos seus dedos dos pés?[7]

Como em um riso louco, a dança se partilha, contagiosa; ver dançar é pôr-se a dançar: nenhuma parcela predefinida na divisão dos lugares entre aquele que observa e analisa e aquele que dança. Esse contágio do movimento dançado, pelos pés, é antes de tudo uma escuta, um compartilhamento do solo, da fúria de dançar. Zaratustra não fala tanto de salto quanto do passo das dançarinas, o movimento dos pés e dos tornozelos sobre a terra; pensar com seus pés sobre a terra tanto quanto com o ar: o binarismo pesado/leve se torce, de riso, com a dança. Escutar com

---

7. Ibidem, *"Le deuxième chant de la danse"* [*O segundo canto da dança*], (p. 294-8), p. 294.

seus pés, tal seria a atividade da dança em uma filosofia na qual o filósofo se põe a dançar: a leveza da dança é a de um riso que não se abstrai do solo e é furor. A relação com o solo é, portanto, mais complexa do que um simples desprendimento, um esvoaçar. Da imagem abstrata da dançarina como metáfora ideal de um pensamento leve passamos ao "velho adivinho" que "de prazer dançava"[8]; antes uma prática filosófica do que uma metáfora inspiradora.

O movimento do pensamento trava uma luta contra o espírito de peso, e nesse sentido é leve, fortalecido por seu riso, pelo riso que mata por seu "furor de dança", desde as primeiras páginas de *Assim falou Zaratustra*. O pensamento é arrastado em uma dança, pela força do ritmo, ao longo de toda a página:

> E a mim mesmo, que bem me entendo com a vida, parece que borboletas e bolhas de sabão, e tudo aquilo que entre os homens é do mesmo tipo, têm um melhor conhecimento da sua felicidade.
> Essas pequenas almas leves, loucas, elegantes, móveis, ao vê-las flutuar – Zaratustra é levado às lágrimas e aos cantos!
> Eu não acreditaria senão em um deus que entendesse de dança!
> E quando eu vi meu diabo, quando o achei sério, aplicado, profundo e solene: é o espírito de peso – por quem caem todas as coisas.

---

8. Ibidem, "Le chant du marcheur de nuit" [*O canto do caminhante noturno*], (p. 406-15), p. 407.

Não é por ira, é por riso que se mata. Coragem! Matemos esse espírito de peso!
Aprendi a andar; por mim mesmo, depois, eu corro.
Aprendi a voar; para avançar, depois, não quero mais que me empurrem!
Agora eu sou leve, agora eu voo, agora me vejo debaixo de mim; por mim é agora um deus quem dança.
Assim falou Zaratustra.[9]

A leveza está aí, bolhas de sabão, borboletas e voos, sem, no entanto, constituir um ícone a contemplar para abstrair seu pensamento, inspirado pela dançarina-musa. Pôr-se a dançar, fazer a experiência dessa leveza, que, paradoxalmente, me faz ver "abaixo de mim": não elevar a perspectiva em uma abstração, mas inverter a visão e se tornar Deus pelos pés. É assim que a primeira prática de Zaratustra foi o caminhar, e caminhando ele correu, ele voou e dançou. A caminhada como primeiro passo de dança anuncia uma relação fundamental com o solo e com a gravidade.

É preciso sublinhar que a dança, que é aqui o riso da filosofia, é coletiva e é a das dançarinas que arrastam o filósofo em seu rasto sobre o solo. A marcha é, então, uma figura forte para uma dança que conversa com o solo e nele traça sua partição. A leveza não se abstrai do mundo por uma metaforização; o pensamento calca o solo e tece com ele uma relação singular, uma vivacidade, uma rapidez. Certamente as dançarinas representam a leveza contra o

---

9. Ibidem, *"Du lire et de l'écrire"* [Do ler e do escrever], (p. 57-9), p. 58-9.

peso, mas a luta contra o espírito de peso passa por uma relação que se perfaz dos pés ao solo, e não por uma abstração da gravidade. Uma luta corpo a corpo, pés a pés, não uma fuga pelos ares. Essa relação que se perfaz com o peso, pelo jogo dos pés sobre o solo, não é, em nenhum caso, sinônimo de lentidão. Torcem-se em todos os sentidos as oposições e as correspondências entre as séries pesado/concreto/lento e leve/rápido/abstrato.

A filosofia, quando convoca a dança, se situa bem no cerne dessa tensão gravitária, identificando nela aquilo que anima a própria dança. Ela retoma aqui certa oposição entre pesado e leve, mas se situa, em seu encontro com a dança, no cerne da tensão, mais do que em uma contemplação de qualquer metáfora leve da abstração. A dança, ao contrário, opera um deslocamento, uma entrada na dança do filósofo. Existe em Nietzsche uma rapidez da operação do pensamento quando ele convoca a dança, e, se a operação do pensamento é metáfora, ela é apreendida no curso de seu procedimento, operação do deslocamento, no riso em cascata, tanto veloz quanto leve, pés empinados e riso furioso, em uma tensão entre ancoragem e decolagem. A cena do encontro entre dança e filosofia já se complexificou pelo encontro entre as dançarinas e seus pés, e entre Zaratustra e seus calcanhares.

A escrita nietzschiana e seus aforismos criam um uso totalmente singular das metáforas: mais do que uma imagem abstrata, uma referência subentendida na semelhança, as metáforas caminham mais concretamente articulando-se no mesmo plano que os conceitos, de preferência a formar com eles uma representação imagética, parabólica. Como uma ficção diretamente sobre os conceitos, alguma coisa como personagens e paisagens filosóficas[10]. Assim, as dançarinas não são musas inspiradoras por sua abstração de um pensamento etéreo puramente retórico que encontra na dança a metáfora de sua abstração. O encontro concreto com essas dançarinas cria outra paisagem, na qual a oposição entre o pesado e o leve está embaralhada, e onde a metáfora opera de outra maneira.

Badiou

É assim que a abordagem da dança, a partir da filosofia, encontra-se inserida na complexificação da imagem da dança para a filosofia até esses últimos anos. Em um texto apresentado em um colóquio do Germs*, intitulado justamente "Dança e pensamento", na Universidade de Paris 8, Alain Badiou expõe a complicação da relação com a gravidade na dança e suas consequências para o pensamento, a partir da relação entre leveza e metáfora. O título "A dança como metáfora do pensamento"[11] situa claramente um ponto de partida no âmbito dessa imagem da dança

---

10. Cf. "Personnages philosophiques", in Gilles Deleuze e Félix Guattari, *Qu'est-ce que la philosophie* [*O que é a filosofia?*], ed. de Minuit, Paris, 1991. São Paulo: Editora 34, 2010. 3. ed.

* Groupe d'Étude et de Recherche des Médias Symboliques. (N. E.)

11. Alain Badiou, *"La danse comme métaphore de la pensée"* [A dança como metáfora do pensamento], (p. 11-22), in *Danse et pensée* [Dança e pensamento] (obra col.), ed. Germs, Paris, 1993.

habitando a filosofia. É a leveza contra o espírito de peso que faz Badiou gracejar quando afirma que "a dança figura a travessia para a inocência"[12]. Leve, a dança oferece ainda e sempre à filosofia desprendimento, simplicidade e inocência, em uma metáfora abstrata, e mesmo um emblema do pensamento e da filosofia que buscam se elevar. Mas Badiou não permanece restrito a uma pura metáfora da elevação e tensiona ainda mais essa aliança a partir de Nietzsche:

> Na realidade, aquilo que fundamenta que a dança metaforize o pensamento é a convicção de Nietzsche de que o pensamento é uma intensificação. [...] o pensamento é efetivo "sem sair do lugar", ele é aquilo que se intensifica, se podemos dizê-lo, sobre si mesmo, ou, ainda, o movimento de sua própria intensidade[13].

Badiou procura substituir a elevação pela intensificação sobre si mesmo, em um aqui que se torna a apreender sem sair do lugar, pondo imediatamente em questão um possível fora, uma inserção de um exterior, referencial, no deslocamento da metáfora. Se a dança é a metáfora do pensamento, para Badiou ela o é em um sentido particular, "que só vale, com efeito, se afastarmos toda representação da dança como coação exterior"[14], ou seja, como técnica que conforma um corpo a partir de um exterior.

---
12. Idem.
13. Idem.
14. Ibidem, p. 2-13.

A dança agiria então singularmente, não como um ícone a ser atingido, mas como aquilo que confere *seu lugar* ao pensamento, enquanto ele se efetua em si mesmo, "como intensificação imanente"[15]. Badiou retoma as imagens da leveza e da metáfora, para com elas enunciar a torção em uma oposição entre imanência e representação, oposição na qual a metáfora se move. A dança é, segundo ele, na obra de Nietzsche, a metáfora do pensamento enquanto ele é – como a dança – o próprio movimento de sua intensificação imanente, mais do que uma representação exterior incômoda, de uma elevação qualquer, por exemplo, transcendente. É exatamente nesse sentido que a dança pode ser, para Badiou, uma figura do acontecimento, conceito central de seu pensamento. É então enunciado o campo de tensão que se cria no encontro da dança com a filosofia, entre imanência e representação, que será reencontrado no momento de pensar, o mais próximo possível da prática, alguma coisa de uma imediatez do presente, a partir desse encontro. E, no entanto, ele fala sempre de uma metáfora...

Pensar a metáfora como intensificação imanente é permitido pelo trabalho sobre a gravidade que, mal é iniciado, já não permite mais a oposição binária entre pesado e leve. Partindo novamente da leitura "do canto da dança", as dançarinas que estão ao lado de Zaratustra, "leves" "contra o espírito de peso", tornavam evidente o laço

---

15. Ibidem, p. 12.

singular que se estabelece entre a dança e a terra. Badiou explica como, na obra de Nietzsche, mesmo se a dança é tomada em sua imagem da leveza, isso não está em uma abstração do chão pisado, mas pelos pés que sulcam a terra. Badiou retoma assim: "É que a questão central da dança é a relação entre verticalidade e atração, verticalidade e atração que transitam no corpo dançante e o autorizam a manifestar um possível paradoxal: que terra e ar, trocando suas posições, passem um pelo outro"[16].

Essa observação sobre a dança considerada nessa relação gravitária é essencial: não se trata nem de uma negação da atração terrestre, nem de um esforço único que se oporia a ela em todos os pontos, mas de uma tensão que é a sua própria intensificação e o lugar de uma partilha, de uma redistribuição, entre terra e ar. Mas será que se trata de pensar, então, que um passa parcialmente para o outro ou que se invertam simetricamente as posições?

Badiou tende, com efeito, na sequência do texto, a erguer a verticalidade associando-a *a priori* à leveza contra a horizontalidade, cujo peso é identificado sem desvio como ruidoso, brutal e militar, mesmo que ele apreenda de chofre, por meio de sua referência a Nietzsche, uma sutileza dessa relação ultrapassando a simples metáfora retórica da dançarina como abstração do solo comum para o qual todo mundo é atraído. Em uma comparação que não é, de modo algum, evidente entre horizontalidade e peso, martelando

---

16. Idem.

no passo e opondo a ela uma verticalidade que se eleva "sobre pontas", Badiou pode descrever a dança opondo-a ao corpo militar, para voltar em definitivo a opor peso e leveza aérea, através da imagem clássica das pontas:

> É o corpo alinhado e martelante, o corpo horizontal e sonoro. O corpo da cadência batida. Enquanto a dança é o corpo aéreo e desfeito, o corpo vertical. De forma alguma o corpo martelante, mas o corpo "sobre pontas", o corpo que toca levemente o solo como se fosse uma nuvem[17].

Ora, a complexidade outrora elucidada por Badiou, permitindo, por exemplo, essa fina torção das nuvens tocando levemente o solo, certamente não permite uma oposição simples e binária entre a verticalidade leve e aérea da dança e a horizontalidade pesada – e assim coagida do exterior – dos militares. Existem muitos corpos sem pontas que dançam, algumas danças nas quais o corpo martela, de maneira alguma militar, e que do mesmo modo "supõem o sopro, a respiração da terra". Tem-se a impressão de que Badiou inverte muito justamente a paisagem do pensamento observando a da dança, jogando as nuvens para a terra e o chão para os céus, mas retorna a uma oposição não menos binária em relação ao gesto, à efetuação da dança: as pontas que elevam verticalmente contra o peso horizontal. Entre ver e fazer, a dança coloca o filósofo em uma situação complexa,

---

17. Ibidem, p. 13.

e o próprio Badiou, aliás, observa em seu texto que "a dança é, ao mesmo tempo, um dos termos da série [quase franzino] e o atravessamento violento da série. Zaratustra dirá de si mesmo que ele tem 'pés de dançarino furioso'"[18].

A relação da filosofia com a dança vacila incessantemente nessas comparações entre leveza e peso, metáfora e percepção, pieguice e inocência... O encontro ganha nesse texto a explicação dessa relação com a terra, como respiração, atração e verticalidade, que faz da dança essa "intensificação imanente" e, para Badiou, no mesmo lance, a iminência de uma contenção. Alia-se intimamente a relação com a gravidade e a temporalidade, no sentido de que se abre "a contenção imanente ao movimento"[19], em um tempo pouco antes do tempo da nomeação, naquilo que a dança, ao mesmo tempo que ocorreu (e, portanto, tomou tempo), não ocorreu totalmente. Surgem, então, alguns não lugares da dança, assim como, ao mesmo tempo, virtualidades e movimentos pouco antes do movimento, que se tecem justamente nessa relação singular do corpo dançante com a terra.

A metáfora deixa então de ser uma abstração para ser um deslocamento no lugar, uma "travessia" imanente mais contida, certo distanciamento que inerva o movimento dessa iminência. Esse "pouco antes", esse "pré-movimento" essencialmente gravitário, ocupa um lugar importante no

---

18. Ibidem, p. 12.
19. Ibidem, p. 14.

pensamento atual sobre a dança, particularmente a partir dos trabalhos de Hubert Godard:

> A relação com o peso, ou seja, com a gravidade, já contém um humor, um projeto sobre o mundo. É essa gestão particular que cada um faz do peso que nos faz reconhecer sem erro, e pelo simples barulho, uma pessoa do nosso meio que sobe uma escada. [...] Chamaremos de "pré-movimento" essa atitude para com o peso, a gravidade, que já existe antes que nós nos mexamos, no simples fato de estar de pé, e que vai produzir a carga expressiva do movimento que nós vamos executar. [...] é ele quem determina o estado de tensão do corpo e que define a qualidade e a cor específica de cada gesto[20].

Badiou vai ainda mais longe nesta direção, até fazer desse pré-movimento, aqui desse pré-tempo, a própria essência da dança, que a englobaria toda, mesmo reafirmando sua essência de metáfora:

> Mas se a dança é metáfora do acontecimento "antes" do nome, ela não pode participar desse tempo que apenas o nome, por seu corte, institui. Ela é subtraída da decisão temporal. Existe, portanto, na dança, alguma coisa anterior ao tempo, pré-temporal[21].

---

20. Hubert Godard, *"Le geste et sa perception"* [O gesto e sua percepção] (p. 224-9), posfácio a Isabelle Ginot e Marcelle Michel para a obra *La danse au XXème siècle* [A dança no século XX], ed. Bordas, Paris, 1995, p. 224.

21. Alain Badiou, "La danse comme métaphore de la pensée", op. cit., p. 15.

Porém, ao fazer isso, será que não se arranca definitivamente a dança do seu lugar próprio, privando-a de todo o tempo? Será que não se faz dela uma imagem do acontecimento perdendo a relação gravitária, em um pré-tempo que se torna fora do tempo?

Enquanto para Godard, por sua prática de análise do movimento, o pré-movimento gravitário é "carga expressiva" – mesmo se não diretamente semântica –, uma inserção na temporalidade própria do gesto, Badiou lê na dança, como filósofo, a possibilidade de uma subtração ao tempo e à denominação. Fazendo dela o modelo do acontecimento, não restaria à imagem ideal da dança antes do nome (tal como a dançarina de Mallarmé, que, escrevendo sem caneta, sugeria sem palavras[22]) como metáfora, muda e abstrata, que não pode apreender a si mesma? No limite, apenas o filósofo pode buscar aí a metáfora ideal de um acontecimento – o conceito central de sua filosofia – reconhecendo nela a imanência, mas passando ao lado da efetuação real da dança. Uma efetuação da dança que, por meio desse pré-movimento, por sua ligação com o solo e mesmo por certa horizontalidade de seu desenvolvimento, atravessa o tempo de sua efetuação, colocando bem a questão da imanência muito próxima do gesto. Badiou forja um ideal de uma dança que não passa pelo constrangimento

---

22. "[...] o ser dançante, nunca senão emblema, de modo algum alguém. [...] A saber, a dançarina não é uma mulher que dança, pelos motivos justapostos de ela não ser uma mulher, mas uma metáfora [...] e de que ela não dança, sugerindo, [...] com uma escrita corporal." Stéphane Mallarmé, *"Crayonné au théâtre"*, in *Divagations*, op. cit., p. 192-3.

formal exterior dos corpos; mas não haveria um jogo possível dos corpos que reencenam, dançando, sua própria *conformação* em uma *de-formação*? Um jogo imanente ao gesto e à composição da dança, no qual as formações das corporeidades são capazes de trabalhar a sua própria matéria, em uma *meta-morfose* através do jogo gravitário? Uma temporalidade singular dessa travessia da gravidade não oposicional de um tempo que englobaria o pré-movimento e o movimento?

Assim, tratar-se-ia de ver se a leveza está fora da terra, em uma abstração, em certa exteriorização ao tempo, à gravidade. Badiou afirmava primeiramente que se a dança era metáfora do pensamento, era justamente pelo fato de que ela se intensificava em si mesma, e não a partir da representação exterior dela mesma. No entanto, esse antes do tempo e esse antes do nome não criariam a espera de outro mundo, justamente os do tempo e da denominação? Complexidade renovada dessa imagem da dançarina como musa metafórica da filosofia através da tensão desse "fora" que tenderia, então, a se constituir como uma exterioridade.

Fica mais claro do que nunca o desafio que a dança lança à filosofia: pensar uma imanência que tem, no entanto, o seu lugar, e uma fugida no "ter lugar" que não é abstração. Como se a metáfora fosse uma operação de deslocamento nessa relação gravitária na qual algo de fora vem se inserir, mesmo imóvel, no tempo como duração, antes de se inserir como uma imagem abstrata representando o ato de pensamento puro e ideal. Esse texto de Badiou sobre a dança reencena muito exatamente a tensão de um encontro entre filosofia e dança, entre uma imagem metafórica da leveza como pureza de um pensamento que se abstrai das condições comuns de peso, de tempo e de palavras, e uma realidade em movimento de um corpo reconvocado ao exercício filosófico sobre a terra.

Valéry

O trabalho que Paul Valéry faz sobre a dança retoma esse motivo da leveza, mas ainda aí de maneira complexa, tanto em seu estudo sobre a dança de 1921, encomendado pela *Revue Musicale*, quanto em sua obra *Degas dance dessin* [*Degas dança desenho*], escrita em 1936. Assim, no momento de "se fazer uma ideia bastante clara"[23] daquilo que é a dança, a fim de introduzir seu trabalho sobre as pinturas de Degas, Valéry escreve: "[...] a mais livre, a mais flexível e a mais voluptuosa das danças possíveis surgiu-me em uma tela em que eram mostradas grandes Medusas: não eram de forma alguma mulheres e não dançavam"[24].

A medusa representa para ele a dançarina perfeita, pelo fato de "ela não ser uma mulher e ela não dançar", para retomar aquilo que seu mestre Mallarmé diz da dançarina[25]. Além do problema apresentado por essa

---
23. Paul Valéry, *Degas danse dessin* [*Degas dança desenho*]. São Paulo: Cosac Naify, 2013.
24. Idem, p. 27.
25. Stéphane Mallarmé, *"Crayonné au théâtre"*, op. cit., p. 192-3.

referência que desfaz a dançarina de sua realidade de mulher, é preciso novamente sublinhar que a descrição da dançarina como emblema de leveza determina igualmente sua função metafórica.

Da mesma maneira, em *L'âme et la danse* [*A alma e a dança*], Valéry imagina um diálogo entre Erixímaco, Fedro e Sócrates em torno da imagem da leveza e do problema da metáfora: para Sócrates, "ela é uma mulher que dança e que deixaria divinamente de ser uma mulher se pudesse obedecer ao pulo que ela deu até às nuvens"[26]. Ainda aí a determinação do salto a terminar, o peso, reconduz a dançarina a uma realidade comum[27], a de ser mulher. Mas, ao mesmo tempo, por essa determinação da gravidade como denominador comum de nossas existências, a dançarina "não será esse movimento misterioso que, pelo desvio de tudo aquilo que acontece, me transforma incessantemente em mim mesmo [...]"[28]? Mesmo se a forma do diálogo permitir uma multiplicidade de evocações antes de uma definição unívoca da dança, está claro que, para Sócrates, a dançarina Athikté, por seus atos e em especial por sua relação com o peso, transforma mais diretamente do que representa. Pelo próprio fato de não poder fazer essa decolagem ideal, ela efetua uma metáfora que não é abstração,

---

26. Paul Valéry, *L'âme et la danse* [*A alma e a dança*]. 2. ed. Rio de Janeiro: Imago, 2005.

27. O peso seria, então, aquilo que torna comum: no sentido ao mesmo tempo de banal e de partilhado entre todos.

28. Paul Valéry, *L'âme et la danse*, op. cit., p. 113.

mas transformação em si mesma, de si mesma em si mesma no deslocamento do salto que traz de novo para a terra, em, já aí, uma experiência da duração que muda e transforma. Pelo contrário, para Fedro, ela é representação imagética, em especial do amor, e é por isso que ela dá o que pensar: "Mas que a dança de Athikté não represente nada e não seja, acima de todas as coisas, uma imagem dos arrebatamentos e das graças do amor, é coisa que eu acho quase insuportável de ouvir..."[29].

A dança, então, apresentaria não as transformações que Sócrates nela sentia, mas alguns arroubos graciosos que, com suas representações, abstraem os olhares que se voltam para eles. As diferentes intervenções do diálogo se fazem em boa parte em torno da questão da representação e da leveza, fazendo representar o papel metafórico da dança entre representações e transformações.

De maneira muito mais unívoca, a evocação das medusas em *Degas danse dessin* insiste sobre a essência da dançarina como imagem da leveza. Ele junta a essa descrição, para gerar ainda mais pregnância, a foto de uma medusa, que, no meio das reproduções das esculturas e das pinturas de Degas, cria um estranho efeito de colagem.

> [...] essas criaturas dispõem do ideal da mobilidade e nela distendem, nela juntam sua radiante simetria. Nada de solo, nada de sólidos para essas dançarinas

---

29. Ibidem, p. 134.

absolutas; nada de sólidos, igualmente, em seu corpo de cristal elástico, nada de ossos, de pontos de articulação, de ligações invariáveis, de segmentos que se possa contar [...][30].

Valéry explicita a essência da dançarina como leveza absoluta, mobilidade em todos os sentidos. E, ainda mais, essa leveza implica aqui a ausência de todo solo, de toda solidez exterior, assim como toda solidez interior: corpo sem ossos, sem articulações. O laço entre gravidade e esqueleto é fundamental, e a ilusão de uma abstração absoluta do peso é tão incrível quanto a imagem de um corpo sem esqueleto. A dança, devolvida aqui à sua essência de leveza, é um movimento sem solo e sem ossos, sem nada de sólido. No entanto, as práticas de dança que – e isso muito cedo no século XX[31] – colocarão à frente o contato com o solo e a gravidade no movimento dançado, insistirão igualmente sobre os ossos e as articulações como operadores do movimento, dando fluidez e direção ao movimento.

Seria forçoso, assim, para que elas se aproximem mais de perto desse ideal das medusas, que as dançarinas façam esquecer o seu esqueleto e o soalho. É preciso sublinhar que o que interessa a Valéry no fato de não ver nessas dançarinas-medusas nem solo, nem ossos, é perder a medida e o número do movimento: nada "de segmentos que se possam contar". A variabilidade indefinida das ligações

---

30. Paul Valéry, *Degas danse dessin*, op. cit., p. 27.
31. Cf. sobre esse assunto, por exemplo, os trabalhos de Rudolf Laban.

entre partes não mensuráveis por números seria uma essência da dança garantida pela ausência de sólido, por uma leveza que ao mesmo tempo abstrai os pesos do solo e do esqueleto. Esboça-se, então, uma jogada particular daquilo que se anuncia como a complexificação do binarismo entre pesado e leve: será que existe uma relação possível do corpo com a gravidade que, sem se abstrair das condições do peso, mesmo trabalhando e percebendo – através – o solo e os ossos, permaneça inumerável em seus movimentos, não mensurável quantitativamente e exija outra apreensão, qualitativa? Variação sem fim das relações, mudança contínua de elementos não segmentados, tais seriam as jogadas de um pensamento que desvia a oposição entre o pesado e o leve a partir das práticas encontradas no cruzamento da dança e da filosofia.

E já aqui, se na dança clássica que descreve Valéry, os saltos, as piruetas e ficar nas pontas dos pés conspiram, talvez, para fazer esquecer a gravidade, o solo, desde que se desloque por um instante esse olhar sobre a dança, quer seja para ir para o lado da execução do movimento, do ponto de vista da prática e da efetuação do movimento ou então para o lado da pintura da dança, do olhar concreto de pintor que Degas tem sobre a dança, a relação com o peso, com a gravidade, com o solo, torna-se fundamental e não se deixa mais apreender na oposição ideal entre o pesado e o leve. Quando Valéry passa de sua tentativa de definição introdutiva da dança ao seu trabalho preciso de olhar lançado sobre a pintura das dançarinas de Degas, o binarismo opondo o peso do solo e do esqueleto à leveza das dançarinas e das medusas não opera mais. Assim, algumas páginas mais adiante, quando falar das pinturas e não mais da dança definida abstratamente em si mesma, Valéry inverterá esse esquecimento dos solos em sua presença forte:

> Degas é um dos raros pintores que deram ao chão a sua importância. Ele tem alguns soalhos admiráveis.
> Às vezes, ele enfoca uma dançarina de muito alto, e toda a forma se projeta sobre o plano do chão, como se vê um caranguejo na praia. Esse expediente lhe dá algumas visões novas e interessantes combinações.
> O solo é um dos fatores essenciais da visão das coisas[32].

Em sua pintura da dançarina reproduzida na mesma página (*Dançarina no palco*, 1876), assim como em outras pinturas da mesma época (*Dançarinas na barra*, por volta de 1876)[33], Degas confere uma importância fundamental ao solo, ao soalho de dança. Não será por que Degas, lançando um olhar atento, concreto, para as dançarinas no decorrer de todo o seu trabalho (e não somente no dia da apresentação: ele as observa se aquecendo nas barras, se alongando, nos camarins etc.), vê a importância fundamental do solo para a dança, para sua realização? Então, no momento de pintar a dança, Degas tem dela uma apreensão que não procura de maneira alguma fazer

---

32. Paul Valéry, *Degas dance dessin*, op. cit., p. 91.
33. Ibidem, p. 222.

esquecer o solo, e Valéry constrói, por sua vez, todo o seu olhar a partir desses solos. O chão, explica muito justamente Valéry, é então um plano onde se combinam os aspectos em uma nova visão da dançarina, não mais somente por ela mesma, e não tanto por aquilo que ela representa, mas por aquilo que ela projeta sobre esse plano. Ele especifica que é pelo papel que desempenha o solo na reflexão da luz: não tanto entre as diferentes extensões de cores que agiriam por si mesmas e seriam comparadas entre si por um jogo de semelhança e de dessemelhança sobre um fundo homogêneo (*diferença*), mas no próprio âmbito de uma *diferenciação* (percebida em sua heterogeneidade), como deslocamento da composição dessa forma para uma reflexão de todas as intensidades do espaço. É o solo que deixa ver essa infinita "variação" não mensurável, que não passa pela comparação entre si de "segmentos", aquilo que ele antes censurava justamente no solo e no esqueleto:

> O solo é um dos fatores essenciais da visão das coisas. De sua natureza depende em grande parte a luz refletida. A partir do momento em que o pintor considera a cor não mais como qualidade local agindo por si mesma e por contraste com as cores vizinhas, mas como efeito local de todas as emissões e reflexões que ocorreram no espaço, e que se trocam entre todos os corpos que ele contém; a partir do momento em que ele se esforça para perceber essa sutil repercussão,

para servir-se dela para conferir à sua obra certa unidade totalmente diferente da unidade da composição, sua concepção da forma é modificada[34].

As emissões e reflexões constituem, então, um campo de forças que vibram em "sutis repercussões" do movimento da luz e *de-forma* a persistência imóvel; a presença do solo permite o movimento, "intensificação no lugar", na própria pintura. O solo confere à dança esse plano sobre o qual se projeta o diagrama dos corpos em movimento, o plano zero das intensidades em curso, que se colorem. Levar em conta esse solo, aqui na pintura da dança, ali em seu pensamento, é acentuar a sua *de-formação* como diferenciação. Desse modo, a concepção da forma é modificada, movida pela força dessas emissões e dessas reflexões entre os corpos. Passando pelo solo, a dança é *trans-formação* e *trans-formada*, metáfora singularmente deslocada do ideal da leveza abstrativa.

O solo permite apreender essa "sutil repercussão" das forças trocadas entre os corpos, aqui no nível da pintura da dança em trabalho. Esboça-se, então, um paralelo com outra "sutil repercussão" em curso na dança: a das forças das relações de massas, da relação entre o corpo em movimento e a terra, em seu contato com o solo. Seria possível ver nessa expansão do solo que recebe as projeções vibratórias do diagrama dos movimentos da dançarina de Degas o lugar onde se projetam as relações gravitárias, a ancoragem

---

34. Ibidem, p. 91.

de seus movimentos, seu laço particular com a gravidade em seu contato com o solo.

É paradoxalmente Fedro, que um pouco antes via a representação ideal do amor no diálogo *L'âme et la danse*, quem melhor exprimirá esse laço da dança com o solo, ainda aprendido aí em uma transformação de seu olhar sobre a dança: "Mas, agora, não se acreditaria que ela tece com seus pés um tapete indefinível de sensações?... Ela cruza, ela descruza, ela tece a terra com a duração...[35]".

A dançarina é descrita pelo tricô de seus pés com a terra, fazendo aparecer o movimento dançado no local em que as suas "sensações" se misturam com as suas formas. Fedro fala então a partir das sensações da dançarina e seu gesto, e nisso a relação com a terra adquire toda a sua importância. Por meio de sua relação com o solo, a dança se torna composição de percepções: era a escuta dos pés que têm ouvidos em Nietzsche, é a tecedura das sensações aqui.

Os pés em movimento se ligam à terra e, por aí mesmo, ao tempo, à duração, como se nesse tecido dos pés com o solo que entremistura os fios do corpo e do espaço já se imiscuísse o fio rubro do tempo, de um tempo qualitativo. O uso do termo "duração" recorda que Valéry é um íntimo leitor de Bergson, que, desde 1889, desenvolveu esse conceito em seu *Essai sur les données immédiates de la conscience* [*Ensaio sobre os dados imediatos da consciência*][36]. Que a onda da duração possa ser tecida, emaranhada, com as

---

35. Paul Valéry, *L'âme et la danse*, op. cit., p. 127.
36. Lisboa: Edições 70, 2011. 1. reimpr.

poeiras da terra e as sensações dos pés, eis aquilo que abre uma relação muito forte entre contato com o solo, relação gravitária, dança e duração; as sensações se tecem com a multiplicidade das poeiras do solo e "trançam" a heterogeneidade da duração. Sensações que trabalham diretamente na duração através da tensão gravitária que habita a dança.

As modificações dessa tensão entre importância do solo e essência de leveza no próprio interior dos textos de Valéry fazem variar as metáforas que presidem o encontro entre a filosofia e a dança. De uma abstração ideal na metáfora da metáfora que são as medusas a uma ancoragem na duração tecida com o solo, opera-se na obra de Valéry uma rica variação das metáforas nas numerosas páginas que ele consagra à dança.

A dança para os filósofos constitui quase sempre, à primeira vista, uma imagem inspiradora da leveza como desprendimento daquilo que está, no entanto, mais intimamente ligado ao corpo em seu próprio movimento, mas que parece escapar do peso e fornecer assim uma metáfora ideal do pensamento leve, fluido e puro. No entanto, a partir do momento em que o trabalho se torna mais atento à efetuação do gesto, ao trabalho da dança, à construção do olhar sobre a dança, a relação se complexifica, e o panorama filosófico, desse modo, não permanece unívoco. As relações com a dança parecem imediatamente mais complexas, prova de que o trabalho de leitura teórico-prática atenta deve se aplicar a revelar essas nuanças.

Nancy

Na filosofia contemporânea, Jean-Luc Nancy é uma figura singular de um filósofo que apreendeu o peso da dança no pensamento, por meio de encontros contínuos com aqueles e aquelas que *fazem* a dança. Mais amplamente, sua filosofia se propôs à questão do peso do corpo[37], elaborando um pensamento que procura pensar o *sentido* com a materialidade dos *sentidos*, tanto em sua escrita quanto em sua experiência de fazer filosofia. Marc Grün realizou sobre ele um documentário explicitamente intitulado *O corpo do filósofo*, misturando a experiência do transplante de coração ao qual Nancy foi submetido e o exercício de seu pensamento. Ele colaborou com diferentes coreógrafos: com Catherine Diverrès, no texto *Corpus*[38], e com Mathilde Monnier na escrita a dois e em apresentações públicas[39]. A obra *Alitérations* [Aliterações], que dá sequência a um espetáculo homônimo, é a oportunidade de um deslocamento no encontro; eles se levantam e andam lado a lado, caminham juntos: "depois da experiência de

---

37. O título fala por si mesmo: *Le poids d'une pensée* [O peso de um pensamento], ed. Le Grifon d'argile, Quebec, 1991. Coimbra: Palimage Edições, 2011.

38. Jean-Luc Nancy, *Corpus* (1992), ed. Métaillé, Paris, 2000. Lisboa: Vega Editora, 2000.

39. Um espetáculo: *Alitérations*, criado em 2002. Algumas obras: *Dehors la danse* [Fora da dança], ed. Rroz, Lyon, 2001; "Seul(e) au monde, dialogue entre Mathilde Monnier et Jean-Luc Nancy" (p. 51-62), in Claire Roussier (dir.), *La danse en solo. Une figure singulière de la modernité* [A dança em solo. Uma figura singular da modernidade], ed. Centre National de la Danse, Pantin, 2002; e *Alitérations. Conversations sur la danse* [Aliterações. Conversações sobre a dança], com Mathilde Monnier, ed. Galilée, col. Incises, 2005.

se levantar e de andar. De perder a aderência ao solo e ao lugar fixo"[40].

Já aí, a dança é ação real, experiência de pensamento. Além disso, ela é primordialmente marcha e ontologicamente deslocamento; sobre isso Nancy conta:

> Imediatamente surge um caso (não digo uma questão) de sentido, no sentido de: maneira de sentir a terra e seu corpo em cima; posto deitado ou colado, a rastejar, erguido sobre seus pés, apoiando-se no solo apenas por um pouco de pele e um pouco de tempo, tendencialmente se liberando, saltando, pulando, não voando, no entanto, não entrando nesse regime completamente diferente de relação com a terra[41].

Essa imediatez da inquietude do "no entanto" se dá na falha que abre a sensação da relação com a gravidade. A imagem convocada é a do corpo estendido no solo, ela não é tanto metáfora quanto experiência, imagem agente, não simbólica, mas real. A dança é, então, posta em ação como experiência concreta, não através da imagem da dançarina. Não existe sujeito ou objeto dançarina; não existe nem mesmo sujeito na frase; justamente um "caso" que surge, entre a dança e a filosofia; elas têm um caso. O encontro da filosofia com a dança faz que ela fale, portanto,

---

40. Mathilde Monnier e Jean-Luc Nancy, *Allitérations. Conversations sur la danse*, op. cit., p. 22.
41. Idem.

de imediatez, de terra, de pés (tais como os calcanhares de Zaratustra), de pele em contato e de tempo, de duração e, enfim, de tendência.

Mais uma vez, esse "caso" gravita entre leveza e ancoragem ao solo, que não se opõem, e examina a principal inquietude que a dança provoca no filósofo: "Em suma, tudo se passaria entre enterramento e voo: nem um, nem outro, mas uma tensão entre os dois"[42].

Aquilo que está em jogo em torno dessa questão da gravidade para um filósofo é sempre, e ainda, a sua inserção no mundo, o exercício do pensamento como experiência da realidade, e os laços que aí se atam e se torcem. É a tendência da dança como metáfora a criar um fora do tempo, que fazia que ela fosse, para Badiou, essencialmente "contida". Nancy retoma esse termo, para afirmar que a dança não está em nenhum exterior: "E ela [a dança] estaria presa, faria funcionar nela a tensão dessa contenção. A dança faria estar no mundo da maneira mais estrita: nem abaixo nem acima, nem aquém nem além, mas justamente no mundo"[43].

A contenção não é uma extração do mundo; ela é esse *afastamento-entre*, que força o contato atento com a gravidade. Formula-se a questão de saber como a dança, naquilo em que é experiência sensível da gravidade, põe em jogo certa imediatez no mundo, mesmo mantendo uma tensão que a atravessa, que é o próprio lugar da

---
42. Idem.
43. Ibidem, p. 23.

produção do gesto. Existe um afastamento que força um deslocamento no pensamento. Mas essa contenção não é acrescentada; é intrínseca à dança no sentido de que o corpo jamais é totalmente dado em seu gesto, que, no entanto, compromete todo o corpo, mas não o desvela inteiramente. Não seria, com efeito, típico do corpo ser a mais radical realidade e, ao mesmo tempo, sempre parcialmente oculta?

O encontro entre a dança e a filosofia força a pensar essa experiência sensível da gravidade como ancoragem no mundo, e o pensamento seria, então, força de deslocamento dos conceitos. Fazer uma filosofia com a dança é pôr o pensamento à prova de sua ancoragem no mundo. Aquilo que a dança faz com o pensamento: o eco de um corpo *pe(n)sante*, situado onde o pensamento não tem acesso ao peso do sentido, nessa "discórdia do peso com o pensamento, que produz todo o peso de um pensamento"[44]. Através da dança e da presença do corpo, Nancy pode, singularmente em um livro como *Corpus*, pensar o ser aí. Mas esse ser, na volta de seu caso com a dança, deixa para a filosofia, que assim volta a ficar só, certo risco de abstração da dança como imagem absoluta; absoluto que encontraria seu sentido, acredita-se, em seu voo ideal no sentido de uma abstração. Ainda aí, a tensão está sempre em obra entre a imagem e o corpo que o filósofo vê da dança, complexo e múltiplo, escapando do binarismo primário do pesado

---

44. Jean-Luc Nancy, *Le poids d'une pensée*, op. cit., p. 3.

e do leve. E a efetuação, a prática da dança, de um gesto desfaz concretamente essa oposição por meio da experiência sensível da gravidade.

Nesses fios estendidos entre filosofia e dança em torno do problema da gravidade, Nietzsche insiste sobre os pés e a marcha como "ouvidos" da dançarina e lugares da dança, de seu riso de raiva e de suas acelerações. Badiou vê na dança a metáfora do acontecimento para o pensamento, em uma paisagem que inverte os pesos e as levezas, pela imanência desse momento pouco antes do gesto, fora do tempo carregado de sentido sem "nome". Valéry confere toda a sua consistência na aposta do problema do movimento das dançarinas sem "número", o dos solos como lugares intensivos das "sutis repercussões" dos corpos das dançarinas, e o dos pés das dançarinas que tecem com o solo uma duração de sensações. E Nancy pensa o corpo dançante como ser, justamente aí, nem voando acima do solo, nem impresso na superfície da Terra: corpo pensante e corpo pesante, partilhado para as práticas da dança, assim como da filosofia.

Assim, a filosofia, em suas poucas declinações fundamentais sobre a dança, não está se atendo a um uso da dançarina refletindo a imagem de sua suposta elevação em desaprumo. Ela encontrou na dança, entre as dançarinas, uma verdadeira configuração das relações entre o pensamento e o mundo, que, em vez de um sobrevoo das coisas pelo pensamento, identifica uma relação com o solo, com os alicerces que neles se pretende prender, com a substancialidade que se atribui a ele, com algumas situações mais efetivas que nele se experimenta e que nele se pode inventar.

Por mais que se aproxime dos deslocamentos concretos executados na efetuação da dança, a filosofia é forçada a pensar no curso do tempo de sua efetuação, de suas acelerações, de suas mudanças de rumo e desvios das categorias de seu exercício; seu "andamento". A filosofia poderia prosseguir longamente seu caso com a dança nos terrenos da temporalidade e da sensação. O que seria, então, fazer uma filosofia indo buscar na dança, em seus desenvolvimentos estéticos passados e presentes, assim como em sua experimentação concreta, não a metáfora de um pensamento que se abstrai do peso das condições do mundo, mas a metáfora que se opera como deslocamento ancorado na realidade, "atravessada" por uma relação já sempre em curso da massa comprometida de meu corpo com a massa da terra?

Da metáfora da leveza à experiência da gravidade

O rápido trajeto nessa dança dos filósofos não menos rica que complexa esboça um campo de tensões onde se estabelece a relação com a gravidade, torcendo a oposição simples entre peso e leveza, e apanhando nessa torção as questões de tempo, de duração e de imanência. Longe de querer estabelecer uma exaustividade das ocorrências da dança na filosofia[45], a passagem pelas quatro referências filosóficas definiu um problema: a dança não pode se pensar a partir da filosofia como a leveza de uma abstração que constituiria sua essência em uma oposição ao peso. Conjuntamente, não se poderá pensar a dança sem entrar nela plenamente. Se existe metáfora, ela não deverá ser buscada pelo lado de uma retórica da leveza tendendo a uma elevação aristocrática, nem pelo de uma imagem fixa de um corpo, mas no deslocamento que ela implica, na tensão concreta entre os dois termos da metáfora, sendo "metáfora viva"[46]. Desfazendo-se de sua operação retórica de abstração, a metáfora se ancora em outras efetuações: um deslocamento concreto, no qual um movimento de travessia do peso abre seus próprios deslocamentos aos contextos sociopolíticos em vez de abstrair-se deles.

A experiência estética da gravidade sair da oposição entre o pesado e o leve é aquilo que Schopenhauer observa em uma arte que, *a priori*, não tem nada a ver com a dança, a arte arquitetural. A arquitetura, estranhamente a primeira arte da qual trata Schopenhauer no livro III de *Monde comme volonté et représentation* [*O mundo como vontade e*

---

45. Remetemos a um trabalho sobre a presença da dança na filosofia estética em Frédéric Pouillaude, *Le désœuvrement chorégraphique. Étude sur la notion d'œuvre en danse* [A inação coreográfica. Estudo sobre a noção de obra em dança], tese de doutorado em filosofia sob a orientação de Catherine Kintzler, Universidade de Lille III, novembro de 2006. Em especial a primeira parte, *"La philosophie de la danse ou l'absentement des œuvres"*.

46. Cf. Paul Ricoeur, *La métaphore vive*, op. cit.

representação]⁴⁷, é essencialmente matéria (a pedra pesada) e joga concretamente com essa tensão. As qualidades com as quais a arquitetura compõe são, então, "o peso, a coerência, a resistência, a fluidez, a reflexão da luz etc."⁴⁸. Em um estranho eco com a dança – que a faz definitivamente deixar de ser um ícone da leveza abstrata –, as construções da arquitetura "do ponto de vista simplesmente artístico"⁴⁹ são tomadas entre o peso e a resistência a ele, e sua arte consiste em tornar sensível a mudança de rumo (a torção, o afastamento) daquilo que já não é mais uma simples oposição binária.

> Porque, para dizer a verdade, é a luta entre o peso e a resistência que constitui por si só o interesse estético da bela arquitetura; ressaltar essa luta de uma maneira complexa e perfeitamente clara, tal é a sua tarefa. Eis como ela a realiza: ela impede essas indestrutíveis forças de seguirem sua via direta e de se exercerem livremente; ela as desvia para contê-las; ela prolonga assim a luta e torna visível sob mil aspectos o esforço infatigável das duas forças. [...] Assim, graças a esses desvios forçados, graças a esses obstáculos, as forças imanentes às pedras brutas se manifestam da maneira mais clara e mais complexa⁵⁰.

---

47. Rio de Janeiro: Contraponto, 2001.
48. Arthur Schopenhauer, *Monde comme volonté et représentation* (1818), Livro III.
49. Idem.
50. Ibidem.

Nesta luta que muda o rumo da oposição refletindo-a em direções múltiplas, deixam-se ver algumas imbricações da matéria com as forças em movimento. A clareza dessa descrição da tensão gravitária tornada sensível pelos jogos da matéria desviados da oposição entre pesado e leve revela a dança entre as linhas da arquitetura como jogo de forças gravitárias. Essa apreensão da dança pela arquitetura, além dos desenvolvimentos completamente interessantes de trabalhos que misturam as duas artes no trabalho cênico ou no trabalho sensível sobre o esqueleto como arquitetura, por exemplo, abre outro caminho de aproximação entre a dança e as outras artes, habitualmente o teatro e, com ele, a expressão de personagens.

Sendo apreendida nessa tensão que não é oposição, a dança não pode definitivamente mais ser uma metáfora leve para um pensamento abstrato e se apresenta, ao mesmo tempo, clara e complexa, em um terreno de efetuação das forças multidirecionais próprias da matéria atravessada pelo peso. Sua arte não é, então, aquela da metáfora retórica abstrata, nem a de um simples enfraquecimento consensual das leis do mundo, mas aquela que torna sensíveis os desvios exigentes de uma tensão sempre cambiante, que dura necessariamente o tempo de suas mudanças de rumo. A metáfora se enuncia, nesse jogo gravitário da dança observada pela filosofia, como ancoragem-deslocamento, metamorfose, *travessia*; e, se trata-se então de uma travessia oblíqua, é justamente das mais concretas e temporais[51].

A paisagem comum identificada nesse encontro entre dança e filosofia é a da gravidade que define a atração das massas, para nós o peso terrestre. Saindo da simples medida comparando e opondo o pesado e o leve, os corpos em dança fazem a experiência da gravidade e, através dela, a da variação qualitativa da sensação do jogo das massas e das relações de força dos pesos. A inquietude de Valéry quando ele observava a dança era a de exprimir a sua incomensurabilidade – dos deslocamentos no espaço, assim como das forças da gravidade. Ora, articulando a variação quantitativa das grandezas físicas que podem mensurar as massas à variação qualitativa dessa relação gravitária, a

---

51. Referência desviada e tensionada pela experiência gravitária e a inquietude temporal daquilo que Nancy diz da dança como *travessia*. Se a presente travessia é o movimento sempre em curso que sai obliquamente da oposição entre pesado e leve, ela retoma obliquamente, por sua vez, aquilo que Nancy identifica como o "caso" da filosofia com a dança: "Diz-se muito pouco quando se diz que a matéria-prima, o meio ou o objeto da dança é o próprio corpo, e que isso definiria sua singularidade entre as artes: na realidade, o objeto é a travessia do corpo, seu transe. Travessia pelo quê? Por nada, talvez, ou por uma energia, ou por uma graça – porém, qualquer que seja a palavra, travessia do corpo pelo incorporal que o retira da sua organização e da sua finalidade de corpo. O corpo se torna o incorporal de um sentido que, no entanto, não está em outra parte que não através do corpo. Um sentido *em* travessia mais do que um sentido *da* travessia, e mesmo, se quiseres, um sentido através do sentido ou dos sentidos, um sentido em transe. A "escapada" do sentido, ou a escapada de sentido, é o transe, e a dança está ligada ao transe, assim como se diz "aguentar o tranco", embora detendo-o, mas detendo-o bem sobre a borda, no limite". Cf. Jean-Luc Nancy e Mathilde Monnier, *Allitérations. Conversations sur la danse*, op. cit., p. 60. Mas será que não haveria, nesse caso, uma travessia do peso, uma experiência corporal, que põe, às vezes, no caminho da desorganização do corpo uma experiência da gravidade, da atração da matéria, e atravessada por uma temporalidade desorganizadora? Uma travessia dos sentidos em que *isso* escaparia em um sentido, e ao mesmo tempo imanente da tecelagem heterogênea dessa temporalidade singular. Em todo caso, encontra-se na questão sobre dança e filosofia a problemática do encontro.

experiência da gravidade constitui a matéria incomensurável do trabalho da dança, não tanto, ainda uma vez mais, em uma oposição às condições do peso, mas em uma travessia sempre em curso, jamais totalizada, das forças e das sensações em movimento. O trabalho de atenção perceptiva em torno dessa sensação permite enriquecer a paleta de qualidades dessa relação gravitária.

> Estirada sobre o solo. No campo do peso, dois corpos se atraem: meu corpo e a Terra. A grandeza das massas definidas por essa atração é proporcional ao seu talhe. Meu corpo é atraído pelo corpo da Terra e, infinitesimalmente, inversamente. Pela lei implacável da atração, é acionado na arquitetura dinâmica do corpo um agenciamento "levitário", esqueleto, músculos, tendões tendem para o movimento. Como aqui e agora eu me deposito sobre o solo e como o solo me carrega? A gravidade não define um enfraquecimento permanente, passivo e absoluto, assim como não implica uma resposta ativa oposta à força da gravidade, mas sua experiência abre o jogo para múltiplas variações. Qual é a qualidade do contato? Qual a consistência da pele que faz contato, e do solo? Desvio da oposição pesado contra leve em uma relação gravitária variável em seus arranjos, um campo de forças, de "sutis repercussões", "tendências" ao movimento em uma multiplicidade de direções. Sempre, já, isso se move. As zonas de contato que assumem o encargo da troca gravitária indicam tendências ao movimento, algumas se atualizarão.

Cada poro aponta vetores de força, orientações sobre o ponto de se dar. A atenção dada a essa relação gravitária deixa sentir a infinita variação das direções, das extensões-retrações, das acelerações-desacelerações, das qualidades sensíveis. Experiência de uma matéria, de uma duração, de uma relação, qualitativas e múltiplas, contínuas e cambiantes, heterogêneas e dinâmicas[52].

A relação com a gravidade muda incessantemente e atravessa diferentemente os corpos e seus movimentos. Os corpos em movimento não cessam de se redesdobrar em relação ao seu arranjo com a gravidade, e é por isso que não se pode pensar a dança a partir de um corpo fixo, mas das dinâmicas de movimentos. Por isso igualmente não será possível, senão com o risco de alimentar um regime dos corpos ao qual escape a sua dinâmica, sua ficção – em poucas palavras, a sua dança –, falar do "corpo". Michel Bernard o diz claramente e em toda a complexidade do problema: é preciso trabalhar com o corpo "adotando outro olhar e substituindo esse modelo substancialista, semiótico e instrumental pelo reticular, intensivo e heterogêneo de 'corporeidade'"[53]. A heterogeneidade dinâmica dessas corporeidades pode ser apreendida singularmente pela experiência gravitária, o que permite compreender por sua vez as transformações dos corpos, dos gestos e de seus agenciamentos.

---

52. Transcrição de algumas anotações feitas durante uma dança.
53. Michel Bernard, *De la création chorégraphique* [Da criação coreográfica], ed. Centre National de la Danse, Pantin, 2001, p. 24.

O peso se coloca como o ponto de interrogação da dança, a inquietude que atravessa e põe em movimento os corpos dançantes, cruzando a questão das massas, na fronteira entre o singular e o plural... não tanto a definição de um peso, sua gestão em pura oposição por mais leveza, mas arranjos sempre moventes das forças dos corpos em uma situação de peso. Quer se fale de peso, insistindo sobre a força que resulta da aceleração por atração gravitária, quer se fale de massa (grave) como quantidade e densidade de matéria atraída e atraente em uma relação gravitária (atração universal) ou como tensor de energia (relatividade geral), o que importa, para além da muito frequente confusão das palavras, é a insistência sobre a variabilidade das forças e das sensações relativas ao trabalho do peso ou da massa na dança. O reconhecimento de uma situação comum, o peso, que atravessa – e até mesmo constitui – os corpos através de seus movimentos e das forças em jogo, leva a reconhecer que o "problema" se situa neste caso de peso, às vezes dito de massas, mas que em todos os casos identifica o contexto e a matéria: uma relação, movente e cambiante, na qual a única constante é a gravidade como relação de forças.

O problema aí ainda é o de uma variação de força e de sensações ligadas à relação gravitária que abre o ponto de junção entre quantidades e qualidades. Metáforas concretas das forças de "peso" em movimento, a relação dinâmica das massas abre ao tempo, à velocidade de aceleração da dança. Um dançarino distingue assim:

> O peso, na dança, é uma força, a velocidade à qual se cede ou não ao peso, que está ligada à percepção de nosso corpo no espaço. "Ter consciência do peso", como dizem, é ter a capacidade ou não de ceder mais ou menos rapidamente ao peso, e isso depende da maneira como nos orientamos no espaço, como se constrói ou se pensa o espaço de seu gesto. Na dança, segundo o contexto, um mesmo peso pode sofrer variações de massa, dilatar-se ou retrair-se, e se pode procurar trabalhar sobre uma massa homogênea ou heterogênea[54].

O termo "massa" permite aqui, para Boris Charmatz, articular a percepção cambiante da atração dos corpos com a qualidade variável da relação gravitária, experiência dos corpos pensantes, nem absolutamente pesados nem definitivamente leves. Simplicidade primordial da sensação do corpo sobre o solo, que leva imediatamente à complexidade sensível de uma multiplicidade de qualidades cambiantes, matéria dinâmica de uma dança. "Peso" ou "massas", termos por vezes diferenciados, quase sempre utilizados indiferentemente, insistem sobre a variabilidade da experiência da gravidade, complexificação da "simples" oposição ao peso.

Laurence Louppe concede, assim, um capítulo ao peso em sua obra que apresenta com refinamento o seu pensamento sobre a dança, *Poétique de la danse contemporaine*

---

54. Boris Charmatz e Isabelle Launay, *Entretenir* [Entretenimento], ed. Centre National de la Danse, les presses du Réel, Paris, 2003, p. 42.

[*Poética da dança contemporânea*], na qual ela identifica uma continuação plural de um projeto que atravessa a dança moderna e as danças contemporâneas, em jogos de ressonâncias e contrastes, rupturas e filiações sutis. Ela afirma que "não existe senão uma dança contemporânea a partir do momento em que a ideia de uma linguagem gestual não transmitida surgiu no início deste século"[55]. Mais do que buscar a constituição de momentos históricos excepcionais e únicos sobre essas questões de gravidade, trata-se de ver como a questão da gravidade movimenta a dança em suas representações, em suas efetuações, em suas criações, em suas experiências. O capítulo "Peso" da *Poétique de la danse contemporaine* abre com esta citação de Jean-Luc Nancy: "Não pensamos o corpo se não o pensamos como algo que pesa"[56].

Desse modo, Louppe explica como Rudolf Laban em seu trabalho inovador do início do século XX, quando se propõe a estudar o corpo em movimento e não como matéria inerte – sob a exigência claramente identificada da não medida do movimento por meio de pontos e de referências numéricas no espaço, mas em sua dinâmica –, identifica o peso como um dos quatro fatores do movimento (com o fluxo, o espaço e o tempo):

---

55. Laurence Louppe, *Poétique de la danse contemporaine* [*Poética da dança contemporânea*], ed. Contredanse, Bruxelas, 2000, p. 36. Lisboa: Orfeu Negro, 1997.
56. Ibidem, p. 96.

Entre esses quatro fatores, o mais importante, o peso, ocupa um lugar à parte: ele é ao mesmo tempo o agente e o agido do gesto. A transferência de peso é aquilo que define todo movimento. A cinetografia de Laban, desde os anos 1920, faz dele a unidade aberta que fundamenta todo ato motor. Mas o peso não é somente deslocado; ele próprio desloca, constrói, simboliza, a partir de sua própria sensação[57].

O peso, ou, antes, sua modificação, constitui todo movimento. Porém, a relação com a gravidade é, de uma só vez, operante e operada pelo *deslocamento*: os modos do sentir – Louppe diz bem "a partir da própria sensação [do peso]" – e do fazer, que definem certa relação com a gravidade, são altamente característicos dos deslocamentos das corporeidades estéticas, políticas e filosóficas que são operadas e operantes na dança. A variabilidade da relação com a gravidade constitui, então, uma das maneiras de pensar, de ver e de fazer a arte da dança, tanto nas sensações quanto nas composições das corporeidades que a criam. Ela poderia certamente constituir o eixo de leitura de uma história da dança. Ela fornece em todo caso, aqui, um ângulo possível sobre as lógicas de suas efetuações e de suas composições, sobre os deslocamentos que ela opera em seu próprio campo e na fronteira com outros.

Com efeito, ela atravessa os conceitos que a trabalham e que são trabalhados por ela, e as inquietudes que

---

57. Idem.

a animam em diferentes momentos de pesquisa e criação. Apreender os conceitos em jogo por meio das experiências da variabilidade da relação gravitária em momentos singulares das relações da dança com seu contexto pode ser o projeto daquilo que se deseja em uma aproximação mais filosófica do que histórica da dança. Assim, o fato de voltar sua atenção de dançarino e de coreógrafo ao contexto de peso e à variabilidade das relações gravitárias caracteriza particularmente uma geração de dançarinos, dançarinas e coreógrafos dos anos 1960-70 nos Estados Unidos. Olhar, então, a dança como variação da relação com a gravidade, a partir de um dos pontos de ancoragem onde se conjugam esses dois aspectos da "poética da dança contemporânea": como a dança pretende se repensar a partir do trabalho sobre "um gesto não transmitido", invenção de uma dança o mais próxima possível da matéria sensível dos corpos em movimento, e isso por meio de um trabalho sobre a variabilidade da relação com a gravidade? Tomar, então, o termo *improvisação* enquanto ele enuncia alguma coisa do questionamento da composição e do gesto próprio a essas invenções, bem mais certamente do que uma categoria lisa e homogênea; uma inquietude. Longe de reconstruir a imagem ideal de figuras históricas a serem pregadas na parede de uma história linear da dança, tomar as medidas conceituais dessas experiências e criações, naquilo que delas foi dito, visto e feito por esta geração, e naquilo que é *re-citado*, reconstituído, reexperimentado desses projetos, em diferentes direções por algumas das danças de uma geração atual, permite apreender certas declinações fortes daquilo que anima a dança e que tece o terreno de encontro com a filosofia em torno da relação com a gravidade: "A dança é uma dinâmica de metamorfose indefinida de tecedura e de destecedura da temporalidade que se efetua no interior de um diálogo com a gravitação"[58].

Pela caminhada, Zaratustra entrou na dança entre sensação e gesto, calcanhar que toca a Terra, um passo, um riso raivoso, que envolvem as transformações do peso em uma luta. Caminhando, a filosofia cruza a dança e divide um solo comum das condições gravitárias do mundo e dos deslocamentos a operar. Pela caminhada se acentua a atenção dos calcanhares, ouvidos perceptivos de um dançarino, de uma dançarina, que ao se mover escuta. Pela caminhada, os pés dançando tecem com o solo as sensações com uma duração, corpos *pe(n)sando* sobre a Terra.

---

58. Michel Bernard, "*Sens et fiction, ou les effets étranges de trois chiasmes sensoriels*", (p. 56-64) in *Revue Nouvelles de Danse*, n. 17, ed. Contredanse, Bruxelas, 1993, republicado em Michel Bernard, *De la création chorégraphique*, op. cit., ed. Centre National de la Danse, Pantin, 2001, op. cit., p. 95-100.

Andar

As modificações que nós queríamos realizar concerniam à procura do espaço, do tempo e da massa graças aos sentidos utilizados em um modo de percepção periférico: o espaço torna-se esférico, o tempo é o presente, a massa é uma orientação variável voltada para a gravidade.

Steve Paxton
"Élaboration de techniques intérieures",
Contact Quaterly, 1993, (p. 61-6). Citado por Véronique
Fabbri, "Langage, sens et contact dans l'improvisation
dansée", in Anne Boissière e Catherine Kintzler (dir.),
Approche philosophique du geste dansé.
De l'improvisation à la performance
[Abordagem filosófica do gesto dançado.
Da improvisação à performance],
Presses Univ. Septentrion, 2006, p. 87.

A planta dos pés é quase sempre o lugar do contato com a terra. Estender o pé, a pele da planta do pé é o lugar de todas as variações das qualidades de apoios e das direções. Sentir as direções abertas a cada passo.

Andar "normalmente", primeiro apoiando o calcanhar, em uma conexão imediata com o solo; o andar clássico, leve e silencioso, tende a incentivar a marcha pela ponta do pé. Mudanças que entram pelo andar, pelos pés que se colocam sobre o solo e colocam a questão do comum da arte.

Caminha-se... Caminhando, hibridizam-se o andar da rua, o andar em um estúdio, o andar no palco. Intrusão de anônimo e de singularidade do modo de andar, que se reconhece pelos passos nas escadas: ao mesmo tempo comum e singular.

Entrar no tablado e caminhar, estender o fio entre o andar cotidiano e o movimento dançado: muitas vezes o olhar é determinante no desenvolvimento daquilo que se torna um terreno de jogo entre tensão da representação e distensão do gesto cotidiano, do corpo cotidiano. É que a conexão entre olhar e marcha se faz habitualmente na direção para a qual nos dirigimos; essa marcha transposta para o palco ou ao menos em público desliga mais facilmente talvez essa conexão direcional, intencional, em uma atenção sensível na qual o olhar, assim como a marcha, é menos unidirecional que expansivo[1]. Fazer como se eu pudesse a todo momento ir e olhar em não importa qual – outra – direção. Expansão periférica do olhar e da marcha por minha atenção aberta sobre os apoios e os rearranjos corporais gravitários. Eu caminho e abro minha atenção aos apoios, consciência sensível que se amplia passando pelo interstício desse detalhe.

Eu ando no presente, deixo meus pés deslizarem sobre o arredondado espesso da terra, a imaginação é sensação na dança. A marcha sublinha, diferentemente da corrida ou do salto que fingem lhe escapar, a continuidade de minha relação gravitária; existe sempre uma parte de meu corpo em contato com o solo, sem ter de bater calcanhares, pelo simples estender do pé. O deslizar como experimentação de uma continuidade da sensibilidade da relação gravitária. O simples deslizar, o deslizar dos pés que andam, em que a cada passo se reorganiza todo o esqueleto, atualiza esse afastamento de uma torção gravitária-levitária. A cada passo um deslocamento, do centro de gravidade, depois o comprometimento de toda a minha

---

1. "Concretamente, esse esquema postural se organiza, essencialmente, em torno da relação com o solo pela funcionalidade do pé e de seus diferentes captores de pressão, do olhar (particularmente o olhar periférico) e do ouvido interno". Hubert Godard e Patricia Kuypers, "Des trous noirs. Entretien avec Hubert Godard", *Revue Nouvelles de Danse*, n. 53, Bruxelas, 2006, p. 70.

massa com a massa da terra, cada passo entremistura pés e poeira, que em um sulco descola seu encontro fecundo para uma légua dali.

Um passo de lado, o gesto inaugural do L'an 01 *[Ano 01][2]: algumas pessoas, dando um passo de lado, levando um pedaço do mundo com elas, "tiram a mesa ao partirem", porque seu peso está plenamente engajado na realidade presente. Não um recuo, mas um deslocamento, um descentramento do jogo, articulado entre o centro de gravidade e os centros do mundo.*

O passo é bem mais o intervalo que o ponto, a relação gravitária se abre à continuidade do tempo em uma marcha que não termina com ele, em um passo que jamais termina; o pé se levantando já projeta sua trajetória em direção ao solo, onde ele pousa ao mesmo tempo que o outro pé levanta o calcanhar. Indivisibilidade de um passo, e de toda uma caminhada, de "alguns segundos, ou alguns dias, alguns meses, alguns anos: pouco importa"[3]; isso acontece ao se caminhar.

E o filósofo de Königsberg caminha no fundo do palco, como a questão renovada sobre o laço íntimo entre os conceitos e nossos pés em marcha, filosofia em curso.

Caminhar é um rasto que abre um terreno compartilhado, é o movimento comum, banal, comum, a partilhar, comum, a vários.

---

2. *L'an 01* [O ano 01], filme dirigido por Jacques Doillon, Gébé, Alain Resnais e Jean Rouch, UZ Production, 1973.

3. Henri Bergson, *La pensée et le mouvant* [*O pensamento e o movente*], V, Paris, PUF, 1998, p. 159. São Paulo: Martins Fontes, 2006.

O andar em comum?

Proxy, 6 de julho de 1962, Judson Church, Nova York.

E eles caminham. Steve Paxton se dará conta retrospectivamente da importância capital que tem para ele, na época, a caminhada. Ela contém toda uma gama de movimentos estranhos à dança, assim como uma ausência de hierarquia e uma atitude cênica ao mesmo tempo descontraída e cheia de autoridade. Ela se torna o *leitmotiv* da abordagem democrática de Steve Paxton, porque todo mundo caminha, mesmo os bailarinos quando não estão "em cena". A caminhada tece alguns laços de empatia entre bailarinos e espectadores, oferece o compartilhamento de uma experiência aberta às particularidades e aos estilos pessoais. Não existe uma maneira única de andar, não uma única maneira que seja correta[4].

Desde 1961, Steve Paxton apresenta *Proxy* – que fará em seguida parte do primeiro concerto do Judson Dance Theater[5] –, em que são incluídos alguns momentos de

---

4. Sally Banes, *Terpsichore en baskets. Post-modern dance* [Terpsicore de tênis. Dança pós-moderna], ed. Chiron, Paris, 2002, p. 108.

5. Coletivo de dançarinos, dançarinas e coreógrafos que, de 1962 a 1964, se reúnem – em uma antiga igreja, daí o seu nome – na sequência de uma oficina realizada em comum com Dunn, e que fazem pesquisas e algumas apresentações ("concertos") nas quais cada um propõe seu trabalho e participa das proposições de outros. O trabalho de estudo histórico mais reconhecido sobre esse coletivo e sobre o do Grand Union (1970-6) é o de Sally Banes, citado aqui pela qualidade, pela acuidade de sua leitura histórica e conceitual, e pelo retrabalho da visão mais conhecida a partir da qual se lê e se re-cita este período, tanto na academia quanto no mundo da dança.

caminhada simples, enquanto movimento não especialista, comum. Incluir o andar cotidiano na dança é querer questionar aquilo que transforma a dança de uma especialização, um virtuosismo, em um compartilhamento de experiência sensível: o andar. Por uma empatia sinestésica, os espectadores sentem uma comunhão de movimentos possível e se deslocam conjuntamente, se afastam daquilo que Paxton criticava em outros espetáculos de dança, até nos de Cunningham: "Os espectadores correm o risco de sair dos espetáculos com a impressão de que os seus próprios movimentos não geram nenhum interesse". Esse questionamento da relação entre a própria mobilidade dos espectadores e a da dança exige naquele momento, para aquela geração, assim como em outros momentos, o projeto de um deslocamento radical do estatuto do movimento dançado. Não talvez caminhar no lugar dos outros, fazer como se todo o mundo se reconhecesse uniformemente nesse caminhar, mas deixar sentir que o seu lugar poderia ser o do outro, e inversamente. Nem imitação, nem distância, mas uma empatia dos lugares que rodam.

Os lugares que rodam: nesse sentido, a inclusão do andar participa de um projeto anunciado de desierarquização da dança, uma busca que a anima sempre mais por seus questionamentos – precisamos dizer logo de início – do que por suas soluções. Descobrir então, incessantemente, seu modo de andar próprio na caminhada. Esse problema da hierarquia se apresenta para Paxton em seu trabalho dentro da companhia de Cunningham, conforme relata Banes:

> Steve Paxton critica igualmente a hierarquia da companhia, que segundo ele influi sobre as apresentações e os ensaios. Parece-lhe que os inícios da *modern dance* – o trabalho de Isadora Duncan, depois a análise do movimento de Rudolf Laban – prometiam liberdade e igualitarismo[6].

Esse ideal de igualitarismo e de liberdade, as duas faces de um projeto dito democrático, ressurge singularmente pela caminhada. Mas quais ações, quais realidades, quais gestos e quais limites habitam esse anúncio de não virtuosismo? O andar é cotidiano, certamente, no sentido de que constitui a ação cotidiana de todo mundo, aproximando-se de espectadores que não se sentem postos a distância do movimento dançado, ainda mais quando existem alguns não bailarinos no palco. Mas, ao mesmo tempo, no caso de uma dança, o trabalho sensível modifica certamente a percepção de sua marcha; talvez se trate de uma diferença na atenção dada ao movimento, mais do que uma tecnicidade ou um virtuosismo, valor então rejeitado como constitutivo da dança. Anunciada explicitamente no *No Manifest*, de Yvonne Rainer, também ela membro do Judson Dance Theater, em 1965, a recusa do virtuosismo

---

6. Sally Banes, *Terpsichore en baskets*, op. cit., p. 107.

constitui um dos numerosos aspectos desse movimento dito de democratização:

> NÃO ao grande espetáculo não ao virtuosismo não às transformações e à magia e ao fazer de conta não ao glamour e à transcendência da imagem da estrela não ao heroico não ao anti-heroico não às quinquilharias visuais não à implicação do executante ou do espectador não ao estilo não ao *kitsch* não à sedução do espectador pelas astúcias do dançarino não à excentricidade não ao fato de comover ou de ser comovido[7].

Essa recusa de um virtuosismo não é sinônimo de supressão do trabalho próprio da dança, mas uma busca por deslocá-la de um virtuosismo a uma atenção particular, ou, ao menos – para retomar os termos de Isabelle Ginot –, deslocá-la de "um corpo todo poderoso" para um "corpo competente"[8]. Essa não especialização virtuosística no trabalho, sem, no entanto, que ela recaia em uma pura expressão de si à qual faria acreditar na dicotomia clássica entre técnica e expressão de si, indica antes um trabalho atento, particularmente à relação gravitária, ao contato com o solo. Tal atenção não é um virtuosismo técnico, mas um esforço particular de atenção, preciso, em um ponto que imediatamente irradia em uma multiplicidade. Fazer a experiência concreta da realidade, em um ponto situado,

---
7. Citado em ibidem, p. 90.
8. Isabelle Ginot, "Une 'structure démocratique instable'", (p. 112-8), em *Mobiles 1: Danse e utopie* [Móbiles 1: Dança e utopia], op. cit., p. 115.

mais do que buscar uma visão geral explicativa, perita, por meio dos gestos "simples".

Então, o não virtuosismo tenderia a se desfazer do lugar do especialista, do perito: de uma ignorância? Em ecos com os escritos de Rancière, o método do ignorante não é uma falta de trabalho e requer, ao contrário, um esforço particular. *O mestre ignorante*[9], que não tem o virtuosismo do conhecimento nem a perícia da explicação, é actante: ensinar aquilo que ele mesmo não sabe exige um esforço voltado para a atenção. Essa não perícia atravessa a obra de Rancière, sua *filosofia deslocada*, da *Noite dos proletários* até *Nas bordas do político*[10] ou ao *Espectador emancipado*[11]. Assim se convidaria a um deslocamento profundo, deslocamento, dessa vez, da filosofia, movimento que se afasta da perícia do Este Aqui, do Expert, para ir para não importa qual, não importa onde, desde que se trace um círculo no chão. Coreografia de um não virtuosismo:

> Pode-se partir de não importa onde. Basta saber traçar um círculo no qual a gente isole o "alguma coisa" com o que relacionar todo o resto, transformando o círculo em espiral. Esse círculo se opõe à cadeia. A figura intelectual da opressão é a da corrente infinita: para agir, é

---

9. Jacques Rancière, *Le maître ignorant: Cinq leçons sur l'émancipation intellectuelle* [*O mestre ignorante: cinco lições sobre a emancipação intelectual*], (1987), ed. 10/18, Paris, 2001. Belo Horizonte: Autêntica, 2002.
10. Idem, *Aux bords du politique* [Nas bordas do político], ed. La Fabrique, Paris, 1998.
11. Idem, *Le spectateur émancipé*, ed. La Fabrique, Paris, 2008. São Paulo: WMF Martins Fontes, 2012.

preciso compreender; para compreender, é preciso estender toda a cadeia das razões; mas como a cadeia é infinita, jamais se termina de estendê-la. [...] Traçar um círculo é transgredir o princípio da cadeia: podem-se pegar alguns fragmentos de discursos, alguns pequenos pedaços de saberes que se verificaram, traçar seu círculo inicial e se pôr a caminho com sua pequena máquina[12].

Isso não é uma perícia; é um trabalho de verificação, um ato, e esse ato consiste singularmente em traçar um círculo no chão que se abre em espiral; não que se fecha e cerca um interior, mas um círculo que delineia uma situação a partir da qual, fazendo a experiência dessa linha, seja possível percorrê-la, apanhar um pedaço do real nessa espiral. O movimento em círculo que se torna espiral não será para a dança o movimento no qual minha ancoragem é engajamento de minha massa com a da terra, em uma relação de expansão, na qual meu centro de gravidade é experiência engajada no mundo? É "pôr-se a caminho com sua pequena máquina"; procedimento maquínico beckettiano; estranho eco paradoxal sem nenhuma dúvida com as pequenas máquinas deleuzo-guattarianas. Paradoxo que, talvez, revela uma inquietude comum, que não identifica nem os projetos, nem as teorias, nem as práticas filosóficas, mas a inquietude de partida: uma desierarquização da excelência do especialista.

---

12. Idem, "La méthode de l'égalité", (p. 507-23), in Laurence Cornu e Patrice Vermeren, *La philosophie déplacée. Autour de Jacques Rancière* [A filosofia deslocada. Em torno de Jacques Rancière], ed. Horlieu, Lyon, 2006, p. 515-6.

Em que sentido agora essas peças dançadas serão comuns? Pelos movimentos ordinários, particularmente o andar, como reunião do anonimato e da singularidade de cada modo de andar, ou ainda por sua singularidade de reunir às vezes alguns não bailarinos, alguns amadores. A dança perdia então seu estatuto de tecnicidade, de virtuosismo, para revelar outro compartilhamento. "Steve Paxton, Yvonne Rainer, Deborah Hay e Lucinda Childs, entre outros, compartilhavam a ideia de que uma atividade simples, não modificada ritmicamente, poderia ter um valor estético intrínseco.[13]" Resta ver como essa cotidianidade e sua análise tendem às vezes a fazer interpretar esses modos de andar como uma luta contra a artificialidade do palco, alimentando o imaginário de uma realidade mais autêntica, mais natural posta no palco ou em outros espaços. Ora, parece que não se trata em nenhum caso disso, o deslocamento existe posto que a ação se realiza no palco e extrai disso uma força poética. Paralelamente, o que faria de uma ação, incluindo a do caminhar de qualquer um na rua, um gesto natural? Quais hábitos culturais constroem a maneira de andar, quais artificialidades animam os deslocamentos, quais artifícios constituem os calçados, impedindo, à primeira vista, de pensar o andar cotidiano como natural e de opô-lo nisso ao palco? Mais do que se situar em um debate estéril sobre a dicotomia entre natural e cultural ou

---

13. Sally Banes, *Terpsichore en baskets*, op. cit., p. 110.

arti-ficial, são as dinâmicas cruzadas entre a arte e a vida que forçam a repensar essas experiências, compartilhamentos e distribuições dos lugares.

A dança encontra no questionamento permanente do limite entre arte e não arte uma aposta forte, no sentido de que, além da luta permanente pela afirmação de seu estatuto de arte, ela participa assim da renegociação em curso que opera no *regime estético das artes*. O não virtuosismo e a cotidianidade do andar incluso na arte participam, para Rancière, desse deslocamento próprio do regime estético das artes, no qual a estética não remete mais ao juízo estético, mas a uma *aisthésis*, ou seja, uma relação sensível ao compartilhamento em funcionamento na arte[14]. Libera-se, assim, aquilo que Rancière chama de uma "arte no singular", que:

> [...] desliga essa arte de toda regra específica, de toda hierarquia dos sujeitos, dos gêneros e das artes. Mas ela faz isso fazendo voar em estilhaços a barreira mimética que distinguia as maneiras de fazer a arte das outras maneiras de fazer e separava suas regras da ordem das ocupações sociais. Ela afirma a absoluta singularidade da arte e destrói ao mesmo tempo todo critério pragmático dessa singularidade. Ela funda ao mesmo tempo a autonomia da arte e a identidade

---

14. "[...] em 'estética' eu entendo *aisthesis*: uma maneira de ser afetado por um objeto, um ato, uma representação, uma maneira de habitar o sensível", Jacques Rancière, "Histoire des mots, mots de l'histoire", conversação com Martyne Perrot e Martin de la Soudière, Revue Communications, n. 58, *L'écriture des sciences de l'homme* [A escrita das ciências do homem], Le Seuil, 1994, p. 89.

de suas formas com aquelas pelas quais a própria vida se forma[15].

As transformações conjuntas nos terrenos da representação e do sensível se redistribuem entre a dualidade que separam arte e vida em transbordamentos transversais, assumindo incessantemente, ao sair das ordens definitivas, o risco permanente e paradoxal de sua evanescência grosseira.

A dança como lugar de um compartilhamento no nível do sensível que é a relação gravitária – lá onde estético e político se imbricam com a abstração e a elevação na metáfora leve da dançarina – é aquilo que Hubert Godard identifica entre os dançarinos e com os espectadores, nos seguintes termos:

> [...] no corpo do dançarino, em sua relação com os outros dançarinos, representa-se uma aventura política (a divisão do território). Uma "nova distribuição de cartas" do espaço e das tensões que o habitam vai interrogar os espaços e as tensões próprias dos espectadores. É a natureza desse transporte que organiza a percepção do espectador[16].

---

15. Jacques Rancière, *Le partage du sensible: Esthétique et politique* [*A partilha do sensível*], ed. La Fabrique, 2000, p. 33. São Paulo: Editora 34, 2009. 2. ed.
16. Hubert Godard, *"Le geste et sa perception"*, op. cit., p. 224.

É a interrogação da partilha da dança e de seus gestos com seu contexto. Inserir-se na tensão das binaridades e torcê-las seria a ação da *partilha do sensível*. Nesse sentido é um ato, não um puro decalque topológico, mas uma ação, um ato, um traçado que toma a medida do afastamento, da partilha transversal, em que se representa ao mesmo tempo um fazer e um sentir.

"Restava a descoberta, entre nós e eles, o lá: *topos*. Quando eu digo: entre, não quero evocar uma barreira, mas, ao contrário, que nós tenhamos ao menos, em comum, topos, a área de permanência, fora.[17]"

Sempre com o risco de sua desaparição, essa junção primordial situa a dança entre o fazer e o sentir, mais do que em uma ruptura das formas. Essa atenção sensível à gravidade força a pensar, a experimentar essa partilha que trabalha no cerne a repartição das representações e dos atos, em uma partilha do comum.

Se falamos então de democracia para esses corpos e essas danças, trata-se profundamente de uma efetuação da desierarquização nesse projeto anunciado como democrático. Existe, nessas ações comuns adotadas na dança, como o andar, um deslocamento em diversos sentidos, uma passagem que se cumpre, uma partilha, como "comunidade da partilha, no duplo sentido do termo: pertinência ao mesmo mundo que não pode se dizer senão na polêmica, reunião que não pode ser feita senão no combate", e essa

---

17. Fernand Deligny, *Les enfants et le silence* [As crianças e o silêncio], ed. Galilée, Paris, 1980, p. 62.

"comunidade da partilha [...] é [...] a democracia"[18]? Apresenta-se a questão do *quê*: o que é que toma parte na dança? Qual gesto? Qual corpo? Além disso, se a inclusão do andar se faz singularmente em alguns modos de andar coletivos, será que isso não é o sinal de que se reapresenta através dela a cada vez a questão de uma repartição coletiva dos pesos, de uma repartição da massa no corpo, entre os corpos, e em sua relação gravitária?

Andamentos coletivos*?

A inclusão do movimento cotidiano do andar sobre um tablado de dança não é anódina, mas também não é unívoca: ela assume sentidos diversos segundo os contextos[19]. A questão da relação entre a arte e a vida, a de projetos coletivos para a arte e para a dança inervam sua constituição e suas manifestações artísticas. Mas isso não seria, como entende Rancière, porque a própria classificação de modernidade "mistura a compreensão das transformações da arte e de suas relações com as outras esferas da experiência coletiva"[20]? Não se torna a apresentar, pelo gesto do andar, a questão do coletivo para a dança? Nas *re-citações* atuais

---

18. Jacques Rancière, *Aux bords du politique*, op. cit., p. 92.
* O título original, "Dé-marches collectives", faz um jogo de palavras. [N. T.]
19. Cf. Gérard Mayen, *De marche en danse, dans la pièce Déroutes* de Mathilde Monnier [Do andar na dança], ed. l'Harmattan, Paris, 2005.
20. Jacques Rancière, *Le partage du sensible: Esthétique et politique*, op. cit., p. 37.

desse momento de radicalidade dos anos 1960 na dança, é interessante ver como as questões do coletivo, do gesto não especializado e do *"que* faz a dança?" são, como em toda citação, parcialmente trazidas à luz e parcialmente tornadas opacas. Não um programa, mas um paradoxo: o da memória que reivindica nomes próprios para uma procura, um gesto, que gostariam, em parte, momentaneamente, e decerto não totalmente, de fazer desaparecer.

Assim, aquilo que assinala para Banes o "triunfo do andar" na dança de Paxton são justamente duas peças para grandes grupos.

Em *Satisfyin Lover*, de 1967[21], que reúne alguns não bailarinos, "um grande grupo de participantes (de trinta a oitenta e quatro) evolui segundo uma partitura escrita. Eles atravessam o espaço caminhando de corredor a jardim, interrompendo-se às vezes para se manterem imóveis ou para se sentarem"[22]. E em *State*, de 1968, "um grande grupo que caminha: os quarenta e dois participantes avançam até o centro do espaço e depois se imobilizam, reagrupando-se ao acaso ou dispersando-se sobre o tablado"[23].

O caráter coletivo dessas experiências de andar insiste sobre a repartição dos gestos que fazem a dança, na junção do artístico e do político. A experiência coletiva de

---

21. Esta peça foi reencenada pelo Quatuor Knust em 1996 em Paris, do mesmo modo que *"Continuous Project-Altered Daily"* (1970), de Yvonne Ainer.
22. Sally Banes, *Terpsichore en baskets*, op. cit., p. 108.
23. Ibidem, p. 109.

inclusão do andar na dança pode ser entendida como certo deslocamento sobre o terreno do sensível, no sentido da relação gravitária como sensível e como compartilhamento de um comum. *A partilha do sensível* entre algumas "esferas da experiência coletiva" é o lugar de encontro entre arte e política, não no sentido de uma aplicação, nem de uma ilustração, mas de uma partilha (no duplo sentido) da sensibilidade, e das produções sensíveis, dos atos e das palavras, que caracteriza para Rancière o "regime estético das artes" e que substitui, em sua análise, a categoria de modernidade.

> Chamo de partilha do sensível esse sistema de evidências sensíveis que deixa ver ao mesmo tempo a existência de um comum e os recortes que nele definem os lugares e as participações respectivas. [...] A partilha do sensível faz ver que pode existir participação no comum em função daquilo que ele faz, do tempo e do espaço nos quais essa atividade se exerce. [...] Isso define o fato de ser ou não visível em um espaço comum, dotado de uma palavra comum etc.[24]

Leaning duet, 18 de abril de 1970, 80 Wooster Street, Nova York.

Com Trisha Brown, Jared Bark, Carmen Beuchat, Ben Dolphin, Caroline Gooden, Richard Nonas, Patsy Norwell, Lincoln Scott, Kei Takei e um Desconhecido.

---

24. Jacques Rancière, *Le partage du sensible: Esthétique et politique*, op. cit., p. 12-3.

O ano de 1970 é o ano de fundação do Grand Union, e esse 18 de abril é o dia em que se apresenta a performance *Man Walking Down the Side of Building*. É interessante observar que se guardou mais como proposição de Trisha Brown esta última ação de um homem caminhando descendo a fachada de um imóvel do que os duos caminhando na rua segurando um ao outro pela mão, com os braços estendidos, deixando-se cair cada um de um lado e encontrando o ponto de equilíbrio, o que lhes permite avançar pé contra pé. A ação é certamente mais impressionante, e o lugar desconcertante, mas talvez seja preciso ver igualmente que é uma ação individual, enquanto no mesmo dia dez bailarinos efetuavam, no mesmo local, no mesmo espírito, uma peça coletiva, fundamentada na interação entre duas pessoas. Do coletivo para esses artistas, o filtro da história às vezes parece não ter deixado passar senão o mais extraordinário, no mesmo momento em que a dança questionava fortemente o virtuosismo e as trajetórias individuais enquanto elas eram essencialmente coletivas. Na virada crucial dos anos 1960-70, *Leaning Duet* reúne diversos traços característicos das pesquisas do decênio que acabava de se encerrar: deslocamento do lugar, do teatro ou do estúdio para a rua, interesse pelo processo, mais do que por um resultado, um trabalho sobre o peso e, enfim, uma experimentação coletiva.

É muito claro que a partilha do peso acarreta uma partilha do ritmo, que, para manter o equilíbrio entre os dois corpos agarrados por uma mão, com os braços estendidos, e que avançam um pé contra o outro a cada passo, é preciso pôr o pé no mesmo momento. Na relação gravitária sobre um solo comum, abre-se a temporalidade comum sempre a ser ajustada, uma continuidade se diferenciando. É uma experiência, um jogo, os equilibristas riem, eles têm uma senha, mas riem de seu fracasso.

O anonimato de *quem* caminha na rua. Existe mesmo um desconhecido, que se manteve desconhecido entre todos aqueles que, em seguida, tiveram seu *renome* na dança, exemplarmente Trisha Brown. Mas qual anonimato se representava, então, longe dos palcos, andando na rua? O caráter coletivo da inclusão do andar na dança sublinha singularmente a articulação entre político e estético no campo do sensível.

Outro caminhante, em um cenário totalmente diferente apresentado por Rancière, entra aqui em eco: o marceneiro Gauny. "Assim, um dos itens essenciais de seu orçamento seria o dos calçados: o emancipado é um homem que caminha sem cessar, circula e conversa, faz circular o sentido e transmite o movimento da emancipação.[25]"

Se os tênis constituíram o caráter distintivo dessa dança "democrática" dos anos 1960-70 para Sally Banes[26], que explica a passagem das sapatilhas da dança clássica aos pés nus da *modern dance*, aos tênis da *post modern dance* – essa variação na maneira de se calçar talvez seja a

---
25. Idem, *Aux bords du politique*, op. cit., p. 94.
26. Sua obra de 1980 intitula-se justamente *Terpsichore in sneakers*.

imagem residual de mais alta pertinência da distinção de categoria que Banes efetua entre moderno e pós-moderno. O pé cotidiano, *pedestrian*, em inglês – diz-se *callejero* em espanhol, e nisso se encontra a rua (*calle*) –, constitui um lugar de deslocamento fundamental. O pé, em uma caminhada de tênis, cotidiana, da rua, assume o encargo da relação gravitária, em uma partilha com as poeiras do chão e nos territórios do visível. O andar é, nesse sentido, um *movimento comum*, ao mesmo tempo "banal" e que traça linhas de divisão reapresentando, sem resolvê-las, as questões das repartições das funções no comum. Anda-se.

Anonimato do corpo que anda e que, no entanto, tem seu modo singular de andar. Longe de uma homogeneização, as corporeidades delineadas pelo andar na dança têm a singularidade do modo de andar de cada um(a) e de todo mundo? Andar "como todo mundo", não em uma identificação nem em uma imitação como "no lugar do caminhante médio", mas andar, como cada um anda, no sentido de que cada um pode estar no lugar do caminhante. O *como* não é nem imitativo (encontrar o andar que se pareça, idêntico, com o padrão do andar), nem representativo (andar para os outros, no lugar dos outros, andar normal que representa o andar para todos); ele é o *como* da distribuição dos lugares, como cada um(a) poderia andar, um "não importa quem" ao mesmo tempo singular e comum.

Comum e singular, a crítica Jill Johnston o afirma como transformação das corporeidades da dança, com força de imagens após ter visto *Satisfyin Lover*, a peça de caminhada grupal de Paxton:

> [...] a incrível diversidade dos corpos, todos os bons velhos corpos de nossas boas velhas vidas... atravessando um depois do outro o ginásio, caminhando, vestidos com suas boas velhas roupas. Alguns gordos, alguns magros, alguns medianos, alguns frágeis um tanto fatigados, alguns altos retos como um I, algumas pernas arqueadas e joelhos cambaios, alguns desajeitados, alguns elegantes, alguns brutos, alguns delicados, algumas grávidas, alguns na pré-puberdade, e dispenso o resto, todas as posições possíveis em toda a gama imaginável – dito de outro modo, você e eu no estado mais cotidiano, mais ordinário, mais "não estou nem aí" quanto ao esplendor postural[27].

Um caminhar coletivo confere um movimento em comum em que *não importa qual corpo* resolve o caso, e, como diz Johnston, poderia ser "você e eu". Tal seria um dos deslocamentos singulares dessa dança: a implicação do espectador nesse movimento comum, menos por sua participação na peça do que pelo deslocamento de uma linha estabelecida pelo virtuosismo que fixava uma linha divisória clara entre aqueles que tomam parte na dança e aqueles que não tomam parte. Não se trata em nenhum caso de

---

27. Jill Johnston, "Paxton's People", revista *Village Voice*, 4 de abril de 1968; reproduzido em Jill Johnston, *Marmalade Me*, ed. Duton, Nova York, 1971, p. 135-7, citado em francês em Sally Banes, *Terpsichore en baskets*, op. cit., p. 108.

dizer que todos os movimentos de dança devam, a partir daí, ser, por direito, executáveis universalmente por todos, como um imperativo categórico, mas de notar o deslocamento de uma linha divisória forte, que atravessa o próprio gesto, entre os lugares, os corpos, os movimentos dizíveis ou visíveis, força de ação do "não importa qual" mais do que força de simples declaração do "todo mundo", do Uno.

> Um Uno que não é mais aquele da incorporação coletiva, mas da igualdade de não importa qual um a não importa qual outro. A característica da igualdade, com efeito, é menos de unificar do que de desclassificar, desfazer a naturalidade suposta das ordens para substituí-la pelas figuras polêmicas da divisão[28].

Alguns gestos desclassificados, mais que unificados por uma comoção gravitária das ordens naturalizadas, tornam sensível a heterogeneidade dos gestos na dança. Andar, por exemplo, induz permanentemente à divisão, sempre reposta em jogo, do *quê* da dança. E a divisão, sempre polêmica, sempre em luta, para uma "participação dos sem participação", é aquilo que anima, segundo Rancière, a realidade democrática.

O não virtuosismo anunciado no *No Manifest* continua o "não importa qual gesto" que Banes via nos trabalhos de Rainer desde 1963, tal como *Terrain*, apresentado

---

28. Jacques Rancière, *Aux bords du politique*, op. cit., p. 68.

na efervescência coletiva dos trabalhos do Judson Church Theater: "A dança de Rainer parecia dizer que não importa qual movimento podia ser válido como escolha coreográfica, mas também que não importa qual corpo, não importa qual pessoa podia valer a pena ser considerada"[29].

"Não importa qual" não é a similitude unificante de uma equalização homogênea por uma identidade em si igualitária, bem pensante e baseada na semelhança com o uno, o normal, o bom e o bem, mas a afirmação de uma igualdade sempre a ser reverificada, a ser novamente posta em jogo, jamais conquistada identitariamente, daquilo que vale aqui para fazer a dança. Democratização do corpo dançante, em uma repartição igual entre os corpos dos dançarinos, não importa qual corpo e não mais somente as corporeidades atléticas e virtuosísticas. Isso não é evidentemente o caso para todas as proposições coreográficas, isso não pode ser também a palavra de ordem para um estilo então homogeneizado de uma dança contemporânea que recitaria os lugares comuns dos anos 1960... Mas esse foi um traço de equalização forte que atravessou as corporeidades e os movimentos, conferindo ao termo democrático um sentido bem particular: *an-archê*, desconstrução das ordens naturalizadas daquilo que de direito faz sentido para a dança. *An-arquia*, última vertente dessa declinação do democrático para a dança através do andar.

---

29. "*Rainer's dance seemed to say that any movement might be available as choreographic choice, but also that any body, any person, could be worth watching.*" Sally Banes, *Democracy's Body, Judson Dance Theatre, 1962-1964* [O corpo da democracia], ed. Duke University Press, Durham, NC e Londres, 1995, p. 113.

Enquanto S. Banes acreditava que a nova dança dos anos 1960 dava corpo à democracia, teria sido mais apropriado descrever os dançarinos como anarquistas. Em 1968, Jill Johnston via a dança neste sentido: "Todo movimento *underground* é uma revolta contra uma autoridade ou outra. A dança *underground* dos anos 1960 é mais do que esse problema de revolta filhos-pais. Os novos coreógrafos invalidam ultrajantemente a própria natureza da autoridade. O pensamento por trás desse trabalho ultrapassa a democracia e chega à anarquia. Nenhum membro sobressai. Nenhum corpo é necessariamente mais belo do que outro corpo. Nenhum movimento é mais importante ou mais belo do que outro movimento [...][30].

Passar do ideal democrático à anarquia assume aqui o sentido de uma repartição, de uma desierarquização como trabalho democrático.

Nenhuma nova definição de uma regra ou de um programa único para a dança, nenhuma identificação nostálgica de um momento histórico fechado, mas a exploração das apostas conceituais, teórico-práticas, que atravessam

---

30. "*Every underground movement is a revolt against one authority or another. The dance underground of the sixties is more than this natural child-parent affair. The new choreographers are outrageously invalidating the very nature of authority. The thinking behind the work goes beyond democracy into anarchy. No member outstanding. No body necessarily more beautiful than any other body. No movement necessarily more important or more beautiful than any other movement [...]*." Jill Johnston, *Marmalade Me*, Hanover, NH e Londres, Wesleyan University Press, 1998, p. 117. Citado por Ramsay Burt em *Judson Dance Theatre. Performatives Traces* [Judson Dance Theatre. Traços performáticos], op. cit., p. 10.

incessantemente a dança: *Que* faz a dança? Qual gesto é reconhecido como dançado? Onde começa e onde se interrompe um gesto dançado? Do estatuto de virtuose, o dançarino-caminhante se compromete em uma atenção sensível a esses diversos movimentos ordinários que dão matéria à dança. O desenvolvimento de certa *atenção sensível à relação gravitária* parece poder caracterizar as corporeidades: comuns e singulares, igualitárias e heterogêneas *ao mesmo tempo?*

Um passo que escuta?

Abre-se caminhando uma continuidade da relação com o solo e com um tempo que não tem razão de terminar na saída do estúdio, que tende a se ramificar na rua, ao voltar para casa etc. O andar tece, assim, singularmente a relação gravitária e o tempo. Mais que representar um gesto que se tornaria o ícone de qualquer reivindicação programática da aplicação política para a dança, andar torna perceptível algumas temporalidades que formam um *continuum* enxameado de mil pequenas variações que não se totalizam em nenhum momento. Se a totalidade do salto se esforça em ocorrer na queda, na afirmação de um retorno batido sobre a terra, o andar resiste, no limite – o último sendo sempre o antepenúltimo passo[31]. O andar prossegue,

---

31. Como as garrafas de vinho para o alcoólatra. Cf. Gilles Deleuze, "A como Álcool", *Abécédaire* [Abecedário], (1988), conversações com Claire Parnet, filme de Pierre-André Boutang, primeira exibição de arte, 1996.

em suas ínfimas variações apropriadas à repetição de uma cadência na qual cada intervalo é o meio, diferenciando-se sobre outro plano que o instante – impossível – mensurável do pé que toca o solo. "É a diferença que é rítmica, e não a repetição, que, no entanto, a produziu; mas, por isso mesmo, essa repetição produtiva não tinha nada a ver com uma medida reprodutiva.[32]"

As variações de arranjo da relação gravitária, incomensuráveis, tanto quanto as variações entre as diferentes pessoas que caminham, tecem um *continuum* heterogêneo.

O andar opera um deslocamento radical da relação com o tempo igualmente pelo fato de que nele se dá o jogo sempre cambiante da sensação do passo se efetuando. O andar constitui para a dança um terreno de exploração das sensações renovadas a cada passo, outra *heterogeneização* da dança. Nietzsche reconhecia que os ouvidos do dançarino se situavam em seus calcanhares. O andar na dança é uma escuta ao mesmo tempo que é um gesto, do solo e da terra. Andar para escutar os relevos, os conflitos e as direções que se atualizam. Então, a dança habita o andar voltando a atenção para a troca gravitária sempre em curso, para uma escuta das sensações e uma duração: uma temporalidade singular, não mais uma linha única com a flecha do tempo, mas um tempo qualitativo que mistura sensação e ação. Novamente as palavras de

---

32. Gilles Deleuze e Félix Guattari, *Mille Plateaux* [Mil platôs], Les éditions de Minuit, Paris, 1980. São Paulo: Editora 34, 2011, 2. ed.

Valéry: "[a dançarina] tece com seus pés um tapete indefinível de sensações?... Ela cruza, ela descruza, ela entrelaça a terra com a duração..."³³.

Entrando na experiência da gravidade, desdobra-se a experiência de uma duração sensível que tece cada passo efetuado com uma percepção. Trama da terra com a duração, de um devir, devir *"outro sem que existam vários"*³⁴.

Nesse entrelaçamento do perceber e do fazer lê-se a imaginação como devir em curso do andar. E aí surge uma distinção, não mais entre horizontalidade das passadas militares e verticalidade das piruetas da dançarina, que continuava a impregnar a visão de Badiou, mas entre a insistência sobre o instante que mede a reprodução da cadência, coação exterior que fecha os passos em uma única linha de tempo através do martelamento, e a atenção ao intervalo, processo dinâmico do ritmo que, atravessando a repetição, torna sensíveis as diferenciações a cada passo. Uma marcha que apreende através da sua temporalidade contínua e heterogênea as jogadas mais afiadas do devir.

E então ressoam, em diferentes ecos, os passos de um ator que anda e se torna outro. Ele anda, e anda como caranguejo:

> O ator De Niro, em uma sequência de filme, anda "como" um caranguejo; mas não se trata, diz ele, de imitar

---

33. Paul Valéry, *L'âme et a danse*, op. cit., p. 127.
34. Fórmula de Gilles Deleuze sobre as multiplicidades qualitativas em Bergson, cf. *Le Bergsonisme* [*O bergsonismo*], ed. PUF, Paris, 1998, p. 36. São Paulo: Editora 34, 1999. É o autor quem destaca.

o caranguejo; trata-se de compor com a imagem, com a velocidade da imagem, alguma coisa que tem relação com o caranguejo. E isso é o essencial para nós: só se entra no devir-animal se, por quaisquer meios e elementos, forem emitidos alguns corpúsculos que entram na relação de movimento e de repouso em partículas animais, ou, o que vem a dar no mesmo, na zona de vizinhança da molécula animal[35].

O devir é o limite ao qual se leva a metáfora que estava inicialmente em questão para falar da dança em filosofia. Passando pela gravidade, abre-se uma duração heterogênea e contínua, e encontra-se com um devir, transformando as imagens que atravessam a dança.

Assim, a metáfora como primeiro solo de encontro entre dança e filosofia, lastreada em sua leveza retórica pela ancoragem da gravidade, termina aqui por ser levada ao seu limite em seu último baluarte tangível e não retórico: o imperceptível. A metáfora como devir se faz deslocamento intenso, atravessada sem sair do lugar, transformação que tende a se tornar imperceptível. Não uma imitação que gostaria de representar alguma coisa diferente, nem mesmo todos os andares ou o andar normal, mas o andar que se declina se diferencia. O andar, como primeiro gesto dessa relação gravitária, estende o trabalho em dança ao limite desse devir imperceptível. Jogo arriscado

---

35. Gilles Deleuze e Félix Guattari, *Mille plateaux*, op. cit., p. 336-7.

e poderoso de uma dança que reproduz incessantemente seus limites com a vida e o comum, arriscando a todo momento sua desaparição?

> Tornar-se imperceptível quer dizer muitas coisas. Qual é a relação entre o imperceptível (anorgânico), o indiscernível (assignificante) e o impessoal (assubjetivo)? Dir-se-ia primeiramente: ser como todo o mundo. É aquilo que conta Kierkegaard, em sua história do "cavaleiro da fé", o homem do devir: é inútil observá-lo, não se observa nada, um burguês, nada além de um burguês. [...] ser desconhecido mesmo pela sua porteira e pelos seus vizinhos[36].

Esse devir imperceptível abarca os riscos dos pesadelos mais intensos da dança: não ser uma arte[37], alto risco da dança de não importa quem. Em todo caso, entra em jogo aquilo que faz e desfaz a dança, seu organismo, sua significação e seu sujeito. Às vezes ela busca um virtuosismo excepcional para conjurar a sorte; às vezes ela escava um pouco mais o caminho desse devir imperceptível: tornar-se

---

36. Ibidem, p. 342.
37. Laurence Louppe previne assim contra "uma situação arcaica, que foi a da dança durante séculos: uma prática sem obras, na qual o intérprete, superexposto, magnificado, é tudo aquilo que se vem ver. [...] Para o dançarino, assim como para a dança, essas estruturas arcaicas estão ainda muito próximas, muito ameaçadoras, para que se possa impunemente aniquilar o papel do criador na coreografia, que faz parte da modernidade e compromete assim todos os seus parceiros em torno de uma filosofia artística singular". *Poétique de la danse contemporaine*, op. cit., p. 248. Toda a aposta de uma dança no risco de sua desaparição enquanto arte gira em torno da questão da singularidade da dança como arte. Sua singularidade seria exceção de uma identidade ou diferenciação de uma atenção sensível a um devir comum?

como todo mundo, retomando as implicações da polissemia do *como*; dançar em uma viagem imóvel:

> Nos tornamos como todo mundo, mas justamente fizemos de "todo mundo" um *vir-a-ser*. Nos tornamos imperceptíveis, clandestinos. Fizemos uma curiosa viagem imóvel. Apesar dos tons diferentes, é um pouco como Kierkegaard descreve o cavaleiro da fé, eu não considero senão os movimentos: o cavaleiro não tem mais os segmentos da resignação, mas ele também não tem mais a flexibilidade de um poeta ou de um dançarino, ele não se deixa ver, ele se pareceria mais com um burguês, um cobrador, um lojista, ele dança com tanta precisão que se diria que ele nada mais faz do que andar ou permanecer imóvel, ele se confunde com a parede, mas a parede tornada viva, ele se pinta de cinza sobre cinza, ou como a Pantera Cor-de-Rosa pintou o mundo da sua cor; ele adquiriu alguma coisa de invulnerável, e ele sabe que amando, mesmo amando e para amar, devemos nos bastar a nós mesmos, abandonar o amor e o eu...
> [...] Não existe mais senão uma linha abstrata, um puro movimento difícil de descobrir, ele não começa nunca, ele toma as coisas pelo meio, ele está sempre no meio[38].

Mais uma vez, andar para se tornar imperceptível, andar como todo mundo, ou andar, como todo mundo anda, sem a perícia de um dançarino, mas também sem imitação, em uma partilha comum, uma luta permanente. Não

---

38. Gilles Deleuze e Claire Parnet, *Dialogues*, op. cit., p. 154-5.

inaugurar um andar excepcional, mas entrar pelo meio dele. Estar no meio, jamais num centro, tal seria o *andamento*: andar sobre um tablado, devir "anorgânico", "assignificante", "assubjetivo", de uma dança tomada no andar. Esplendor do *se* anda. Eis que o andar retorna conjugado ao impessoal, tornar-se imperceptível, tornar-se como todo mundo, ou seja, singularmente, pelo andar.

Em que medida a especificidade da dança como partilha social – por exemplo, de um todo mundo dança caminhando – apresenta o risco de atar a maior fraqueza da dança (o risco de sua dissolução) com sua força? Mathilde Monnier – que desenvolveu um trabalho em torno do gesto do andar em *Déroutes* [Mudanças de rota], analisado por Gérard Mayen – sublinha, aqui em diálogo com Jean-Luc Nancy, o caráter da dança de ser comum: a dança tem isso de ser como todo mundo; a dança, não mais sobre um tablado, mas em uma rua, uma festa, um salão, uma boate, *se* dança, *isso* dança, em ecos com as primeiras intenções de Paxton sobre a partilha sensível entre espectadores e dançarinos ou dançarinas:

> A ideia não é dançar como todo mundo (isso não quer dizer nada), mas produzir um estado "dança" que seja evocativo para aquele que o observa, que seja empático. Um estado em que cada um possa reconhecer essa capacidade que tem o dançarino de se ligar diretamente a seu público e, para o público, de se projetar enquanto espectador como um dançarino potencial.

Essa frase traz um reconhecimento implícito dançarino-espectador, no qual cada um pode integrar a capacidade à dança do outro[39].

Mathilde Monnier descreve assim o trabalho preparatório em *Publique*[40] por esse deslocamento de certo virtuosismo na dança contemporânea, em certa inervação, por vezes tanto atual quanto virtual. Não se trata de dizer que a dança deve dançar como todo mundo, operando por imitação ou mesmo comparação, e que ela deve se limitar, assim, a fazer aquilo que todo mundo pode fazer, mas de enunciar a partilha íntima, sinestésica, imaginativa também, das partes sensíveis que se jogam na dança, em um laço direto, ou seja, aqui empático (nem distanciamento representativo, nem imitação identificadora), entre bailarinos e espectadores, por repartição dos lugares e das capacidades. Sai-se desse modo da falsa dicotomia entre excepcionalidade virtuosística da dança como técnica ou sua desaparição enquanto arte, novamente questionando a distribuição das partes e dos lugares, mais do que por uma imitação qualquer ou uma representação[41]. Andar como cada um(a) não é imitar o andar que todo mundo reconhece, uma referência

---

39. Mathilde Monnier e Jean-Luc Nancy, *Allitérations. Conversations sur la danse*, op. cit., p. 57.
40. Mathilde Monnier, *Publique* [Público], primeira apresentação no festival internacional Montpellier danse, 2004.
41. O texto de Jeanne Favret-Saada, intitulado *"Être affecté"* [Ser afetado] é particularmente esclarecedor para uma problematização da empatia: em um contexto totalmente diferente, que é o da antropologia, ela faz uma crítica sutil e percuciente do conceito de empatia, quer seja como distância representativa, quer seja como identificação por fusão para especificar a abordagem que a antropóloga pensa e pratica como experiência de "ser afetado". Cf. *"Être affecté"*, revista *Gradivha*, n. 8, 1990, Paris.

dominante, única e homogênea, mas registrar em um andar a partilha sensível de um terreno no qual o contágio do todo mundo anda é a partilha do mundo com o outro, por meio da experiência comum, a experiência gravitária. Redistribuição das partes de *quem* e de *quais gestos* fazem a dança.

Pôr e se pôr em movimento no momento, tornar-se imperceptível, a gente se torna todo mundo, e o mundo se torna, incessantemente, outro e a gente. Longe de um realismo homogêneo e asséptico, esse andar comum deixa ver aquilo que na dança tece a sensação variável com a efetuação do passo, feita imagem sem necessariamente imitar, em uma partilha entre aquilo que é sentido, aquilo que é feito e aquilo que é visto. Andar *como* se torna andar *com*: partilha de um movimento comum e do contexto, por contágio gravitário, e tomada de velocidade por capilaridade. O devir é mesmo o deslocamento, no limite, de uma distinção entre um sujeito que objetiva o mundo, estriando certa imediatez no meio. É, em primeiro lugar, um deslocamento no cerne do conceito de tempo, que enviesa irremediavelmente os campos da percepção e da composição, propondo a questão de uma composição sem mediação, pelo meio[42].

> Esse movimento como tal escapa à percepção mediadora, visto que ele já é efetuado a todo o momento, e que o dançarino, ou o amante, encontra-se já "de pé andando", no mesmo segundo em que ele torna a cair, e mesmo no instante em que salta[43].

---

42. Cf. seção "Articulações".
43. Gilles Deleuze e Félix Guattari, *Mille Plateaux*, op. cit., p. 344.

Por meio desse devir, devir imperceptível entre ação e percepção, a percepção se dissocia de toda mediação através de cada passo, no processo do desenvolvimento da caminhada.

Essa tecedura perceptiva a cada passo é do âmbito daquilo que Michel Bernard vê de realmente "utópico" na dança: a tecedura das percepções e do real. Tal é o sentido de um momento *utópico*, em especial desse não virtuosismo do gesto, que Michel Bernard se dedica firmemente a distinguir do discurso convencional sobre a dança pós-moderna como a aplicação de uma *utopia* democrática e livre. Da obra *Dança e utopia* ele propõe, de fato, deixar de ver nela uma utopia, para considerar o utópico operando na dança, que "não está para além do real, mas o tece pela atividade permanente de nossa percepção"[44]. Define-se aí o campo de trabalho de toda a dança que tece, nos limites entre perceber e fazer, uma temporalidade singular de sua efetuação.

O andar constitui esse lugar de encontro entre a dança e a filosofia onde se torce a simples oposição entre o pesado e o leve e, mais particularmente, uma linha de entrada nas danças dessa geração, onde se exploram os limites entre os gestos da dança e os gestos cotidianos. Uma redistribuição dos lugares e das participações. No mesmo sentido

---

44. Michel Bernard, "Des utopies à l'utopique ou quelques réflexions désabusées sur l'art du temps" (p. 15-25), in *Mobiles 1: Danse et utopie*, publicação do Departamento de Dança, col. Arts 8, ed. l'Harmattan, Paris, 1999.

de uma releitura concreta do trabalho artístico dessa geração, Isabelle Ginot distingue assim, a propósito desse "período dos anos 1960 – característico das 'miragens'" que aí projetam um ultrapassamento definitivo dessas utopias do "corpo democrático", a incontestável "redistribuição dos valores, *no* corpo e *entre* os corpos"[45]. Ela sublinha, assim, o paralelo que existe entre o trabalho do corpo, o estado de corpo do dançarino, da dançarina, os modos de escritas coreográficas e a organização do grupo social que cria uma peça coreográfica.

Não seria porque a questão do corpo "democrático" se torna a da igualdade como verificação em gesto, por meio da experiência gravitária de uma repartição, rolando? Que repartição *entre* os dançarinos e seu contexto através das múltiplas experiências de deslocamento dos lugares da dança (dos estúdios e dos teatros para as galerias, os espaços públicos das ruas e dos parques) e do lugar do público? Que repartição *entre* os dançarinos através das múltiplas experiências de deslocamento de estratégias de escrita, de composição, de apresentação da dança e das imagens legítimas do corpo dançando (quem faz a dança...)? Que repartição entre o próprio corpo, através das múltiplas experiências de deslocamento dos lugares e das dinâmicas corporais que tomam parte no gesto (desierarquização das diferentes partes do corpo...)?

---

45. Isabelle Ginot, *"Une 'structure démocratique instable'"*, (p. 112-8), in *Danse et utopie*, op. cit., p. 112. Grifo da autora.

DESLIZAR

Essa ideia de corpo democrático consistia em se interessar por tudo aquilo que estava abandonado ou ignorado no corpo. Não somente utilizar partes do corpo raramente valorizadas, mas também direções não habituais para essas diferentes partes.

Trisha Brown
Isabelle Ginot,"Entretien avec Trisha Brown: en ce temps-là l'utopie..." (p. 107-11), *Mobiles 1: Danse et utopie*, publicação do Departamento de Dança, Universidade de Paris 8, Col. Arts 8, ed. l'Harmattan, Paris, 1999.

A exploração da dança em seus limites, experiências variadas que surgem em diferentes pontos de sua história, deixa-se compreender em parte como uma inquietude sempre renovada pelos lugares e as participações das partes do corpo, dos gestos, dos espaços.

"A tarefa da modernidade na dança consistiu igualmente em desierarquizar incessantemente os processos, as partes do corpo, os espaços.[1]"

Louppe fala do corpo dançante contemporâneo a partir de certa "incapacidade", não virtuosismo e re-repartição das funções no corpo dançante. É aquilo que torna evidente um olhar lançado sobre a dança a partir da variabilidade da experiência da gravidade: assim, embaralhar as cartas do papel dos membros como significante da dança faz passar da distinção *a priori* de signos à distribuição de apoios

---

1. Laurence Louppe, *Poétique de la danse contemporaine. La suite* [Poética da dança contemporânea. A continuação], ed. Contredanse, Bruxelas, 2007, p. 50.

para a dança. Louppe observa, assim, que a cabeça tradicionalmente portadora do rosto, ou seja, de sentido e de "intelecto", "torna-se corpo, peso, matéria", "princípio redobrado e levado a seu extremo no 'contato improvisação' que joga essencialmente com a função de apoio repartida no conjunto do corpo"[2]. Repartição gravitária no corpo que tece os sentidos em todos os sentidos: o sentir, as direções e a significação. "O corpo contemporâneo [...] entrega-se ele mesmo à sua própria incapacidade, bloco de imanência, recusando-se a restabelecer as funções operantes em disputa com o real como com uma mecânica do sentido.[3]"

Uma desierarquização das partes mais aptas a dançar, a comunicar, a se exprimir. As mãos, o rosto, lugares altamente semióticos do corpo, deixando-se questionar sobre sua participação na dança, pela parte posterior do joelho, pelos tornozelos, pelas costelas ou, ainda, pelas costas. Singularmente, uma repartição dos pesos: os pesos funcionais e simbólicos de cada parte do corpo se repartem por um trabalho sensível sobre o peso talvez igualmente, por assim dizer, sobre a densidade das massas. Como se alongando-se sobre o solo, depois deslizando, cada uma dessas partes que tocam o solo *alternadamente* participasse da troca gravitária, tornasse sensível seu volume pela própria percepção de sua massa variável, de sua presença no solo e no ar; experiências de multiplicidade e continuidade, igualdade e diferenciação; *isso* gira, e se reparte.

---

2. Ibidem, p. 66.
3. Ibidem, p. 65.

Essa realidade é habitualmente, e de maneira consensual, ainda retomada sob a categoria de democratização do corpo dançante. Uma "repartição democrática" dos lugares de atenções, de percepções, de movimentos, de inspirações, em todo o corpo. Mas em que sentido? Com toda a certeza nas contradições dos múltiplos sentidos que assumem as lógicas de liberdade *e* de igualdade, as duas cordas que esticam, estendem e muitas vezes dilaceram a afirmação democrática. Tanto nas experiências coletivas de uma geração de bailarinos dos anos 1960-70 quanto nas releituras atuais que deles são feitas, a interpretação em termos de democratização insiste majoritariamente sobre a liberdade como característica democrática maior, passando às vezes mais despercebida esta outra corda que estende a democracia: a igualdade. No entanto, parece que esses deslocamentos podem igualmente ser apreendidos como desierarquização em diversos níveis. Não para opor liberdade à igualdade, mas para conferir a essa visão convencional de uma "maior liberdade dos anos 1960-70" uma espessura do olhar a partir das apostas da igualdade. Rancière, em seu trabalho na junção entre estética e política, relembra: "A igualdade e a liberdade são potências que se engendram e crescem por seu ato próprio"[4].

Mais uma vez, trata-se de tomar os projetos anunciados da dança ao pé da letra, seguir algumas de suas experiências e traçar alguns dos limites sempre moventes do

---

4. Jacques Rancière, *Aux bords du politique*, op. cit., p. 93.

exercício dançado e democrático. Enquanto o andar era atravessado pelas questões de não virtuosismo, aqui o deslizar sobre o solo oferece uma desierarquização, nem homogênea, nem uniformemente espalhada entre todos os espetáculos, ela se anuncia nas práticas e nos discursos. Mas de qual desierarquização se está falando em um domínio que, mais do que qualquer outro, organiza a hierarquia dos corpos e no corpo: a dança? Talvez justamente na contradição e na tensão instauradas entre a disciplina da ordem dos corpos que dançam e dos projetos que renovam, geração após geração, o desejo de desmontar essas barreiras que constituem a dança em seu ensino, sua prática e sua arte. Então, se ela é habitualmente devolvida a essa geração, a desierarquização não pode ser tomada como uma etapa histórica transposta pela primeira vez e de uma vez por todas, mas como a tendência incessantemente reposta em jogo desse desejo de emancipação das ordens preestabelecidas daquilo que constitui a dança em seus paradoxos estéticos. O ato, não aquele da declaração histórica dessa desierarquização por meio de uma repartição dos pesos, mas aquele sempre renovado da experiência girante dos jogos de forças em curso e dos lugares da dança. A *inconclusão* intrínseca a esse gesto, própria de seus trâmites, de seus conflitos e de suas contradições, constitui menos a fronteira intransponível para um mundo ideal, jamais atingido, a partir do qual julgar os fracassos de todas as suas tentativas e fixar o programa das próximas etapas de seu progresso, mas os limites a serem incessantemente repercorridos e deslocados do ato estético. Um ato, em ressonância com "o ato de verificação da igualdade" como constitutivo, para Rancière, da experiência democrática.

> Pôr a igualdade das inteligências como condição comum de inteligibilidade e de comunhão, como pressuposição de que cada um deve se esforçar para verificar por sua própria conta. A experiência democrática é, assim, a de certa estética da política. [...] Trata-se de partir do ponto de vista da igualdade, de afirmá-la, de trabalhar a partir de seu pressuposto para ver tudo aquilo que ele pode produzir, para maximizar tudo aquilo que é dado de liberdade e de igualdade. Quem parte do inverso da desconfiança, quem parte da desigualdade e se propõe a reduzi-la hierarquiza as desigualdades, hierarquiza as prioridades, hierarquiza as inteligências e reproduz indefinidamente a desigualdade[5].

A verificação da igualdade adota com ela e reapresenta, polemicamente, o deslocamento de uma linha de divisão que é o próprio lugar de encontro entre política e estética, repartição entre nobreza significante e sombras sem palavras, invisíveis e sem voz. Se Rancière fala principalmente da palavra, que faz do homem democrático um "ser poético", resta ver como o movimento na dança, os dispositivos singulares do coreográfico, podem igualmente ser compreendidos, em suas diferenças, como eco de certa verificação da igualdade. Seguramente, à primeira vista,

---

5. Jacques Rancière, *Aux bords du politique*, op. cit., p. 98.

a dança se distingue absolutamente da palavra e afasta-se nisso daquilo que Rancière chama de "frase igualitária". Já a dança sempre foi acompanhada pelas palavras daqueles que a fazem e a dizem. Além disso, a separação entre gestos e palavras é cada vez menos operante – mas será que algum dia ela tinha sido? – nos espetáculos de dança contemporânea. De toda maneira, se a frase é antes de tudo ato, a dança não será então possivelmente, e decerto diferentemente, esse ato da verificação da igualdade? E, principalmente para Rancière, a distinção que opõe palavra e ato sustenta uma partilha do sensível, ou seja, uma distribuição predefinida dos lugares e das capacidades concedidas ou não a esses últimos[6].

Não é possível ler aí, em tensão, os atos a serem incessantemente retomados da repartição dos movimentos suscetíveis de ser dançados (desierarquização da função expressiva), das partes do corpo suscetíveis de tomar parte no movimento (desierarquização das funções orgânicas), dos momentos suscetíveis de tomar parte no tempo da dança (desierarquização da função narrativa), dos lugares suscetíveis de serem espaços de dança (desierarquização da função representativa)? Se a partilha se efetua no nível do sensível, não é em uma absoluta oposição às representações em jogo, mas na inter-relação que se vive sob o regime estético das artes, actante de novas partilhas que não cessam certamente de criar sistemas de valores e de olhares,

---

6. Cf. Jacques Rancière, *Le spectateur émancipé*, op. cit., p. 18 e seguintes.

mas fazem a experiência de suas redistribuições em ato. Nisso, o ato de verificação é particularmente importante, já que ele não é uma simples declaração de princípio (*princípios* fundadores, colocados como a *origem*), mas uma afirmação sempre a ser registrada, uma verificação que toma o tempo de sua efetuação, um processo.

De fato, não se trata de proclamar ou de invocar a igualdade; trata-se de *verificá-la*, de experimentá-la. Verificar a igualdade entre todas as partes do corpo em um deslizar no qual o máximo de partes diferentes da pele assumirão alternadamente o encargo da troca das forças. Diferenciação do depósito do peso no solo e dos múltiplos lugares de efetuação do movimento; explosão intensiva que transborda a organização do organismo. Verificar a igualdade entre os dançarinos, as dançarinas, que se encarregam de uma dança; explosão intensiva entre os corpos dançante e perceptor que transborda o eu que se exprime e faz. Verificar a igualdade dos momentos em um processo no qual a espera e o tédio tensionam e estendem os "acontecimentos" que fulguram ou desaceleram, tecendo intimamente o alhures com aquilo que está em curso; explosão qualitativa das temporalidades que transborda a linearidade e a narração, a estrutura pré-ritmada pela justaposição de quadros, de imagens fortes. Verificar a igualdade entre lugares para a arte, cartografia intensiva que as paredes dos teatros forçam em direção aos parques, as ruas, os exteriores, transbordando a horizontalidade cênica representativa.

A aposta é ver como esses gestos estiveram e estão em trabalho em diferentes projetos e em diferentes estéticas, não formando um repertório já adquirido de atitudes equalizadas, mas procurando transmitir dinamicamente, não linearmente, alguns projetos sempre a atualizar. Um movimento de emancipação é o ato que não cessa de verificar a igualdade das inteligências. Nesse sentido, para Rancière trata-se de "[...] pensar a política como produção de certo efeito: como afirmação de uma capacidade e como reconfiguração do território do visível, do pensável e do possível, correlativa dessa afirmação"[7].

Essa dita desierarquização ou democratização do corpo não se declara; ela se torna ato, ela age. Ela não é uma verdade que *é*, dada; ela não existe senão pelo ato que a verifica. Ela é *a-provada* por esse movimento que é sensação. Se tal é o caso, então, para essa nova geração de projetos coreográficos que quer citar ou retomar algumas peças ou escritos desses anos 1960, é possível ver como a simples citação dessa democratização no corpo – se ela é tomada como uma certeza histórica adquirida de uma vez por todas – não garante de maneira alguma a efetuação do ato que anunciava nela tomar lugar: essa verificação de uma desierarquização qualquer. Seria a cada vez retomar o trabalho do ato da verificação da igualdade, da partilha sensível das partes, daquilo que é visível, daquilo que se deixa ver e dizer.

---

7. Idem.

Deslizando, a repartição dos apoios através do corpo efetua uma desierarquização que não é anunciada, nem mesmo reivindicada. Ela atua e se testa pelo fato de se pensar pesando. Voltar sua atenção para essa relação de massas leva a voltar sua atenção para todas as partes, em seu conjunto e em suas diferenças. A experiência sensível do deslizar, do contato cambiante entre a pele e o solo, do peso dos corpos e das dinâmicas próprias dessa relação gravitária tende a repartir a atenção e, portanto, a importância entre os diferentes lugares do corpo, fazendo, assim, que percam a sua supremacia os grandes lugares da expressão, e também da defesa, que são a face, o rosto, os braços e as mãos.

Uma certa vulnerabilidade?

Escolhi ficar no chão para não tratar do fato de que as pernas servem habitualmente para sustentar a metade superior do corpo. Elas não têm de fato a mesma liberdade que o tronco, os braços ou a cabeça. Em posição estendida no solo, eu libero minhas pernas e elas podem funcionar como as outras partes do corpo. Durante toda uma fase do trabalho, eu me senti extremamente vulnerável[8].

Brown falava assim enquanto fazia seu *Primary accumulation* de 1972, em presença de Sally Banes. O contato

---

8. Sally Banes, *Terpsichore en baskets*, op. cit., p. 131.

da maior parte do corpo possível com o solo reparte concretamente os apoios por todo o corpo, atualizam o mais diretamente possível essa desierarquização das partes do corpo, essa disseminação dos lugares do movimento, ou seja, do fazer e do sentir, e tornam vulnerável uma dançarina que se desfaz dos lugares e dos gestos habitualmente significativos, dançantes, de seu corpo. Tal repartição dos lugares do corpo marca a dança, as danças, em sua hierarquia habitual, e não pode deixar incólume o modelo da expressão de si. É toda a identidade do corpo significante que é abalada com isso, com o rosto, as mãos, as costelas, as costas, tendo o mesmo nível de peso, de pensamento, oferecendo-se a uma nova repartição dessa relação gravitária, do comprometimento de sua massa com a do mundo, em uma vulnerabilidade renovada.

A mesma Trisha Brown prosseguirá a experiência daquilo que ela chama de vulnerabilidade em *If you couldn't see me*, um solo inteiramente dançado de costas. Laurence Louppe vê nisso uma inversão excepcional da repartição dos sentidos da dança, "por relação à interface palpitante e vulnerável que representa a frente do corpo", habitualmente o órgão de comunicação e de sentido: "É preciso se chamar Trisha Brown para ousar se expor em uma dança de costas, com todos os estremecimentos e os relaxamentos fazendo dessa parede não uma clausura, mas uma geografia poética do abandono"[9].

Além da figura excepcional de artista que é Trisha Brown, o gesto de estirar-se sobre o solo e deslizar e o de dançar de costas evidenciam fortemente a vulnerabilidade e apresentam a questão do *sujeito* como a questão do *quem*: quem faz a dança e quem decide? Com efeito, opera-se nessa repartição sensível uma transformação dos modos de ser no mundo: que processos subjetivos fazem a dança e se fazem através da experiência singular dessa dança como vulnerabilidade? Por meio desse processo sensível de repartição dos lugares que *fazem* e *percebem* através dos corpos, é certamente todo o contato com os outros e com o contexto que é transformado. Do mesmo modo que através da experiência da relação gravitária (deixar-se atravessar pela gravidade *e* se erguer, se manter de pé, repelir e *ao mesmo tempo* sentir a atração da terra) forjavam-se delicadamente algumas corporeidades dinâmicas, no limite entre a atividade e a passividade, nessa redistribuição de peso, de massas e de funções. Não se trataria tanto de mostrar-se vulnerável, no sentido de frágil, sobre um tablado de dança, mas de trabalhar em certa permeabilidade.

Nesse sentido Suely Rolnik pensa, no cruzamento das práticas artísticas, políticas e clínicas, os processos de subjetivação atuais em termos de vulnerabilidade. Uma sensibilidade a ser abalada, a ser, aí também, deslocada pelas

---

9. Laurence Louppe, *Poétique de la danse contemporaine*, op. cit., p. 168.

forças do mundo, e por outrem. Não se trata de proclamar um mundo liso onde tudo seria permeável e sem conflito, mas de ver como essa vulnerabilidade, mesmo tensa pelo risco de estar sempre em condições de ser aniquilada, conta um modo de ser no mundo sempre a ser registrada, a ser verificada nas *atas-sentir*:

> Um dos problemas visados pelas práticas artísticas na política de subjetivação em curso é a anestesia da vulnerabilidade ao outro – anestesia tanto mais nefasta quando esse outro é representado como hierarquicamente inferior no mapa estabelecido, por sua condição econômica, social, racial ou outra. É que a vulnerabilidade é a condição para que o outro deixe de ser um simples objeto de projeção de imagens preestabelecidas e possa se tornar uma presença viva, com a qual construímos nossos territórios de existência e os contornos cambiantes de nossa subjetividade[10].

A vulnerabilidade seria, então, uma vertente essencial da estética como *aisthesis*, nesse sentido primeiro ao qual se opõe a *an-estesia*, como vulnerabilidade sensível ao mundo e aos outros. Ora, explica Rolnik, essa vulnerabilidade põe em jogo uma capacidade sensível, na qual as forças do mundo atravessam o "corpo vibrátil", em um

---

10. Suely Rolnik, "Géopolitique du maquereautage", trad. de Renaud Barbaras, inédita. Versão espanhola: "Geopolítica del rufián", (p. 477-91), in Félix Guattari, Suely Rolnik, *Micropolíticas. Cartografías del deseo* [*Micropolíticas – Cartografias do desejo*], ed. Tinta y Limón, Buenos Aires, 2006, p. 479. Petrópolis: Vozes, 1996, 4. ed.

processo de transformação permanente: "Com ela, o outro é uma presença viva feita de uma multiplicidade plástica de forças que pulsam nossa textura sensível, tornando-se assim parte de nós mesmos. Aqui se dissolvem as figuras do sujeito e do objeto e, com elas, aquilo que separa o corpo do mundo"[11].

Para Rolnik, essa capacidade sensível entra em tensão com a da percepção, que apreende o mundo em suas formas fixas e permite mover-se nele com mais estabilidade, atribuindo sentido a essas representações nas quais se erigem, por exemplo, as figuras claras de sujeito e de objeto "claramente delimitadas e mantendo entre elas uma relação de exterioridade"[12].

Esses dois níveis de relação com o mundo, o primeiro correspondendo a uma capacidade subcortical, o segundo, a uma cortical, segundo uma distinção que Rolnik retoma de Godard[13], não se anulam um ao outro, mas entram em tensão um com o outro, obrigando a alguns deslocamentos, alguns reajustes permanentes, em nome da vulnerabilidade que implica o primeiro, e, sobretudo, seu choque com as representações em curso do mundo.

---

11. Suely Rolnik, "*Géopolitique du maquereautage*", op. cit., p. 479-80.
12. Ibidem, p. 479.
13. Hubert Godard, "regard aveugle", in *Lygia Clark, de l'oeuvre à l'événement. Nous sommes le moule. À vous de donner le souffle* [Lygia Clark, da obra ao acontecimento. Nós somos o molde. A você cabe o sopro], catálogo da exposição homônima realizada em parceria com Suely Rolnik e Corinne Diserens, ed. Musée des Beaux-Arts, Nantes, 2005, p. 73-8.

Entre a vibratilidade do corpo e sua capacidade de percepção existe uma relação paradoxal, visto que se trata de modos de apreensão da realidade que obedecem a lógicas totalmente diferentes, em particular em seu ritmo e sua temporalidade, irredutíveis uma à outra[14].

Uma vez mais, é no nível da temporalidade que se joga essa "vibratilidade", essa vulnerabilidade, fazendo ressoar algumas temporalidades específicas, do mesmo modo como fazia a relação singular com a gravidade. O conflito permanente entre os ritmos e as velocidades de seu exercício na vida contemporânea força essa relação entre as duas a alguns reajustes permanentes. Rolnik chama de "subjetividade flexível" e exercício de dosagem dessas duas capacidades, perceptivas e sensíveis, mais ou menos vulneráveis, que criam alguns processos dinâmicos de reajustes permanentes. Essa subjetividade flexível é ao mesmo tempo aquilo que "mobiliza e dá o impulso à potência do pensamento-criação", mas também aquilo que o "capitalismo cognitivo" "cafetina" para seu próprio funcionamento. Rolnik explica muito bem como esses modos de subjetivação que ela situa na contracultura dos anos 1960, então no sentido de uma emancipação, se acharam, nos anos 1980, fagocitados por um sistema mercantil, de marketing e de gerenciamento dessa plasticidade da subjetividade.

Esse risco político leva a pensar como a experiência sensível que atravessou o trabalho da dança – as investigações

---

14. Suely Rolnik, "Géopolitique du maquereau", op. cit., p. 480.

sobre a repartição do peso, por exemplo, ou sobre o contato – podem se transformar em técnica gerencial à procura de uma eficácia e de um rendimento em uma empresa[15].

Para Rolnik, o conceito de vulnerabilidade é um eixo crítico possível para distinguir os usos dessa subjetividade, porque essa sensibilidade ao outro tende a lacrar toda a eficácia mercantil da flexibilidade da subjetividade. Assim, o conceito de vulnerabilidade e o de corpo vibrátil permitem trabalhar sutilmente o encontro em curso entre dança e filosofia, tanto mais pelo fato de nele se tecerem e desterecem as figuras de sujeito e de objeto e das identidades notáveis.

Com efeito, mais que a constituição de uma identidade fixa, do "dançarino igualitário", ou do "coreógrafo emancipado", esses projetos de desierarquização implicam processos de subjetivação cambiantes, a serem incessantemente retomados, segundo as classificações e as ordens que dividem o presente em quadrantes. O ato de verificação da igualdade implica então, por sua postura de vulnerabilidade ao outro, um processo de "desidentificação".

Sem procurar estabelecer um paralelo ridículo qualquer, citar Rancière sobre essa desidentificação é ver como

---

15. Existe uma aposta particularmente forte em pensar as relações específicas entre os saberes atuais sobre e da dança – as técnicas somáticas, por exemplo – e as técnicas de gerenciamento. Os laços entre bem-estar no movimento e eficácia da ação começam a partir das experiências de Laban sobre o trabalho em cadeia. Será que não se trata de uma simples questão de fins e de meios? Cultivar o bem-estar e a eficácia do movimento como um fim, e não como um meio? Talvez aí tivesse que ser problematizada mais especificamente a relação entre certa eficácia, uma ancoragem na realidade circundante e uma utilidade heterônoma. É preciso notar, por essa razão, que a distinção que Bergson opera entre utilidade e concretude talvez permitisse liberar uma primeira saída.

o ato de verificação da igualdade é produção de subjetividade *entre dois*, que recoloca sempre em jogo a questão do sujeito, de quem toma a palavra, de quem faz:

> A construção desses casos da igualdade não é a obra de uma identidade em ato ou a demonstração dos valores específicos de um grupo. Ela é um processo de subjetivação. [...] Um processo de subjetivação é, assim, um processo de desidentificação ou de desclassificação. Dito de outro modo, um sujeito é um *in-between*, um entre-dois. *Proletários* foi o nome "apropriado" a algumas pessoas que estavam juntas pelo fato de que estavam entre: entre diversos nomes, *status* ou identidades, entre a humanidade e a desumanidade, a cidadania e sua negação; entre o *status* do homem da ferramenta e o do ser falante e pensante. A subjetivação política é a concretização da igualdade [...] por algumas pessoas que estão juntas pelo fato de que estão entre[16].

Aquilo que reúne, em ato, é uma posição *entre*, mais do que uma identidade comum, desclassificação em curso, sempre na tensão da dosagem necessária para dizer um nós. Um nós que se teceria, então, *entre* mais do que *sobre* cada unidade identitária, em ato, sempre a retomar a circulação entre o nós.

---

16. Jacques Rancière, *Aux bords du politique*, op. cit., p. 118-9. Cf. igualmente em Éric Alliez: "[...] porque se pode ler em um brutal efeito autobiográfico uma frase-chave de *La mésentente*: "toda subjetivação é uma desidentificação, o arrancamento da naturalidade de um lugar, a abertura de um espaço de sujeito onde não importa quem...", in "Existe-t-il une esthétiqueranciérienne?", p. 271--87, *La philosophie déplacée*, op. cit., p. 273.

Quem toma a palavra, *quem* dança? A questão do sujeito atravessa necessariamente esses processos de desierarquização, inervando-se como problemática das subjetivações através, aqui, do informe da repartição do peso pelo corpo. Louppe fala assim de *Primary Accumulation* (1970) de Trisha Brown: "A cabeça, lugar sublime do pensamento, é utilizada como um simples membro. O informe desierarquiza porque, desprovidos de contorno, uma coisa, um ser perdem toda a identidade"[17], fazendo assim o laço entre desierarquização das partes, repartição dos pesos, desconstituição da forma, permeabilidade dos contornos e desidentificação. Finalmente, nesse sentido, e convocando para isso a arte das dosagens, a desidentificação pensada a partir dessa vulnerabilidade não é nada além da capacidade de se deixar deslocar pelo fora e pelo outro. Essa permeabilidade dos contornos da subjetividade adota ao mesmo tempo um deslocamento espacial e um devir temporal, uma repartição dos lugares e das partes, e uma diferenciação subjetiva em curso: deslizar, repartir o peso pelo corpo e experimentar uma continuidade cambiante, um processo, um tornar-se outro. Tornam-se patentes, primeiramente, as consequências sobre a decisão no desenrolar do movimento e em seguida a especificidade de uma temporalidade contínua e, ao mesmo tempo, heterogênea.

---

17. Laurence Louppe, *Poétique de la danse contemporaine. La suite*, op. cit., p. 50.

Quem decide?

Esses projetos de desierarquização dos lugares no corpo e de permeabilidade dos contornos, *in-formação*, das corporeidades em jogo, abalam necessariamente o modelo da decisão e da expressão de si em seus apoios sobre um sujeito voluntário e um eu fixo; ou, para falar de outro modo, propõem a questão de saber em que momento da dança o dançarino poderia dizer "eu quero". Esboça-se, então, uma mudança para a expressão individual como modo da dança, expressionismo que caracteriza, parcialmente, as pesquisas da dança moderna, na primeira metade do século XX em todo caso.

"Individualismo expressivo" e "voluntarismo da decisão"[18] encontram-se divididos no processo de uma temporalidade diferenciada. Seria um questionamento em torno de uma despersonalização, no sentido de um apagamento da personalidade, que se exprimiria na dança. Ramsay Burt o evoca assim, nesses anos 1960, e mais precisamente

---

18. "*Brown also consciously rejected this kind of expressive individualism. She seems to have had similar thoughts to Paxton and Rainer about how the dancer projects her presence towards the audience, undoubtedly discussing this with them.*" Ramsay Burt, *Judson Dance Theatre. Performatives traces*, op. cit., p. 75. "Brown também rejeitou conscientemente esta espécie de individualismo expressivo. Ela parece ter tido algumas ideias similares às de Paxton e Rainer sobre a maneira como a dançarina projeta sua presença através do público, sem nenhuma dúvida discutindo sobre isso com eles." (Tradução da autora.) "O interesse do 'contato' é, em primeiro lugar, reencontrar a essência da dança designada por Laban, a primazia do peso. Aqui, a opção gravitária leva vantagem sobre todos os mecanismos voluntaristas da decisão." Laurence Louppe, *Poétique de la danse contemporaine*, op. cit., p. 225.

em 1963, com *Word Words*: "A colaboração entre Paxton e Rainer, *Word Words* (1963), é provavelmente a primeira peça na qual ela explora a performance de um material impessoal achatado em uma atitude distendida, neutra"[19].

Eles utilizaram a maquiagem para se assemelhar e apagar as diferenças individuais, expressivas. Será em pontilhados, trabalho impressionista, que serão traçadas algumas pontes com as questões do sujeito e da liberdade, apreendidas essencialmente através das transformações e das experiências da temporalidade. Não anunciar outro sujeito, uma queda solene de uma identidade qualquer, mas examinar mais de perto alguns gestos, algumas danças, alguns traços das subjetivações em curso, dessas tecedura e desteceduras do tempo que são tecedura e desteceduras de um nós.

Outro momento, outra estética: *May Be*, espetáculo inaugural de uma trajetória que marca a dança na França e em outros lugares nos últimos decênios, a de Maguy Marin. Alguns rostos cobertos de farinha, desfazendo alguma coisa do esplendor individual de cada dançarino, de cada dançarina, e um andar. Um andar lancinante, que embala, fascina e instaura algo de uma temporalidade comum, no limite do tédio de um comum ordinário, repetitivo. Mas um andar, em pequenos passos, que deixa surgir nesse comum as singularidades do modo de andar de cada um(a), e

---

19. "*Paxton and Rainer's collaboration* Word Words (1963) *is probably the first piece in which she explored the performance of flattened, impersonal material in a cool, neutral maneer.*" Ramsay Burt, *Judson Dance Theatre. Performatives traces*, op. cit., Routledge, Londres e New York, 2006, p. 73. (Tradução da autora.)

mesmo das línguas singulares, um "feliz aniversário" em português.

Exploração das imbricações do comum singular sem jamais ter medo de se carregar os riscos das apostas situadas no coletivo. Será que os textos de Beckett – matéria concreta para essa peça, mais do que referência – já não constroem alguns personagens não identificados por um eu psicológico, mas que, quase como paisagens, se constituem por seus ritmos, seus movimentos, imbricando-se? E isso gira igualmente. Giram na obra de Beckett os seixos, um bolso, uma mão, outra mão, uma outra, e a boca gira como uma máquina que se torna personagem – personagem filosófico – com suas falhas. Isso gira na obra de Maguy Marin, os personagens saem por uma porta, tornam a entrar por outra, parecem quase tirar na sorte quem fará o quê. Outra estética, outro momento da dança, e as questões que se reapresentam incessantemente à dança: repartição dos gestos; repartição dos papéis na organização; repartição dos lugares no território urbano.

Deslizando, a inquietude da dança por uma desierarquização marca as corporeidades através da sua sensibilidade a um sentir e a um fazer, e nos modos de decisão. Veem-se no palco (e fora do palco, em ruas tomadas como palco) alguns gestos e corpos extraordinários, mas ao mesmo tempo exercem-se algumas mudanças categóricas nas decisões tomadas. Por exemplo, de um lado os *tasks* – divisões muito precisas de tarefas a serem efetuadas mesmo se submetidas ao acaso em sua construção – e de outro a improvisação esboçando, quanto às questões da necessidade e da expressão de si, duas perspectivas divergentes que atravessam algumas das experiências dos anos 1960-70 aqui mencionadas. As duas são efetivamente tomadas em um deslocamento da necessidade criadora como expressão de si, mas uma desliga essa necessidade da expressão de si para ligá-la a uma necessidade puramente exterior: as tarefas "insignificantes" a cumprir, reguladas por acaso, que, paradoxalmente, fixam algumas regras mais fortes do que nunca; e a outra reconhecendo certa necessidade interna à composição, fazendo a aposta não no aleatório ou no arbitrário (as duas faces do acaso), mas em uma complexão da necessidade de seu deslocamento radical não de um exterior para um interior absolutos, mas em um *entre* temporal, no presente. Complexificando-se na confusão das forças da relação gravitária, entre os corpos, entre os bailarinos e o contexto, a necessidade perde sua intransigência e tece com a liberdade uma nova teia (é todo o cenário do possível e do real que deve ser repensado, em termos de atual e virtual)[20]. É igualmente todo o cenário da decisão, da percepção em seu laço íntimo com a ação que se encontra assim conjuntamente reposto em trabalho: o tempo não é mais uma linha de efetuação linear de causas em efeitos, tanto quanto não é uma linha interrompida por alguns pontos de decisão de livre-arbítrio; ele é textura sensível,

---

20. Cf. seção "O possível e o real".

espessura sempre em curso de atualização, em que percepção e ação, escuta e gesto, leitura do espaço, do tempo e do contexto, e composição espaço-temporal, dramaturgia, e inserção no contexto tornam a se unir singularmente. Os modos de organização do grupo de dança e a divisão das funções entre coreógrafo e bailarinos se acham igualmente evidenciados nesse conjunto de processos, não homogêneos, de repartição das funções de apoios e de sentidos. Como, ao deslizar, isso se divide e gira?

Isso gira?

Através dessa desierarquização de quem pode fazer a dança, do material em obra na pesquisa, imanente ao processo de criação, aguça-se a ideia de uma repartição giratória das funções.

Aqui, um caso particular, o do Grand Union: "Os membros do grupo assumem sucessivamente o papel temporário de diretor e de coreógrafo"[21].

O projeto proposto por Rainer sob o título de *Continuous Process-Altered Daily*, apresentado em março de 1970 no Whitney Museum, reúne vários dançarinos que já colaboraram em outros projetos com outros artistas. Ele é atravessado por um entrelaçamento singular entre o caráter coletivo da composição, o deslocamento do coreógrafo e a temporalidade singular de uma transformação qualitativa contínua.

---

21. Sally Banes, *Terpsichore en baskets*, op. cit., p. 258.

Esse *processo contínuo alterado cotidianamente*, no qual são primeiramente manifestadas na apresentação da instalação-performance as transformações necessárias de uma obra em cada uma dessas apresentações, não busca manter a ilusão de uma constância – que passa, por exemplo, pela identidade do autor. Sensibiliza-se a ação alteradora – tornando outra – do tempo que continua e que muda ao continuar. No decorrer das apresentações dessa peça, a distribuição dos papéis entre coreógrafo e intérpretes se transformará, repartição giratória e cambiante das funções. A continuidade e a modificação como temporalidade específica dessa dança será reencontrada no título e na prática que dará lugar a esse coletivo singular, e sua integração da improvisação na composição de seus espetáculos. Rainer insiste quanto a esse laço em uma entrevista a Lyn Blumenthal para a revista *Profile*, em 1984:

> [...] tinha-se a impressão de ser um grupo de rock. Uma de minhas criações, que se chamava *Continuous Project-Altered Daily* – tinha desde o seu início incorporado a ideia da "mudança contínua". Gradualmente abandonei um pouco a minha autoridade, e Barbara [Lloyd] era uma das instigadoras; bom, por que alguns de nós não poderiam contribuir com material? No início era difícil e depois, em dado momento, isso ganhou velocidade. Depois, eu vi meu trabalho literalmente em curso de ser destruído ou ultrapassado, dispersado e

difuso pelo impacto dos outros. Começava-se a pensar que se era cooperativo e coletivo. De um só golpe, fomos chamados de Grand Union[22].

Eles decidem, portanto, continuar tentando deslocar o papel de *boss lady*, de Rainer, em um processo que não é uma solução, uma resposta a uma questão proposta, mas um desejo de *re-criação* permanente de repartição rotativa das funções, na organização e na dança. A direção rotativa será um modo de *dis-funcionamento* do coletivo do Grand Union, que busca realmente um modo de decisão não hierárquico[23], como uma das possibilidades evocadas no momento em que o aspecto coletivo desses modos de andar adquire toda a sua importância. A história desse grupo na repartição rotativa dos papéis e seu uso da improvisação é tudo, menos homogênea, visto que é atravessada por alguns questionamentos radicais. O grupo, portanto, reuniu-se inicialmente em torno de uma peça de Rainer, para em seguida continuar sem ela e, depois, finalmente desaparecer. Mais uma vez dizemos que não se pode ver nisso o êxito da afirmação da igualdade, mas os processos corporais, organizacionais, que tenderam à sua verificação:

> No decorrer dos ensaios de sua peça, Rainer encorajou os bailarinos a tomar algumas iniciativas e a conceber

---

22. Yvonne Rainer, "Entrevista com Lyn Blumenthal", in *Profile*, v. 4, n. 6, 1984, in Yvonne Rainer, *A woman who...* [Uma mulher que...] The Johns Hopkins University Press, Baltimore, 1999, p. 67. Tradutor desconhecido.
23. Idem.

o seu próprio material que podia, em certos casos, substituir o dela. Ela os encorajou a improvisar durante a performance mais do que a "performar" seu material escrito. Em seguida, ela convidou Brown a se juntar à peça, não somente por sua longa experiência em improvisação, mas também porque ela não tinha aprendido e não podia, portanto, dançar a coreografia de Rainer. Rainer mudou, então, o nome da companhia para *The Grand Union* e anunciou que ela não era mais a sua diretora, mas que se tornava um coletivo. Em seguida, ela se demitiu e se voltou para a realização de filmes [até 1999][24].

O grupo do *Grand Union* tornou a se encontrar entre 1970 e 1976, buscando pensar e reinventar permanentemente o seu modo de funcionamento, modificando, assim, a maneira de dançar, as corporeidades e a composição dos saraus de dança que apresentou ao público, quase sempre baseados na improvisação.

Na reapresentação dessa peça pelo Quatuor Albrecht Knust (Christophe Wavelet, Jérôme Bel, Boris Charmatz, Emmanuelle Huyn, e Xavier Le Roy), em 1996, como uma nova citação-atualização da obra, são essas mesmas

---

24. *"While rehearsing her piece Grand Union Dreams, Rainer encouraged the dancers to take initiative and devise their own material which could, in some cases, replace hers. She encouraged them to improvise during performance rather than perform her set material. She then invited Trisha Brown to join the piece, not only because of her long experience of improvisation but also because she hadn't learnt and therefore couldn't perform Rainer's choreography. Rainer then changed the name of the company to The Grand Union and announced that she was no longer its director but that it was collective. And then she resigned from it and turned to film making until 1999."* Ramsay Burt, *Judson Church Theatre*, op. cit., p. 197.

questões que se acham propostas. É possível sublinhar de passagem a dificuldade que apresenta a denominação para semelhantes projetos. O hábito do nome próprio, da assinatura, cria muitas vezes obstáculos para os coletivos que se constituem e apresentam obras sem o nome próprio de ninguém. Na denominação se confrontam os processos dinâmicos, cambiantes, rotativos e giratórios.

A apresentação que Steve Paxton faz do *Grand Union* é clara em termos políticos: "Os membros fundadores desse coletivo teatral democrático e anarquista foram: Becky Arnold, Trisha Brown, Dong Douglas Dunn, David Gordon, Nancy Green, Barbara Lloyd, Steve Paxton e Yvonne Rainer"[25].

Assim, a certo projeto de repartição rotativa dos pesos no corpo, à desierarquização daquele que faz a dança, junta-se a atenção a uma temporalidade contínua e cambiante, e a inquietude por uma repartição rotativa dos papéis e das funções.

Mais que uma desaparição dos dançarinos, é no sentido de uma decisão rotativa que Maguy Marin[26] lê os processos que têm trabalhado a dança. Ela anuncia querer

---

25. Steve Paxton, *Grand Union*, trad. de Elisabeth Schwartz, in *Improviser la danse* [Improvisar a dança], publicação dos encontros "Improviser dans la musique et la danse", de 25 a 29 de abril de 1998, ed. Cratère, teatro de Alès, Alès, 1999, p. 29.

26. Comunicação pessoal durante uma jornada de reflexão em torno da noção de presença, organizada em *Ramdam*, Saintes-Foy-Lès-Lyon, em 5 de abril de 2008.

propor em seu trabalho a questão de *quem* faz a dança, ressaltando a importância dos projetos rotativos nos quais cada um(a) pode se engajar em um projeto que não é o seu, procedimento que ela sentia ser difícil na transmissão "às gerações atuais". Por essa razão, a real desierarquização do *que* e de *quem* faz a dança passaria talvez por uma mudança permanente de direção, abrindo a possibilidade de estar, segundo os projetos, na direção de um projeto, ou participando dele, mais que pela acumulação de projetos individuais.

Não será a questão que apresenta o termo dito, reivindicado e retomado, de democratização? Que cada um e cada uma possa a todo o momento estar em condição de dizer e fazer tanto quanto de eleger, e que a responsabilidade seja rotativa, como direito entre todos, sentido igualitarista da democracia, mais que uma acumulação de projetos individuais impermeáveis uns aos outros? Delineia-se o sentido de um projeto coletivo no qual cada um propunha uma peça e podia dançar nas dos outros, tal como foi parcialmente o caso do Judson Dance Theater. Os deslocamentos operados no posto do coreógrafo são pensados aqui, portanto, conjuntamente à experiência coletiva. Por essa razão, e em contraponto, as tentativas dos questionamentos mais "radicais" – ou, em todo caso, mais visíveis... – nos últimos anos, do *quem* decide e faz a dança, através do questionamento da função de autor, talvez tenham sido as peças de Jérôme Bel. Se elas estavam ligadas à função de autor de uma peça coreográfica, em uma *re-citação* atualizada de certos projetos da geração dos anos

1960, elas tiveram paradoxalmente tendência a fazer sobressair um nome, o *nome do autor*, em performances que questionam, mas ao mesmo tempo acentuam, a identidade do sujeito autor, até o paroxismo da peça epônima *Jérôme Bel* (1995). Os paradoxos em jogo nessa verificação sempre atualizam a igualdade?

Testar, novamente, deslizando, através do solo adensado de uma relação gravitária que sempre difere, uma repartição registrada em um tempo heterogêneo, em uma duração criadora. As temporalidades como textura do movimento, tanto quanto alguns espaços de sua exposição, uma igualdade dos corpos em movimento, tanto quanto, às vezes mais, uma liberdade de um todo é possível. A duração tecida por alguns pés que andam e pisam o solo e sua poeira, em arranjos em mudança contínua, se abre na espessura da pele, e os volumes dos corpos que não se afixam tanto quanto se estendem em seus movimentos em respirações cutâneas.

Todas ou quase todas as partes da superfície do corpo estão aptas a entrar em contato com o solo, a sentir a qualidade desse toque, a se pôr em movimento, no sentido daquilo que Trisha Brown chama de uma "democratização do corpo"; ou seja, de uma desierarquização das partes em obra, uma igual repartição do peso em movimento por todo o corpo indiferentemente, ou antes, diferenciando-se incessantemente em níveis de intensidade que atravessam o corpo inteiro.

Essa relação gravitacional pode passar por cada recanto de pele, e, ao mesmo tempo que esse *continuum* de tempo e de pele se deixa sentir conjuntamente, multiplicam-se os pontos de apoio. Por essa relação com a gravidade, a pele se torna um órgão do movimento, em uma difração das forças que a atravessam, em uma roupa de arlequim, mas roupa tomada na espessura dos vetores de movimentos que a atravessam e a movem, em uma intensidade.

No vácuo da impossibilidade de escrever sobre o corpo, de defini-lo, seria possível falar a rigor, para descrever essas experiências, de um corpo parcial. Aí, as diferenciações fortes operam no interior do corpo misturando diferentes dinâmicas nesse *continuum* jamais terminado que atravessa os corpos em movimento. Mais do que uma oposição, aquilo que se experimenta na sensação do arranjo gravitário no decorrer do deslizar é que *ao mesmo tempo* ela dá a percepção de todo o corpo, situado sobre o solo, e *ao mesmo tempo*, as multiplicidades de dinâmicas, de qualidades, de direções em tendência, que o atravessam. E é também esse desequilíbrio, essa diferença de potencial entre "o corpo inteiro" e essas multiplicidades que se manifestam. É assim que as multiplicidades das qualidades dinâmicas em curso corroboram a impossibilidade de definir – assinalar as suas fronteiras definíveis e definitivas – o corpo como totalidade. Assim, um estudo dos corpos em movimento força a constatar a inefetividade do conceito total e fechado para pensar *o corpo*. Não será nesse mesmo sentido que Michel Bernard prefere o conceito de corpo como singular total, "o conceito reticular, intensivo e heterogêneo de 'corporeidade'"[27]?

Uma experiência particularmente impressionante dessas qualidades heterogêneas, intensivas e múltiplas das corporeidades é a do deslizar como sensação da continuidade cambiante de meu contato com o solo, das dinâmicas das direções, das qualidades de tonicidade, das temporalidades de expansão e de retração nesse jogo entre a Terra e a massa do corpo.

Trabalhar diretamente essa continuidade e essa mudança qualitativa é talvez um dos sentidos de certas proposições de improvisação na dança. A relação variável com a gravidade, experimentada através do deslizar, torna sensível um trabalho no qual a decisão do movimento busca ser improvisada. Assim, muitas vezes, em início de estágio, Hamilton propõe fazer deslizar sua mão aberta sobre o solo mantendo-a sempre no contato mais extenso com o solo, sucessivamente com a palma, a lateral, as costas, a lateral, a palma... Trata-se de buscar a tonicidade muscular necessária para esse movimento: se a mão está muito tônica, então o contato se perde por um momento, ela salta e não desliza; se a mão não está bastante tônica, ela não se mexe, ou então está muito pouco em contato. A variabilidade do tônus modifica incessantemente o movimento e sua percepção. A rigor, toda a preparação física poderia

---

27. Michel Bernard, *De la création chorégraphique*, op. cit., p. 24.

passar pela atenção cada vez mais fina dada a essa relação gravitária e o enriquecimento desse tônus em todas as partes do corpo através dos diferentes contatos com o solo. Da mão, passa-se quase sempre ao pé, depois a todo o corpo: não se mover sobre o solo senão deslizando e fazer deslizar todas as partes do corpo, depurando certo depósito no solo, certa relação com a gravidade e com a atividade muscular, que permite "saborear" esse deslizar. É, em definitivo, uma atenção sensível que inaugura nesse caso todo o trabalho da improvisação.

Outra imagem apresentada para tornar o exercício compreensível é dizer que é a própria pele que "busca" tocar o solo, a pele justamente do lado da pele em contato, e assim por diante; uma maneira de dizer que o movimento vem desse contato com o solo dando curso à ideia de fazer surgir o movimento na imobilidade, e de repropor a questão da decisão do movimento. Se, como a atenção ao rearranjo gravitário torna perceptível, já se está sempre em movimento, é mesmo a questão da vontade, da intenção que se encontra, novamente, abalada ainda mais amplamente pela experiência gravitária.

Isso se põe a deslizar e não se detém jamais, não há razão para que isso se detenha, a não ser o esgotamento; continua e ao mesmo tempo muda, tal é a experiência de certa temporalidade que essa experiência do deslizar põe em evidência: o *continuum*, para empregar um termo utilizado por Julyen Hamilton quando fala dessa experiência da gravidade. Esse *continuum* da temporalidade que se abre com a oscilação do meu corpo sobre o solo junta-se à continuidade do "órgão" de troca da relação gravitária: a pele.

Com efeito, se é possível deslizar assim em uma continuidade, é porque há sempre uma parte da pele "justamente a ponto de tocar" o solo. Por esse deslizar, a pele exerce sua sensibilidade como zona de troca de gravidade e como motor do movimento nessa mesma dinâmica. Mas não se trata de pôr em jogo uma suposta superfície plana do corpo: se esse deslizar mobiliza o *continuum* desse invólucro que é a pele, é igualmente em sua espessura e de maneira intensiva. Cada parte da pele em torno daquela que está em contato com o solo foi ou estará em contato com o solo, e esta sucessão e continuidade se cruzam igualmente na tridimensionalidade do corpo. Cada contato é repercutido através da pele, e o deslizar é igualmente um exercício de despertar dessa sensibilidade da espessura da pele em sua repercussão imediatamente acima e imediatamente abaixo. Ainda não é aí que o corpo será mais ou menos – quantitativamente – tridimensional, mas é a atenção dada às qualidades desta realidade sensível que é promovida. Essa atenção é muitas vezes conjurada pela representação bidimensional do corpo naquilo que ele é visto e projetado, particularmente por meio da frontalidade de um palco de teatro. Assim, aquilo que poderia parecer um exercício que busca reafirmar (e quase reforçar) a pele como invólucro e limite impermeável pretende fazer atingir à expansão própria de uma pele que, por sua espessura, percebe em três dimensões os volumes das corporeidades sensibilizadas imediatamente antes e imediatamente depois – ou o passado imediato e o futuro imediato – e isso conjuntamente com o imediatamente acima e imediatamente abaixo. Aqui, a questão da vulnerabilidade atravessa novamente a experiência do deslizar, da pele como lugar de respiração, de troca (gravitária) e de sensações cambiantes. Misturam-se, portanto, um trabalho sobre certa qualidade das sensações do movimento ao trabalho sobre as temporalidades próprias desse *continuum* da gravidade.

Nos dias posteriores, Hamilton concentra o trabalho sobre a pele, e o fato de verificar pelo tato a sua espessura, sua textura, e assim refinar a percepção daquilo que acontecerá imediatamente depois, e daquilo que acaba de se passar imediatamente antes. O trabalho de atenção se volta especialmente para a pele das costas, como para abrir aí uma percepção em uma direção privada da visão. Um trabalho concreto sobre a matéria, a tridimensionalidade e a sensação das temporalidades sempre em curso, com as quais tecer as direções e as ações de uma dança que surge dali, concentra-se sobre a sensação da gravidade; uma sensação de continuidade e da espessura dessa continuidade.

Por um lado, isso não se detém jamais; o peso assinala a experiência de toda uma vida; por outro lado, eu posso refinar a sensação sempre diferenciada desta relação gravitária, ou seja, de certa temporalidade em obra. Minha localização, a única que tenho no momento de dançar, é a de meu corpo sobre o solo;

entrar o mais perto possível dessa continuidade que me atravessa no presente, a cada instante e, portanto, continuamente.

Estendida sobre o solo, inclinar suavemente a cabeça, de um lado, depois do outro. Qual é a textura da pele atrás do crânio? Como se a pele "quisesse" tocar o solo, impossível saber "onde" ou "aquilo que" ou "quem" inicia o movimento. Serei eu que rolo sobre o solo, ou o solo que me embala e me faz deslizar? Deslizar uma mão, um braço, um pé, uma perna. Quais direções já indicam cada lugar da pele em curso de deslizar? Cada ponto da pele marca uma tendência em uma direção diferente, nesse rearranjo gravitário. E se eu devesse levantar uma mão, um braço, em que direção o faria? Como ao deslizar eu me descolo do solo? Atividade/passividade misturadas em um deslizar entre sensação e ação. Isso continua e, no entanto, não para de mudar, perdura e, no entanto, não para de se transformar: meus apoios, as imagens que se criam, as orientações de cada movimento em curso de tomar uma direção, os ritmos do espaçamento da pele e do solo. Uma duração heterogênea, um deslizar contínuo e alguns agenciamentos imprevisíveis.

> Em poucas palavras, a pura duração bem poderia não passar de uma sucessão de mudanças qualitativas que se fundem, que se penetram, sem contornos precisos, sem nenhuma tendência a se exteriorizar uns em relação aos outros, sem nenhum parentesco com o número: essa seria a heterogeneidade pura[28].

---

28. Henri Bergson, *Essai sur les données immédiates de la conscience*, op. cit., p. 57, 79.

Isso muda e não é mensurável, contável. Desliza, gira. *Ancorar-se* no solo, entrar na gravidade é, paradoxalmente, entrar mais perceptivelmente ainda em um tempo que não se inscreve, que é uma mudança perpétua da sensação do peso e das direções tendenciais, a partir dos apoios rotativos. Pode ser que a própria ideia de inscrição se ache, assim, renovada. A dança é atravessada pela questão da *ins-crição* através de dois movimentos em espiral, um em direção ao solo, o outro em direção a uma *es-critura* sobre outro suporte, dois sentidos que não se opõem tanto quanto se matizam. Então, atam-se novamente a força da gravidade e a do tempo: guardar alguma coisa do presente que passa, eis aí um gesto do tempo; entrar na gravidade de um presente sempre renovado, eis aí um gesto de peso, ambos tecem as alegrias e os horrores de uma sensação terrestre de um tempo que passa.

Com-por

[...] uma diferença entre transcrever uma sensação e esboçar para permitir que apareça algo diferente do que foi sentido!

Fernand Deligny
Les enfants et le silence, op. cit.,
ed. Galilée, Paris, 1980, p. 25.

O risco da evanescência trabalha a dança como espetáculo vivo, e a questão de sua escrita se encontra intimamente com a de seu reconhecimento enquanto arte. Sempre com o risco de desaparecer na *efêm-errância* de sua apresentação ou em seus limites com uma simples prática social, a dança concede ao problema da escrita, da inscrição e da conservação um peso especial. Restringir a problemática da inscrição em torno de um problema de temporalidade permite escapar da simplificação de uma oposição entre uma conservação pela escrita que se fixaria e um trabalho perceptivo de puro presente[1]. Essa tensão, pelo fato de não

---

1. Essa tensão de fugacidade da dança, entre quem foge e ponto de fuga, atravessa muito intensamente a pesquisa em dança, segundo diferentes problemáticas de aproximação: as notações, a transmissão e o estatuto da obra, os próprios corpos e os próprios gestos como inscrições. "A obra coreográfica treme. Se ela está inscrita em alguma parte, é menos na permanência dos corpos que são sua única memória do que no milagre sempre renovado desses corpos vivos, cujo alento, cujo tônus, o estado interior e mesmo as células não são jamais idênticos, que todo dia a reinventam, nunca a mesma, mas sempre ela mesma. [...] A obra coreográfica é o contrário de uma obra sem esboço: ela não poupa os corpos que

poder ser reduzida à oposição entre má escrita imprópria dos movimentos e uma presença pura verdadeira do gesto, descarta a própria composição. Mesmo no caso extremo da inscrição pelas notações dos movimentos dançados, Simon Hecquet e Sabine Prokhoris são muito claros[2]: a notação, como toda escrita, e da mesma maneira que o gesto dançado, opera algumas transformações, algumas "traduções", e pode ser considerada um ato criador em si. Eles criticam assim o falso combate travado, em nome de maior autenticidade, contra a notação do movimento em partituras que fixariam a dança. Rompendo a dicotomia que oporia o autorreferenciamento do corpo dançante presente na escrita como substituto impróprio que desnatura a realidade da dança, eles propõem ver a notação como uma prática em obra, de uma obra. Não é senão mantendo a mesma suspeição com relação a essa dicotomia que é possível pensar alguns corpos dançantes compondo sem uma inscrição escrita e repetível, sem, no entanto, se aferrar ao critério de uma autenticidade ou ao mito de uma presença. Apresenta-se, então, a questão da imediatez de uma composição,

---

trabalha de nenhuma marca, de nenhuma inscrição. Porém, esse esboço escapa de toda a finalidade de exploração; ele é indecifrável." Isabelle Ginot, "La peau perlée de sens", in Christian Delacampagne, Isabelle Ginot, Bernard Remy, Jean Rouch (dir.), *Corps provisoires* [Corpos provisórios], ed. Armand Colin, Paris, 1992, p. 198-9. Sobre as notações, cf. Laurence Louppe. *Danses tracées: dessins et notation des chorégraphes* [Danças esboçadas: desenhos e notação dos coreógrafos] (obra col.), ed. Dis Voir, Paris, 1999. Em torno da transmissão e do estatuto da obra coreográfica, cf. os trabalhos já citados de Isabelle Launay ou de Frédéric Pouillaude, entre outros, a respeito das reflexões sobre os próprios corpos e gestos como inscrição.

2. Cf. a virulenta introdução de Simon Hecquet e Sabine Prokhoris em sua obra *Fabriques de la danse* [Fábricas da dança], ed. PUF, Paris, 2007, intitulada: *Liminaire: de une atopie* (p. 13-21).

imediatez que Hecquet e Prokhoris colocam do lado da obra sagrada autorreferenciada. No entanto, parece que se pode mesmo falar de um processo de composição (não uma simples transparência para si, para o mundo) nessa imediatez; talvez, então, a "tradução" que eles identificam na escrita seja traçada diretamente sobre o gesto, na espessura desse presente da atenção[3]? A inquietude é a mesma: a das metamorfoses concretas, das transformações imaginárias, das criações de sentido, que tornam interessantes os trajetos, os desvios, mais do que toda instância traduzida considerada em uma oposição entre original e cópia.

Que toda percepção seja tradução, metamorfose sensível, parece ser aquilo que Michel Bernard entende quando fala de quiasmas sensoriais, ou, antes, do entrecruzamento dos três quiasmas: "intrassensorial": sentir e se sentir ao mesmo tempo; "intersensorial": o olho escuta; "parassensorial": entre o ato de enunciação e o ato de sensação. Não se trata mais de elaborar um imaginário a partir das sensações, mas de ver como "o imaginário é o motor profundo da sensação, e assim mesmo, o motor da dança"[4].

Não existem dois tempos sucessivos, um da sensação, o outro da imaginação, para se ter acesso ao sentido como metamorfose das sensações e das imagens. Toda sensação já contém, para Bernard, a alteridade de um simulacro que duplica a sensação no quiasma "intrassensorial".

---

3. Cf. seção "Apresentar".
4. Michel Bernard, "Sens et fiction, ou les effets étranges de trois chiasmes sensoriels", op. cit., p. 95-100.

No limite, toda sensação já é uma "tradução" no jogo de si para consigo, um si que talvez não seja nada além da multiplicidade desse jogo. O filósofo situa a poética da dança nesse desvio particular que é o quiasma, a partir dessa autoafeição, na "produção de ficção no interior do sistema sensorial"[5]. Com esses três quiasmas cruzados, diz-se claramente em toda a sua complexidade o problema de uma dança que se dá e se toma, para Bernard, em um folhear de sensações e de expressões, recolocando em jogo, com sutileza, as questões de inscrição, de escrita e de composição.

Uma travessia que desloca a oposição binária entre o pesado e o leve não apresenta o problema de sua inscrição em termos de escrita fixa e congelada a prumo, oposta à leveza de uma pura presença desligada. Traçar diretamente as sensações, mas traçar, transversalmente... *Algumas linhas de erro.*

Escrever?

Se a dança é incessantemente recolocada no desafio de sua existência artística entre evanescência e inscrição é porque de fato a arte da dança pode ser pensada essencialmente como composição em movimento em uma variabilidade dos lugares e dos modos de agenciamentos possíveis dessa composição. Mais do que definir espaços que identificariam alguns estilos homogêneos para determinada

---

5. Ibidem, p. 63.

dança, trata-se de ver como essas problemáticas cruzadas de escrita e de composição atravessam – ou seja, transversalmente – como intensivo, a *coreo-grafia* em cada ocorrência. O que será escrito, sobre o que se fundamentará a escrita? Quem ou o que compõe? Tanto mais que, como salienta um artista da dança dos últimos decênios na França, Loïc Touzé, essas questões são consideradas em uma problemática institucional: com a escrita dando peso, ou seja – aqui –, crédito, ela confere à dança um estatuto de obra pela conservação que ela permite:

> É verdade que se vê bem como essa palavra se institucionalizou. É, sobretudo, isso. Dá-se o dinheiro, em termos de instituição, à "criação coreográfica". [...] Para mim, enquanto artista, a partir deste lugar, o "coreográfico" é uma zona bastante instável. [...] isso abarca uma noção de composição e de escrita. Mas também seria necessário que se repensasse para cada um "o que é a composição" e "o que é a escrita". Visto que tudo se escreve, mesmo o improvisado é da escrita, já que é da composição instantânea e já se está na escrita. A partir do momento em que existe linguagem, existe escrita. Se escreve ou não se escreve. [...] depois será que se faz a escolha de conservar essa escrita, esse coreográfico? A instituição tem mais tendência a dizer que existe escrita a partir do momento em que existe... uma quase partitura... partitura para conservação, para dizer que é possível reproduzir, refazer... Isso permite, depois, que se façam museus, centros nacionais

da dança ou lugares que podem guardar... também é uma boa coisa, não é pejorativo, mas não são as mesmas apostas...[6]

Mais uma vez, há uma distinção de tempo... da dança que se define por sua inscrição acima e abaixo. Os problemas de escrita e de composição podem ser apreendidos pela declinação de problemas de temporalidade, de composição e de apresentação da dança.

Com muita sutileza, Louppe revela o jogo, a diferença possível de variações entre os conceitos de "composição" e de "coreógrafo":

> De fato, a composição na dança contemporânea se realiza a partir do surgimento das dinâmicas na matéria. E não a partir de um molde dado do exterior. A terminologia é sempre interessante quando revelada, sob algumas palavras (e atos), por um professor de balé que dizia que "regulava" uma dança. O coreógrafo contemporâneo "compõe", o que é diferente. Ele não "regula", muito pelo contrário: ele age e transtorna as coisas e os corpos para descobrir uma visibilidade desconhecida. [...] Em todo caso, ele cria seu material, o reúne, mas, sobretudo, o dinamiza, trata um caos provisório na rede secreta das linhas de força[7].

---

6. Loïc Touze "Lorsque le chorégraphe devient auteur-concepteur", in Céline Roux, *Danse(s) performative(s)* [Dança(s) performática(s)], ed. L'Harmattan, col. *Le corps en question*, Paris, 2007, p. 112.

7. Laurence Louppe, *Poétique de la danse contemporaine*, op. cit., p. 217.

Essa "filosofia de uma matéria compondo-se a si mesma pelo corpo do dançarino" constitui, para retomar um dos termos introdutores dessa poética da dança contemporânea, um dos "fundamentos da dança contemporânea", a partir de um gesto não transmitido. Louppe retraça assim as disseminações e mudanças de rumo desse projeto por meio da dança do século XX, detendo-se no teor singular que ele toma em algumas experiências de criações coletivas:

> Essa perseguição do próprio interior da experiência do corpo, por si mesmo ou em grupo, é reencontrada, mas em um contexto e uma filosofia totalmente diferentes, na obra de alguns criadores muito radicais como Steve Paxton – para quem, segundo Cynthia Novack,"a composição não devia ser criada pelo coreógrafo, mas nascer (*arise*) entre os dançarinos[8].

Compor sobre a matéria dos corpos, como particularmente ligada ao fato de que "uma das características essenciais da criação coreográfica é o trabalho de muitos"[9].

Ao mergulhar radicalmente no risco de evanescência da apresentação da dança que constituía a aposta de seu ser artístico, ao fazer a escolha de uma composição dos traços e dos efeitos sobre o presente em curso de se deixar ver,

---

8. Ibidem, p. 220. Citação de Steve Paxton, in Cynthia Novack, *Sharing the dance. Contact improvisation and American culture*, The University of Wisconsin Press, Wisconsin, 1990, p. 54.

9. Ibidem, p. 20.

as experiências de improvisação apostam em uma composição *entre*. Sobre a crista daquilo que está para acontecer, compor sobre a evanescência daquilo que não cessa de desaparecer-aparecer no presente. Na impossibilidade de uma visibilidade total, uma composição que não é *prevista*, mas uma visão em curso. Esse presente é o *entre* da composição, com seus dois gumes, graduais: evanescência e imprevisibilidade. A questão da improvisação adquire toda a sua envergadura no jogo entre composição e escrita, seja como produção de uma matéria que será em seguida fixada e repetível, seja como modo de apresentação pública.

"A improvisação como espetáculo acabado, mas, em primeiro lugar, como experiência, é, como se terá compreendido, um dos elementos essenciais da dança contemporânea, de seu projeto de exploração dos limites.[10]"

O risco de evanescência é acrescido pelo desafio de andar sobre a crista do imprevisível, levando a composição a seus limites de escrita. O limite da composição que constitui a improvisação por seus jogos com o presente e seus graus de efêmero é explorado conjuntamente com o limite que uma composição, que joga com uma "visibilidade desconhecida" no presente, sustenta e repele com a própria percepção. As apostas do imprevisível e de uma composição *entre* exige repensar as temporalidades próprias dessa escolha, sempre no limite do insustentável; exige *improvisar*.

---

10. Ibidem, p. 226.

Nesse sentido, não será surpreendente ver que elas se desdobram particularmente na sensação da relação com a gravidade, uma duração heterogênea que mistura sensação presente e produção do gesto.

Desde os primeiros passos de Nietzsche e Valéry com a dança, os pés escutam pelos calcanhares; eles compõem um tapete de sensações tecidas com a duração. O limite na exploração da composição da matéria das corporeidades que a dança propõe é aquele que se junta à sensação. O conceito de composição como denominador comum daquele que faz dança, quando ressalta a tensão sempre em obra – e que não se resolverá aqui de uma vez por todas –, entre a existência da dança como arte do presente e sua escrita: uma travessia de sua composição.

A composição, assim como a entendem Deleuze e Guattari em uma fórmula espantosamente definitiva, é o trabalho próprio da arte: "Composição, composição, é a única definição da arte. A composição é estética, e aquilo que não é composto não é uma obra de arte"[11].

Eles falam principalmente da arte, da pintura, às vezes da escultura e da música; mas o "plano de composição estética", o plano da arte, entra singularmente em eco com a dança. Aí reencontramos o problema da espessura do plano que constituía a tensão entre leveza e gravidade na obra de Valéry: uma inversão da leveza se efetuava com a pintura das dançarinas de Degas. A relação com a

---

11. Gilles Deleuze e Félix Guattari, *Qu'est-ce que la philosophie?*, op. cit., p. 181.

gravidade intrínseca à dança complexificava a imagem da dançarina como leve e metafórica, e o solo, longe de se fazer esquecer, tornava-se o plano de composição das forças em jogo[12]. Abre-se um eco entre o solo dessas pinturas de Degas vistas por Valéry e o plano de composição estética da arte em Deleuze e Guattari, um folhear das "sutis repercussões" na obra do primeiro e "uma promoção do solo" na dos últimos, "já que o plano se estratifica", "procedendo por absorções, fibras, folheadas", criando, desta vez para a música, "no plano sonoro, uma espessura singular"[13]. Além disso, esse plano de composição é composição de sensações, exatamente como a relação gravitária é na dança essa tecedura de sensações e de produção de gesto em uma temporalidade heterogênea.

> É com esta condição que a matéria se torna expressiva: o composto de sensações se realiza no material, ou o material passa no composto, mas sempre de maneira a situar-se sobre um plano de composição propriamente estético. [...] em função dos problemas de composição estética que concernem aos compostos de sensações e ao plano com o qual eles se relacionam necessariamente com seus materiais. *Toda sensação é uma pergunta, mesmo se apenas o silêncio responde a ela*[14].

---

12. Cf. seção "Pe(n)sar".
13. Ibidem, p. 184.
14. Ibidem, p. 185. Grifo da autora.

Os cortes e deslocamentos que a composição efetua sobre as sensações presentes são como perguntas feitas. Não dúvidas, mas a afirmação de uma pergunta que não espera *uma* resposta, *uma* solução, *uma* conclusão. Essa composição de sensações em um plano estético, atravessada pelas apostas vigorosas que tangem à inscrição, para conjurar o voo da dança, se dá na gravidade de uma tendência à evasão de si. Um coengajamento dos diferentes corpos da dança, através da partilha de um plano comum, *entre*, de composição pode ser lido pelo solo como lugar das trocas gravitárias. Louppe "clamou"[15] a importância desse conceito de composição, que atravessa a criação coreográfica em seu conjunto, e propõe permanentemente a questão da improvisação como exploração radical dos limites de uma composição conjugada com a temporalidade do imprevisível.

Improvisar?

Pe(n)sando concretamente a partir da experiência gravitária, da repartição dos pesos e da escrita, estria-se o presente em um afastamento, restaurando incessantemente o risco do imprevisível que trabalha toda duração criadora. Imprevisibilidade de uma composição? Afirmação de questões, composição sobre as sensações presentes, a improvisação é uma experiência, jamais totalmente realizada, dessa duração singular; ela toma o partido de viver essa

---

15. Laurence Louppe, *Poétique de la danse contemporaine*, op. cit., p. 228.

des-possibilidade que torna a ser colocada em jogo a cada instante. A cada instante? Antes à beira, espessa e renovada, à beira de não acontecer. A improvisação não define tanto uma forma de dança quanto, talvez, a experiência do grau de imprevisibilidade de todo ato criador. Ela revela em todo caso certa postura, que pode ser levada ao extremo de sua apresentação a um público, de abertura para o imprevisível sempre renovada em uma atualidade que jamais ocorre totalmente. A improvisação seria, então, esse momento em que a dança expõe um de seus desafios: sua arte de composição no próprio vazio de sua evanescência. Quase um embuste, uma piscada de olho, convidando à exploração de um dos limites do campo de sua composição, rindo do risco de evanescência que a caracteriza, como arte viva, ou tornando a colocá-la em jogo à beira do abismo de sua desaparição.

Assim, escolher a improvisação como apresentação em espetáculo é, no limite, pôr-se à beira de não se mover, de não *fazer* nada, e jogar permanentemente com o fato de que não há justamente nada a *fazer*. A composição, o sentido que surge no agenciamento dos elementos (corporais, dinâmicos, luminosos, textuais etc.), está como sempre já-ali, à flor da pele, à beira de acontecer, sem nunca totalmente acontecer, e sem igualmente ser possível antes de se realizar. Nesse sentido, toda a relação clássica entre o possível e o real é forçosamente deslocada, exigindo um rearranjo temporal, nessa temporalidade própria de um presente não totalmente pré-escrito, parcialmente não previsível. A aposta de uma situação está feita: não é virgem e ao mesmo tempo é não pré-arranjada. Passa-se alguma coisa que não acontece totalmente, que está neste entre dois, à beira, exigindo uma sutileza da atenção temporal.

Mas, então, o que é que se passa apesar de tudo? Como isso anda e como isso não anda? Quais efeitos de real, qual produção de realidade para alguma coisa que não aconteceu completamente? Mas o que é acontecer, ou, dito de outra maneira, alguma coisa poderia se passar sem ter acontecido totalmente, ou seja, sem ocupar todo o espaço preconcebido como possível para esse acontecimento? Alguma coisa se passa sem ter lugar possível? Nesse sentido, por exemplo, Deleuze e Guattari escrevem de maneira provocativa em 1984[16] que "Maio de 68 não aconteceu".

> O próprio acontecimento está se desprendendo ou está em ruptura com as causalidades; é uma bifurcação, um desvio em relação às leis, um estado instável que abre um novo campo de possíveis. [...] o possível não preexiste, ele é criado pelo acontecimento, é uma questão de vida. O acontecimento cria uma nova existência, ele produz uma nova subjetividade (novas relações com o corpo, o tempo, a sexualidade, o meio, a cultura, o trabalho...)[17].

---

16. Gilles Deleuze e Félix Guattari, "Mai 68 n'a pas eu lieu", in revista *Les Nouvelles Littéraires*, maio de 1984, p. 75-6. Republicado em Gilles Deleuze, *L'île déserte et autres textes* [*A ilha deserta e outros textos*], Éd. de Minuit, Paris, 2003, p. 215-7. São Paulo: Iluminuras, 2005.

17. Gilles Deleuze e Félix Guattari, "Mai 68 n'a pas eu lieu", op. cit., p. 215-6.

Tudo era possível? Não, nada era possível antes de – parcialmente – acontecer; um deslocamento profundo da linha entre possível e real[18], que move ao mesmo tempo a possibilidade de um todo, é possível. Nada é, ao contrário, possível, antes de ocorrer, do mesmo modo incessantemente inacabado. Mesmo que seja o término do acontecimento que sirva para designar essa bifurcação, ele não é o surgimento do sentido excepcional sobre a linha do desenrolar normal do tempo; é, antes, um afastamento que se determina ao atualizar-se. Ele não exprime os possíveis estáticos preexistentes, mas trabalha o mais próximo possível do real, um presente atravessado pelos acionamentos dos impossíveis e dos imprevisíveis, uma temporalidade na qual se compõem sensações, passos, direções.

A improvisação é a oportunidade de tornar evidentes as concepções temporais de uma arte que compõe sensações, gestos, imagens. Correndo intrinsecamente o risco do informe, sempre a ponto de não mais existir enquanto tal – e rindo disso –, a improvisação não pode ser pensada senão por seus limites, ou seja, seus paradoxos. Ao mesmo tempo que explora os limites de composição entre sensação e gesto, entre passividade e atividade, situando-se sempre à beira de não fazer nada, a improvisação se encontra no limite de sua própria definição. Ela se deixa apreender mais pelas questões que ela propõe à composição, à duração, do que pela circunscrição de seu território,

---

18. Cf. "O possível e o real" na seção "Imprevisível novidade?".

que definiria os cenários de suas aparições fenomênicas puras, e das fronteiras estanques entre improvisação e escrita para a dança. O limite é aquilo que tende a se deslocar na experiência própria de seu percurso; a fronteira é aquilo que delimita um domínio, o *de-finido* como objeto. Pouco importa saber se determinado artista faz ou não faz "pura" improvisação para definir suas fronteiras definitivas ou definidoras. Se o desafio virtuosístico da definição de uma pureza está em condições de ser descartado do olhar sobre a dança, poderiam ser lidas nisso as apostas conceituais – ou seja, diga-se uma vez mais, tanto práticas quanto teóricas – que trabalham os projetos "de improvisação como espetáculo" e os paradoxos que fazem e desfazem sua prática. Essa exploração dos limites da composição pode esclarecer alguns estilos, alguns lugares, algumas formas de produções coreográficas totalmente variadas.

O percurso de seus limites começa com a localização de seus pontos de fixação e de sua denominação. Tanto em lugares de formação quanto em espaços de criação, a ideia de um "instante puro" e suspenso de criação como página em branco de um lado, e a da expressão verídica de si, de outro, enlaçam fundamentalmente os princípios de aprendizagem e de criação. Identificam-se com elas as apostas em pensar esse pensamento-prático nos limites da composição. Enquanto a primeira propõe a questão filosófica da liberdade e do determinismo, da possibilidade de um gesto absolutamente livre, novo, desfeito de todo o passado, a segunda arrasta consigo a pesada história da autenticidade do eu. Improvisar seria, ao mesmo tempo, e não sem paradoxo, produzir um gesto absolutamente livre, espontâneo, não preparado, talvez sem trabalho, e exprimir-se, por isso mesmo, em uma absoluta transparência de si...

Improvisar é certamente escolher se situar em certa imediatez, ou seja, à procura do esvaziamento de uma mediação preexistente da escrita da dança por algumas sequências pré-construídas; porém, nas práticas concretas de improvisação parece poder esboçar-se certa imediatez que não pressupõe nem um livre-arbítrio absoluto, nem uma total transparência de si. As experiências de improvisação passam fundamentalmente pelo enriquecimento de um trabalho sensível de uma temporalidade singular, através, por exemplo, da relação gravitária, e abrem assim alguns caminhos de saída da falsa dicotomia entre liberdade absoluta do instante de improvisação e um suposto determinismo feroz da linha coreográfica. Paradoxo de uma composição imediata, entre os movimentos presentes, que faria nascer, então, uma apreensão diversificada e movente de uma subjetividade em devir, mais do que a expressão da autenticidade, da natureza do eu.

Essas apostas entram em ressonância com alguns dos deslocamentos fundamentais da filosofia contemporânea em seu exercício nos limites com a arte, aqui da dança, e particularmente naquilo que concerne à questão da subjetividade, que deixa, na verdade, que nos aproximemos, mas cujo projeto de uma sistematização total não é certamente a aposta de uma pesquisa como a apresentada aqui – se é que isso ainda possa ser feito. Nessas ressonâncias, o problema da autenticidade ocupa um lugar especial.

Optar por improvisar não será apostar no fato de que se tem alguma coisa de tal modo interessante para dizer que não se tem necessidade de *pré-escrevê-la*, de pensá-la, de refletir sobre ela? Dois termos, que não são sinônimos, já se encaixam violentamente: pensar e refletir. Efetivamente, improvisar é, em certo sentido, não *re-fletir*, não retornar para uma ideia ou uma sensação para revisá-la, corrigi-la, selecioná-la, *antes* da sua apresentação; mas é bom, no entanto, *pensar* aquilo que se faz, ou mesmo, de preferência, pensar fazendo aquilo que se está em curso de fazer. O gerúndio e a fórmula "em curso de" são muletas para esboçar um modo de pensamento não *re-flexivo* cujo modelo, ou, antes, a experiência, é possivelmente dado pela experiência do movimento dançado. Mas, então, fazer a escolha de não pré-refletir sobre aquilo que se apresenta, pôr-se na situação de improvisar, seria fundamentar-se no interesse de uma expressão de um eu profundo, de uma natureza humana, através da intenção de uma autenticidade total? Ouve-se quase sempre dizer, nas práticas de improvisação, que é necessário ser mais autêntico, mais natural. Porém, os pressupostos conceituais de tais expressões quanto ao sujeito que seria autêntico e natural estão carregados de sentido, sem que se tenha sempre o tempo de pesá-los, de pensá-los.

O trabalho filosófico com a dança vincula-se à crítica, ou seja, ao trabalho primordial da filosofia pondo em dúvida as implicações subentendidas das palavras, trabalhando sobre seu uso e percurso de seus limites, assim como, e às vezes mais, do que sobre sua definição. Bernard conduz magistralmente essa atividade de sopesar alguns pressupostos da dança. Assim, no livro coletivo *Approche philosophique du geste dansé: de l'improvisation à la performance* [Abordagem filosófica do gesto dançado: da improvisação à performance], ele veria no mito da improvisação que ele distingue justamente da sua experiência uma positividade ligada à "ordem autárquica de um fundo ontológico originário e subjetivo oculto"[19]. Dito isso, os três efeitos do mito que Bernard destaca como as aporias da improvisação constituem pontos de atenção para a exploração dos limites teórico-práticos da improvisação: em primeiro lugar, reforçar o mito de uma liberdade como livre-arbítrio autônomo; em seguida, favorecer a crença em uma originalidade criadora de um eu abstraído das condições da formação de suas obras; e, por fim, apostar em uma adequação transparente no sujeito, entre ele e ele mesmo, que se iluminaria em um instante de presença absoluta,

---

19. Michel Bernard "Du *bon* usage de l'improvisation en danse ou du mythe à l'expérience" [Do *bom* uso da improvisação na dança ou do mito à experiência], in Anne Boissière e Catherine Kintzler (dir.), *Approche philosophique du geste dansé. De l'improvisation à la performance* [Abordagem filosófica do gesto dançado. Da improvisação à performance], Presses Universitaires du Septentrion, Villeneuve d'Ascq, 2006, p. 130. Cf. igualmente a análise crítica que propõe sobre isso Frédéric Pouillaude.

esquecendo a diferenciação sempre em obra na sensibilidade e a vulnerabilidade aos outros e ao mundo[20].

A partir disso, refinam-se as ferramentas para pensar as singularidades de uma duração na qual os corpos em movimentos podem improvisar, por se tratar de "compor e de executar de imediato alguma coisa imprevista"[21]. É notável que o termo instantâneo, associado de imediato na primeira definição, tenha desaparecido na definição de improvisação dada por Bernard vinte e seis anos mais tarde. O termo *instante* tende, com efeito, a reforçar a ideia de suspensão a partir de uma pretensa transparência absoluta de si para consigo; sua desaparição é o sinal da possibilidade de pensar uma espessura de um sensível que não se deixa apreender por um instante imobilizado de surgimento da liberdade absoluta, em um clarão de transparência. Assim, a *composição no imediato do imprevisto* está na dependência de apostas propriamente temporais da subjetividade. Parece mesmo, uma vez mais, que a experiência da improvisação trabalha em uma temporalidade específica que desloca radicalmente a ideia de origem, de substrato fixo e verídico *a priori* de um eu.

Além disso, e para acabar de seguir as pistas dos pressupostos dos termos autenticidade e natural, "fazer" da

---

20. Cf., a esse respeito, Michel Bernard, "Du *bon* usage de l'improvisation en dance ou du mythe à l'expérience", op. cit., p. 130. Cf. também, do mesmo autor, "Le mythe de l'improvisation théâtrale ou les travestissements d'une théâtralité normalisée" (p. 25-33), in *Revue L'envers du théâtre*, n. 1-2, ed. 10/18, 1977.

21. Michel Bernard, *Du bon usage de l'improvisation en danse ou du mythe à l'expérience*, op. cit., p. 130.

improvisação, não *pré-escrever* os movimentos, é entendido quase sempre como uma liberdade deixada para uma expressão espontânea de um eu que seria refreado pela escrita: liberação de uma autenticidade do eu, um natural galopante que seria reprimido pelos códigos da dança tanto quanto a libido o é pelas repressões sociais. Ora, muito rapidamente, como se compreende lendo Foucault[22], o modelo que faz considerar a repressão de uma identidade amordaçada por um poder participa do próprio dispositivo de poder; o poder tanto produz quanto é produzido por esses dispositivos. Ele não reprime um fundo natural que tenderia a se exprimir; ele agencia os discursos que são produzidos como o seu próprio exercício.

Por meio desse trabalho crítico, de maneira genealógica, vemos evaporar-se com Foucault esse modelo do fundo natural autêntico, possível e necessariamente confessável, do sujeito. Prestando atenção a esse instrumento de desconstrução da ideia de autenticidade natural, é preciso ver que a improvisação não joga tanto com esperar e favorecer a expressão de uma natureza humana, geral ou individual, quanto com propor o agenciamento sempre singular das renovações dos dispositivos, de uma composição *entre* os corpos, exigindo o deslocamento temporal dessa questão da autenticidade.

---

22. É certo que, sobre esse tema, *A história da sexualidade* é totalmente esclarecedora. Michel Foucault, *Histoire de la sexualité*, t. 1 (1976), ed. Gallimard, Paris, 2002. Rio de Janeiro: Edições Graal, 2010. Sobre o sexo como "instância artificial" autêntica dominada pelo poder, como peça-chave do dispositivo de sexualidade, cf., por exemplo, as páginas 207-8 dessa mesma edição.

Os deslocamentos identificados nesse encontro entre dança e filosofia funcionam aqui no terreno da temporalidade, mais precisamente, de uma duração ao mesmo tempo contínua e heterogênea, recolocando em jogo o problema do imprevisível na tecedura de suas percepções e de seus efeitos. Problema conceitual que surge no coração do gesto dançado e encontra uma problemática que força o trabalho filosófico – exemplarmente o de Bergson. Pela afirmação de uma mudança permanente, essa duração que continua se modificando joga intrinsecamente com a desaparição de qualquer substrato para o eu. Para Bergson, o movente leva vantagem sobre o substrato; o eu não é senão através do fluxo da duração, movente e (se) diferenciando: ele não é o fio que conecta as pérolas (acidentes, predicações) do colar[23], mas a própria experiência da mudança qualitativa de uma pérola para outra, mudança contínua e heterogênea, em uma indistinção entre elas, em sua compenetração. Se ele utiliza o termo "eu profundo", não é em uma oposição entre essência substancial e acidente da superfície, mas pelo fato de que, por uma redistribuição entre fundo e superfície, entre fixidez e mudança, a profundidade é dinâmica, cambiante e múltipla, tecida entre visível e não visível.

---

23. "Onde há fluidez de nuanças fugidias que se intrometem umas nas outras, ela [a atenção] percebe algumas cores nítidas e, por assim dizer, sólidas, que se justapõem como as pérolas variadas de um colar: é forçoso, então, que ela suponha um fio, não menos sólido, que manteria as pérolas juntas. Mas, se esse substrato incolor é incessantemente colorido por aquilo que o recobre, ele é para nós, em sua indeterminação, como se não existisse. Ora, nós não percebemos precisamente senão o colorido, ou seja, os estados psicológicos." Henri Bergson, *L'évolution créatrice* [*A evolução criadora*], p. 3. São Paulo: WMF Martins Fontes, 2005.

Improvisar não é, então, exprimir a essência de minha natureza profunda, mas entrar nos movimentos desse fluxo cambiante que seria esse "eu profundo" em Bergson. É "apreender", apreender o mundo e eu mesmo em uma tendência à indistinção da fronteira impermeável entre os dois; a apreensão se torna passividade ativa da percepção. Com efeito, quando eu percebo já componho sempre a minha percepção, eu escureço algumas partes desse fluxo incessante de movimentos-luzes que tanto emanam do mundo quanto o constituem. A distinção entre dois tempos sucessivos, o da improvisação e, depois, o da composição, não deixa de ser necessária senão na medida em que já existe alguma coisa de uma composição na percepção-ação de minha apreensão do mundo. A atividade de composição se desloca, então, em um movimento complexo.

Certamente, a composição compreendida como escrita que confere sua essência à obra na dança tornando-a repetível e respeitável se distingue necessariamente da improvisação como produção espontânea de matéria, e não pode ser estabelecida entre elas senão uma relação dialética mais ou menos constrangedora, com a composição mais ou menos "negando", deixando mais ou menos como contrapeso esta expressão livre. Pelo contrário, a composição compreendida aqui como certo *agenciamento* atencioso de temporalidades e de deslocamentos no espaço qualitativo, à escuta de certa dramaturgia apropriada ao momento em curso, não se opõe mais à improvisação; ela é o seu agente tanto quanto o seu resultado, o aliado em seu próprio paradoxo. Improvisar é ao mesmo tempo sentir e apresentar, é "apreender". Apreender é ao mesmo tempo perceber e agir, em um gesto que partilha a percepção com a ação. Improvisar implica, então, apontar sua atenção para a composição já sempre em obra na percepção, cortar e combinar com precisão na multiplicidade daquilo que acontece e que é produzido, e apresentar a ausência ao cortar a carne viva da presença em curso. É supor que ver já é sempre fazer cortes na paisagem e compor, montar esses cortes livres.

Surge então a tensão entre colocar humanos, nada além de humanos que exprimiriam o seu eu autêntico e voluntário em cena, com o risco de uma cena humana, demasiado humana – alguma coisa do mal-estar diante dos embates de improvisações teatrais – e a co-presença de corpos que não cessam de ser deslocados pela presença do contexto e dos outros, nos movimentos de uma dança que se compõe *entre* e desloca a questão do *quem* em um esticamento temporal. É certo que essas problemáticas vivificadas em algumas proposições improvisadas trabalham intimamente os projetos mais diversos de escritas coreográficas. Assim, as referências à nossa natureza humana, como boa base da boa consciência bem pensante, embelezam os discursos dos cursos de dança, em geral, e de improvisação em particular, fazendo que essas práticas corram, ao mesmo tempo, o risco de um distanciamento total das partilhas com o ambiente sociopolítico que havia motivado alguns de seus primeiros esboços no cerne de projetos coletivos, e o risco de um pensamento único sobre a natureza humana que se exporia em sua espontaneidade, sua autenticidade e sua naturalidade na improvisação.

Essa ideia de autenticidade exige repensar precisamente a improvisação na relação gravitária e o conceito-prática de tempo que ela então propõe, deslocando os limites tradicionais que circunscrevem as questões de liberdade e do eu. Ecos evidentes das apostas do projeto bergsoniano que forja, no contexto do desenvolvimento da psicologia na virada do século XIX para o XX, seu conceito de duração. São, em todo caso, neste momento, as apostas altas que estendem o cenário da improvisação e cuja exploração dos paradoxos se deixa apreender do ponto de vista da experiência do tempo.

Imediatez?

> A coreografia talvez seja como a pintura a óleo. E a improvisação mais como a aquarela, na qual o traço, ou o gesto, é afixado de maneira fresca e definitiva. Esse caráter imediato é importante na poética da dança improvisada. E, no entanto, uma improvisação não surge subitamente do vazio. Cada nova improvisação faz parte do contexto daqueles que a precederam. E esta última pode ser sucedida por outra, depois por outra, em série. As ideias podem convergir. Pode-se jogar com os elementos de diferentes maneiras. Cada nova improvisação com sua essência particular. A totalidade

da experiência conduz a outras ideias e forma a base para a série seguinte[24].

O esboço de uma distinção entre coreografia e improvisação não gera tanto interesse para uma definição quanto para o refinamento das apostas que as atravessam diferentemente. Um dos limites da composição que percorre a prática da improvisação é o paradoxo de uma composição na imediatez, que Forti define aqui como a "poética da dança improvisada", uma imediatez e, *no entanto*, uma composição. Mas talvez o mais importante desse breve texto sejam as palavras *no entanto*, que exprimem justamente a aposta principal em pensar a improvisação: uma imediatez e, no entanto, não um vazio. O problema da imediatez é proposto, portanto, intrinsecamente, não como o verdadeiro lugar da experiência dançada, mas pelo fato de seu paradoxo atravessar a experiência da dança e de seus limites improvisados: uma imediatez que, no entanto, compõe. Se a ideia de que a improvisação surge de parte alguma é um mito tenaz, o da página em branco, é porque ela expõe bem a sua problemática intrínseca: uma imediatez, que, no entanto, não surge de parte alguma, se estende em um lugar, em uma série[25].

---

24. Simone Forti, "Danse animée. Une pratique de l'improvisation en danse" (1996), trad. Agnès Benoit-Nader, in *Improviser dans la danse* [Improvisar na dança], ed. Alès: Le Cratère. Reed. "Simone Forti, Manuel en mouvement", *Revue Nouvelles de Danse*, n. 44-45, ed. Contredanse, Bruxelas, 2000, p. 214.

25. Está no presente *e, no entanto*, isso dura; isso continua *e, no entanto*, isso muda; isso faz a experiência da gravidade *e, no entanto*, isso se eleva: paradoxos que torcem a contradição, que se torna a oposição. Dizer *e, no entanto, ao mesmo tempo*, dizer as apostas de um pensamento que apreende as contradições não para desfazê-las em nome de um princípio, mas para seguir as curvaturas conceituais de suas tensões.

Se um ato inaugural para a improvisação é o deslizar como experimentação sensível da relação gravitária, é porque essa relação se torna assim sensível no presente e faz do presente um processo de continuidade e diferenciação, ao mesmo tempo que faz da presença uma atenção à realidade em curso. Tomar a relação gravitária como operante e operada da dança, ainda mais em algumas situações de improvisação nas quais a temporalidade e os deslocamentos no espaço passam pelo prisma sensível dessa relação contínua e cambiante, é voltar a sua atenção para esta duração (cambiante e contínua) heterogênea, para a materialidade desse contato da pele com o solo, para a expansão das diferentes intensidades de movimentos a partir dessa sensação no corpo, entre os corpos, dos dançarinos, dos dançarinos e do público, do contexto. Pôr sua atenção, em uma branda persistência, uma resistência à duração, seria o *trabalho* do dançarino, da dançarina, no momento de improvisar, que percebe e produz no presente.

É assim que, entrando na consciência física íntima do arranjo gravitário, pode-se pouco a pouco notar os diferentes movimentos que sempre ocorreram. Tal é o sentido da "pequena dança" nos exercícios de preparação em *Contact Improvisation*. De pé, com os olhos fechados, procurando não fazer nada, reduzindo a amplitude do movimento a quase nada, ampliam-se os detalhes e revelam-se muitas vezes as diferentes dinâmicas que atravessam o corpo, no laço íntimo e indivisível entre percepção e ação. O processo composicional para a dança, e singularmente na improvisação, é então singularmente diferenciação. O rearranjo gravitário permanente é tecido com mil pequenas diferenças qualitativas. Compor no momento da apresentação é afirmar, sempre com o risco de desaparecer, que os processos composicionais já são sempre existentes, e permanecer com isso no trabalho destes últimos. Mas é igualmente uma experiência fundamental para toda a dança que não "permanecerá" forçosamente aí, que escreverá uma composição, repetível, sem perder a riqueza de todas as suas diferenciações em curso. A prática da improvisação é considerada, portanto, uma exploração atenta dos diferentes processos em curso, em especial os múltiplos arranjos gravitários, ali onde os exercícios sobre o deslizar adquirem toda a sua amplidão composicional.

Andar e deslizar sobre o solo; duas *posturas* desses deslocamentos das temporalidades na dança. Equalização de um espaço qualquer, por diferenciação (*dissonâncias*) de uma duração que não é linear, tais são os processos de composição que salientam os paradoxos enunciados. Estar no presente, perceber e compor no presente, na presença, esboça um trabalho de atenção. Que o presente dura, a improvisação é uma experiência real disso, e essa duração não tem nada a ver com uma constância idêntica, assim como não tem nada a ver com justaposições de instantes enquadrados. Somos desafiados por um presente sempre cambiante, movente e que ocupa certo tempo, que, em uma palavra, dura. Então, aquilo que surge, surge desse presente espesso, durável, e não de parte alguma. Problema da dança, se é que existe um: compor no cerne do paradoxo inicial; os gestos de um presente e, no entanto, perpétuo.

Apresentar

Eu sinto isto na dança: a imediatez, a composição imediata, não é absolutamente oposto ao fato de olhar, pensar, repensar, criar, recriar, produzir, produzir outra coisa, ter a intenção de fazer esta peça. Eu acho que também são energias, manifestações de desejo, e isso é vital. Se este instante "em curso de", ou essa imediatez tornam-se a única coisa, acho que tudo isso não seria verdadeiramente necessário.

Julyen Hamilton
Entrevista, Paris, 23 de abril de 2008.

Compor no presente, apresentar o gesto, exercício nos limites de uma pureza de uma presença imediata absoluta e da transparência suspensa de um instante; porém, se o presente já é heterogêneo, momento espesso "em curso", tecido de múltiplas sensações e movimentos, então se compõem alguns traços da difração dos reflexos em curso.

> A distinção que nós fazemos entre nosso presente e nosso passado é, portanto, se não arbitrária, ao menos relativa à extensão do campo que pode ser abarcado pela nossa atenção à vida. O "presente" ocupa tanto lugar quanto este esforço. [...]
> Uma atenção à vida que seria suficientemente poderosa, e também suficientemente de todo interesse prático, abarcaria assim em um presente não dividido a história passada inteira da pessoa consciente – não como um instantâneo, não como um conjunto de partes simultâneas, mas como alguma coisa que está ao

> mesmo tempo continuamente presente e continuamente movente: assim é, eu repito, a minha melodia que é percebida como indivisível, e que constitui de uma ponta à outra [...] um perpétuo presente, embora essa perpetuidade não tenha nada em comum com a imutabilidade, nem essa indivisibilidade com a instantaneidade. Trata-se de um presente que dura[1].

O fato de o presente durar não seria a experiência dessa continuidade cambiante feita através da relação gravitária? Experiência *concreta* do presente. Sem resolver aqui o problema da utilidade, é preciso saber que Bergson diferenciava o útil do concreto. Assim, se esse presente perde seu interesse para o útil, nem por isso é menos concreto.

Presente/Presença?

A escolha de improvisar tece evidentemente um laço singular com o presente. Mas o que acontece com o seu laço com um termo que, em eco e menos evidentemente, pulula no mundo da dança: a presença? Um pesquisador como André Lepecki formula, por exemplo, a hipótese de que a dança contemporânea é muito mais definida pela presença de seus dançarinos do que pelo movimento dos corpos. Seria um deslocamento radical do modernismo como "ser-para-o-movimento", para uma presença do

---

1. Henri Bergson, "La perception du changement" (1911), (p. 142-76), in *La pensée et le mouvant*, op. cit., p. 169-70.

dançarino nas criações mais recentes[2]. Mas a questão da presença apresenta numerosos problemas, em especial os de um apelo a uma presença total, uma presença mágica, levantando a questão de uma presença como dom ou como trabalho[3].

Deleuze destaca o risco de uma totalidade ou de uma transcendência no termo *presença* no âmbito da estética em sua "carta-prefácio" à obra de Mireille Buydens, *Saara*. *A estética de Gilles Deleuze*: "A noção de Presença, mesmo quando eu emprego a palavra, não me interessa muito, é demasiado pia, é a 'vida' que me parece o essencial"[4].

Porém, o que acontece com uma presença que não invocaria uma relação total no presente, mas evocaria esta atenção dinâmica, sempre "esburacada"? Apostas e riscos de uma presença que poderia se dizer em termos de atenção, no presente, constituindo, então, um esforço, mais do que uma conexão mágica com um presente transcendente. Uma presença e, no entanto, não uma totalidade plena.

---

2. Cf. André Lepecki, *Exhausting dance, Performance and politics of movement*, Routledge, Nova York, 2006.
3. Esse foi o tema de uma jornada de estudo organizada pelo Centre Chorégraphique National de Rillieux-la-Pape, em *Ramdam*, em 5 de abril de 2008, que reuniu filósofos, bailarinos e coreógrafos em torno do problema da presença. Para mais informações a respeito da questão, verificar material disponível em: <http://www.ramdam-quoi.org/pageshtml/questcequivasepasserici/portevoix.html> Acesso em: 28 jul. 2014.
4. Gilles Deleuze, "carta-prefácio", em Mireille Buydens, *Sahara. L'esthétique de Gilles Deleuze* [Saara. A estética de Gilles Deleuze], Paris, Vrin, 1990.

– criação

Porque a página em branco no início de todos os livros, dupla página em branco aparentemente inútil, como uma respiração antes de mergulhar. Pré-silêncio, e buracos dentro. As duas vertentes do vazio na literatura. Buraco necessário entre as palavras para reconhecer as palavras. Paraevitarasensaçãodeerrânciadeumalínguaestrangeiraindistintanavagadesuaspalavras, ou para melhor mergulhar nela. Furos da pontuação que confere o sentido. Ponto. Elipse da frase que se enche de sentido. Tudo aquilo que não é dito, aquilo que está ausente, o verbo, o sujeito ou o complemento. É aí, ainda mais forte, quando está oculto... "escondei de mim esse sentido que eu não saberia perceber". Buraco na descrição que se torna o centro da ação. E depois este homem que riscou algumas palavras no livro que ele acaba de escrever. Re-composição. Todos os buracos, os vazios são aproveitáveis, para compreender e fazer sentido. Repouso, respiração, ressonância, e revelador de sentido.

É o pequeno quadrado branco em um canto do quadro que faz ressoar todas as outras cores, é o buraco que enche e não o buraco que carece de cor; um vazio feito na matéria. A música como criação de silêncio, respiração necessária para a composição de todo o trecho. A percussão marca o silêncio, fura o tempo para dar lugar às imagens musicais. Todo o trecho contido na pequena respiração antes de começar, a batuta do maestro que se ergue, que dilacera o tempo com um silêncio prenhe daquilo que vai chegar, embora já estando ali, e que igualmente jamais estará totalmente ali. As contas silenciosas do metrônomo "one, two, one, two, three, four" que *abre a própria possibilidade da música. O violino é mais o seu vazio do que a sua madeira, buraco interno, "alma do violino", dizem. Então o vazio permite a ressonância; existir é ressoar?*

A dança, movimento que cria o espaço vazio. Eu estou ali porque não estou mais lá onde estava. Eu me mexo e crio vácuos, eu me movo e crio, assim, vazios. E quanto mais existe espaço, vazio, no corpo, em cada uma das articulações, mais a troca entre os espaços, o corpo e o contexto, é rica e em duplo sentido, mais a composição é clara, o corpo marca o espaço como os traços que deixa nele, separados por vazios claros, que conferem composição e, portanto, sentido, gosto e alcance à "coreografia" do momento. Trabalho agrário dos sulcos traçados sobre o palco, ou alhures.

Vazadura-evidência do espaço pleno do teatro, o sentido cresce sozinho como a erva daninha a partir do momento em que o solo foi revolvido pela lâmina de aço. E outro vazio: o salto é a ilusão da ausência de um momento. O salto, tão caro à dança, e, sobretudo, aos discursos não praticantes dos filósofos, o salto é o ato dançado. É a ilusão da pequena morte, de minha ruptura com o contínuo do mundo: minha relação com a gravidade. Morrer por um segundo. Eu existo através da gravidade, a única permanência sentida, ressentida, é minha atração para a terra, e sua resposta organizada que faz eu me manter de pé. Continuum da relação gravitária. O tempo bem pode não ser linear, fazer paradas, ter sobressaltos... a gravidade existe sempre, a não ser para os poucos Gagarin. Meu peso sobre a terra e o peso do mundo sobre meus ombros, em profunda desordem.

– percepção

Já perceber, para além de toda a criação, ou aquém, ou ao lado... é arrancar, retirar uma linha de toda a miríade de dados do sensível para que se constitua uma percepção, uma imagem. Atividade bergsoniana de uma consciência em movimento, que antecipa alguns cortes móveis no movimento da matéria. Cortar, retirar, não é imobilizar; muito pelo contrário, é entrar no fluxo da matéria, apreender como percepção, é vazando, dinamicamente. Tudo já está ali, dado, não se trata de ir buscar a verdadeira percepção além. Tudo está ali, real em curso de produção, minha percepção é um arranhão na onda de matéria. Não é nem mesmo a carne do mundo que eu guardo em segredo sob a minha unha, é o mundo estriado, é a realidade em baixo-relevo. É arrancando alguns feixes de luz da matéria que minha percepção se cria. É removendo uma a uma as frequências ondulatórias do negro que se declinam as cores. A percepção como composição em baixo-relevo de minha relação imediata com as coisas. A intuição como vazadura. Evidência de um todo parcialmente esvaziado sem jamais completar sua totalidade. A evidência surge no pequeno furo feito nas coisas, na laceração, o arranhão que arranca um naco de carne, e faz aparecer a onda evidente orientada por esta estria.

– sentido

O sentido de um vazio? Jamais se obterá sentido pelo preenchimento, pelas camadas de significações aplicadas por cima, pelo polvilhamento de referências por cima. O sentido não é a cereja sobre o bolo, é a distância entre as camadas, o interstício, o silêncio do pensamento que realiza seu voo. É a decupagem da percepção, o vazamento da onda, em linhagens compostas.

É o sentido que entra na ausência, não em referência à grande carência da significação... não, antes o sentido mediano da sensação, como tensão das pequenas diferenças que se realizam nos buracos, que não carecem de nada no mundo. Não existe grande significância do vazio e da ausência em referência a outro mundo cheio, cheio de Ideias, cheio de Leis. Não é o buraco pré-formado de uma fechadura onde introduzir a chave do Grande Conhecimento, da compreensão. É a estria no tempo, é o voo silencioso do pássaro antes do ataque, o estremecimento antes da revolta.

É o buraco formado pela pergunta, por seu ponto de interrogação, isso não carece de nada, mas produz um buraco, não mesmo para ser preenchido pela resposta, justamente, a arte de responder é conservar o buraco da questão na resposta. Esvaziar o espaço com um golpe de lápis, com um gesto de arabesco? E sublinhar o esvaziamento com o ponto, a evidência pelo olhar.

"Toda sensação é uma pergunta, mesmo quando apenas o silêncio responde a ela.[5]"

Não encontrar a boa resposta que preenche sacia, apazigua, mas esboçar a pergunta em seus limites, andar sobre a falha das inquietudes do real.

O vazio produz a existência e a percepção, o sentido, reunidos no vazio, o pequeno intervalo como abertura filosófica desde

---

5. Gilles Deleuze e Félix Guattari, *Qu'est-ce que la philosophie?*, op. cit., p. 185.

Leibniz, este interstício da dobra, atenção à linha negra mais do que ao excesso de sentido para o artista.

Apreender é produzir, é estriar o mundo, olhar afiado, espírito cortante, gesto percuciente. Vazar, fazer a evidência. Sentir, esburacar a sensação. Compreender, remover uma linha para deixar jorrar o sentido. Criar, fazer ranhuras na matéria.

Evidança*, uma dança troglodita no espaço.

Assim, se a improvisação está no presente, não é no sentido de uma conexão mágica com uma presença total em si, mas como o trabalho de uma atenção, uma atenção à vida:

> É, repito, a precisão do ajustamento que exige o esforço. E eis aí justamente aquilo que falta ao sonhador. Ele não é mais capaz dessa ATENÇÃO À VIDA necessária para obter uma regulagem do dentro sobre o fora, uma inserção perfeita da duração interior na duração geral das coisas[6].

Essa regulagem do dentro e do fora seria o presente, atento, com o qual lida a improvisação, dançar em certa imediatez, que, no entanto, leva em conta uma duração, um logo antes e um logo depois, um fora e um dentro; exige,

---

* Aqui, a autora faz um jogo com as palavras *évidence* (evidência) e *évidage* (ação de fazer ranhuras). [N. T.]

6. Henri Bergson, "Le rêve" (p. 443-63), Conferência de 26 de março de 1901, *L'énergie spirituelle* [*A energia espiritual*], in *Mélanges*, ed. PUF, Paris, 1972, p. 461. São Paulo: WMF Martins Fontes, 2009.

portanto, um esforço, o esforço de estar no presente. *Um sonho acordado?*

Instante/Momento

As práticas de dança improvisada apelam diretamente ao tempo, e particularmente ao presente, nos nomes que elas se dão. Quer seja, por exemplo, a "composição instantânea", termo sob o qual se reencontram, entre outros, Julyen Hamilton e Marc Tompkins[7], quer seja a "composição em tempo real", que é o termo próprio de João Fiadeiro e alguns outros, os nomes da improvisação enunciam esse laço particular com o presente, em certo tempo não pré-adaptado ao espetacular. Jogam, então, presente e presença nessa imediatez de uma improvisação *apresentada* a um público; alguns corpos mergulhados em um presente, à beira de não fazer nada, de nada *terem* a fazer, que não se passe nada. Sem esquecer que se forjam em torno da improvisação o mito da página virgem, de uma pura expressão de um si "autêntico", ou o de uma presença total. Qual

---

7. Para dar alguns exemplos, não exaustivos: na França, Haïm Hadri da companhia Sisyphe Heureux, ou Julie Serpinet, da Compagnie Songe descrevem seu trabalho como composição instantânea; na Argentina, Fabiana Capriotti utiliza igualmente o termo "composição instantânea" para definir seu trabalho e trata do laço particular com o presente, com o novo e com a realidade. "Improvisar é desvelar o desconhecido em um contexto presente. [...] é construir mundos presentes entre real e imaginário, entre tangível e intangível, na velocidade de composição que compreende (ou assume o risco) espontaneamente de quanto real e de quantas imagens um momento pode ter necessidade; e que o esquece tão rapidamente quanto isso acontece, para estar disponível no novo lugar." Disponível em: <http://fabianacapriotti.blogspot.com>. Acesso em: 27 jul. 2014. Tradução da autora.

presente imediato e, no entanto, em relação com um contexto, um passado, os outros, está então em jogo? Será que a imediatez não é essencialmente imediação, entre percepções e ações, no sentido de uma postura perceptiva e ativa ao mesmo tempo, aberta a esse presente, uma atenção à relação gravitária, por exemplo?

Ao retomar a denominação "composição instantânea" para falar da dança improvisada, seria necessário trabalhar o conceito de instante como aquilo que caracterizaria o presente da improvisação. Falar da improvisação dançada como composição no instante suporia imaginar um ponto no qual o tempo se deteria. Se o presente se desenrola nessa tensão permanente entre movimentos de percepção e movimentos de ação, onde se percebe e se age *concomitantemente, ao mesmo tempo*, em qual medida se pode falar, então, de composição no instante? Se a dança se compõe no momento presente, será que ela se compõe por causa disso em um instante? O instante se dá por uma imagem geométrica, é o ponto indivisível no sentido do uno, da unidade, que não tem extensão e não ocupa nenhum lapso de tempo. Isso é tudo, salvo o presente quando se revela a questão do presente real, concreto. Assim, Bergson não pode pensar um instante em uma duração espessa e que sempre muda. O instante é a ilusão que consiste em acreditar que, da mesma maneira que podemos determinar um ponto sobre uma linha, é possível determinar um instante no tempo que passa. Essa ilusão do instante *t* provém uma vez mais do hábito (científico e metafísico) de aplicar o tempo sobre um espaço homogêneo.

> O que é, para mim, o momento presente? É próprio do tempo escoar; o tempo já escoado é o passado, e nós chamamos de presente o instante em que ele escoa. Mas não pode se tratar aqui de um instante matemático. Sem dúvida, existe um presente ideal, puramente concebido, limite indivisível que separaria o passado do futuro. Mas o presente real, concreto, vivido, aquele de que eu falo quando falo de minha percepção presente, este último ocupa necessariamente uma duração[8].

O fato de ele ocupar certo lapso de tempo e, ao mesmo tempo, certa extensão, é aquilo que torna o presente real, forçando assim o abandono da ideia de instante para pensar esse presente sensório-motor, ao menos em seu sentido mais corrente. Todo instante já é sempre espesso e não é mais verdadeiramente instantâneo. Já o instantâneo de uma foto pode ser mais ou menos longo; fala-se de "instantâneo lento" para um tempo de exposição de um segundo. O instante ampliado, que toma certo tempo, apreende o movimento, tão ínfimo quanto ele seja: o movimento do objeto apanhado na foto, que deixa alguns vestígios, mas também, e sempre, o movimento da luz refletida até o aparelho. A lentidão do instante assume a espessura do grão da foto; o presente mesmo *infimamente* múltiplo da relação

---

8. Henri Bergson, *Matière et mémoire* (1896), op. cit., ed. PUF, Paris, 1985, p. 152.

gravitária marca o grão da espessura da pele. Mil comoções constituem sempre um instante que deixa, então, de ser instante puro, abstrato, e no limite "instante" simplesmente, para se dilatar no movimento do concreto, do vivo. Certa experiência do tempo em caso de acidente, em que a consciência está particularmente atenta a um curto instante, deixa sentir que ele é feito de mil variações: *isso durou uma eternidade*. O presente assume aqui sua distância com a ilusão do instante perfeito, para dirigir-se a outros aspectos, determinando um presente que sempre dura. É que esse presente como lugar-tempo da dança caracteriza *ao mesmo tempo* certa imediatez da composição e, *ao mesmo tempo*, uma temporalidade que dura mais que um instante.

Se chegamos ao ponto final do problema, pensar a improvisação como a escolha de uma composição no presente com base no modelo do instante, isso suporia que o tempo se suspende a todo momento para olhar do exterior aquilo que está em curso de passar, antecipar o que vai acontecer. Seria necessário, então, que existisse este instante *t* no qual se toma uma decisão para a sequência, no qual se reflete uma razão, no qual se projeta uma consequência. Esse seria um momento em que a linha do tempo está a ponto de se separar em um ponto-instante para fazer uma escolha abstraindo-se do fluxo de mudança contínua[9]. No entanto, o tempo jamais se detém e, uma vez começa-

---

9. É, *grosso modo*, o esquema do livre-arbítrio do qual Bergson faz a crítica no terceiro capítulo do *Essai sur les données immédiates de la conscience*, op. cit., particularmente p. 133.

da a peça, o instante de suspensão continua a ser visto, já faz sempre parte da peça, já está "na" obra estando em obra[10]. Não existe instante de abstração da situação como um olho absolutamente exterior que tomasse distância e suspendesse o tempo.

Mas algumas escolhas, no entanto, são feitas; a dança não é uma pura adequação a quaisquer movimentos naturais e absolutamente espontâneos, e já é nisso que ela é composição. Se é possível falar de imediatez, não é num sentido preestabelecido, nem no sentido de um instante de suspensão decisiva, mas, novamente, no sentido de se preferir uma tendência, uma colocação em movimento que estende em ação toda *pré-visão*. Talvez fosse possível, então, falar de composição *momentânea* ou *com base no momento*. O movimento dançado, a composição, se dá nesta tensão *entre* que é a imediatez de minha relação com o mundo, que é intrinsecamente, esse *entre* da sensação e do movimento.

Então, desse modo, todo o conceito de presente se encontra transformado e exige um pensamento refinado do tempo que possa articular presente, consciência e corporalidade. Bergson praticamente nunca fala da dança, mas os conceitos que ele forja na articulação entre presente, consciência e corporalidade apresentam uma visão totalmente

---

10. Por essa razão, o caso das partituras de Lisa Nelson é particularmente interessante, já que os dançarinos podem, no interior da peça ou quando estão nas partes laterais, intervir para mudar uma pessoa em cena, fazer um retrocesso, fechar o movimento em um *loop* etc.

original que encontra na dança alguns fortes ecos. Atento aos desenvolvimentos da psicologia e aos trabalhos sobre o cérebro que agitam o final do século XIX, Bergson sente, com efeito, que o novo século, por suas práticas novas, deve ultrapassar a oposição entre materialismo e espiritualismo. Ele desloca a linha de oposição entre corpo e espírito em direção a uma articulação entre *matéria e memória*, um trabalho que renova, antes de tudo, a concepção do tempo. Bergson quase não fala da dança, e quando fala dos corpos em movimento é em um projeto metafísico mais do que em uma estética; não se encontra uma dança na filosofia de Bergson, mas se tecem algumas ressonâncias, não onde "isso se parece com a dança" ou com as imagens do corpo, nem sobre o ponto específico da questão da arte, mas em sua visão renovada de um tempo que dura, certamente porque ela é atravessada por uma inquietude singular: a experiência do imprevisível.

Senciente/Movente

"Meu presente é, por essência, sensório-motor. Isso significa que o meu presente consiste na consciência que eu tenho de meu corpo.[11]"

Para Bergson, "meu presente" consiste nesse intercâmbio sensório-motor, nessa consciência da atividade corporal.

---

11. Henri Bergson, *Matière et mémoire*, op. cit.; para esta seleção e as seguintes, cf. p. 153.

"Extenso no espaço, meu corpo experimenta algumas sensações e, ao mesmo tempo, executa alguns movimentos.[12]"

Sentir e se mover como dupla atividade simultânea se torna, ao final, uma única coisa: a consciência que eu tenho de meu corpo, que é meu presente. Um único presente, não somente – ao menos em parte – extenso, mas também espesso, na duração. Nova expressão da crista paradoxal sobre a qual se efetua esse caminho *ao mesmo tempo*: algumas sensações e, *ao mesmo tempo*, alguns movimentos; uma imediatez e, *no entanto*, uma composição, algumas comoções interiores e, *ao mesmo tempo*, exteriores, um presente: *ao mesmíssimo tempo* um passado e um futuro, enquanto eles são imediatos. Esse presente é como uma bolha, uma bolha de movimentos-sensações; e sua imediatez consiste nesta própria espessura: "É preciso, portanto, que o estado psicológico que eu chamo de 'meu presente' seja ao mesmíssimo tempo uma percepção do passado imediato e uma determinação do futuro imediato"[13].

O passado imediato e o futuro imediato, enquanto dizem respeito à minha ação, minha consciência, são aquilo que provoca esta tensão que é meu presente. É mesmo enquanto eles dizem respeito à minha ação que eles são imediatos, e não puramente passado e futuro. O presente não é uma fronteira permeável entre um passado que não existe mais e um futuro que não existe ainda. O presente se dá

---
12. Idem.
13. Idem.

nesta tensão *entre* o imediatamente antes e o imediatamente depois, um entre não como um intervalo vazio, mas como aquilo que se estende, assim como a tensão de um músculo que eu sinto se esticar entre dois ossos de uma articulação: movimentos e sensações. A imediatez de um passado e de um futuro em um presente tece a espessura deste entre. Uma articulação que reúne igualmente um movimento "que me abala" e um movimento "que eu abalo".

> Ora, o passado imediato, enquanto percebido, é [...] sensação, visto que toda sensação traduz uma longuíssima sucessão de comoções elementares; e o futuro imediato, enquanto se determinando, é ação ou movimento. [...] De onde eu concluo que meu presente consiste em um sistema combinado de sensações e de movimentos[14].

Percepção e determinação de movimentos, sucessão de pequenos movimentos, seja sensação, seja ação – tal é a atividade de meu presente como múltiplas comoções. Se minha sensação assim como minha ação são movimentos, comoções, aproximam-se então duas instâncias que eram quase sempre distintas: percepção e ação, passividade e atividade, passado e futuro, enquanto imediatos, participam do meu presente. Sensação e movimento tocam nesta extensão que é meu corpo; eles são precisamente localizados por meu corpo. Reduz-se a diferença de natureza entre

---

14. Idem.

perceber e se mover, entre sensação e movimento. As paredes se afinam até serem trespassadas, e isso circula em todos os sentidos. As instâncias, as sensações e os movimentos desaparecem mesmo enquanto instância e não se distinguem, no texto de Bergson, mais do que por alguns vetores direcionais diferentes: do exterior para o interior para as sensações, do interior para o exterior para as ações. Se não se trata mais do que de uma diferença de direção, a questão de saber aquilo que ainda constitui uma fronteira entre interior e exterior se renova pensando o presente. Do mesmo modo, a experiência da relação gravitária não cessa de embaralhar radicalmente as cartas na distribuição entre um interior e um exterior, através dos movimentos e das mudanças permanentes.

Meu presente é, portanto, esse movimento em todos os sentidos, movimentos de matéria: "Situado entre a matéria que influi sobre ele e a matéria sobre a qual ele influi, meu corpo é centro de ação"[15].

Meu presente, meu corpo no presente, está situado *entre* esses fluxos de matéria, centro de ação e, ao mesmo tempo, de percepção. "Meu corpo" aparece ao mesmo tempo como matéria, ele mesmo movimentos, e ele mesmo duração. Ele é também esse lapso de tempo, essa espessura que retarda e o afasta de um sistema estímulo-resposta mecânico. Meu presente é material, essa bolha de tempo, essa espessura é material, centro de indeterminação.

---

15. Idem.

"[...] nosso presente é a própria materialidade de nossa existência, ou seja, um conjunto de sensações e de movimentos [...].[16]"

Esta materialidade é dinâmica, ela é percepção e ação, tecedura dos movimentos e das comoções que constituem meu presente, como uma bolha de tempo e de matéria indivisa. Não um instante suspenso, mas a imediatez do passado e do futuro, que se tornam a imediatez da sensação e a da ação, sendo ambos movimento. Não uma representação através da sensação, uma reflexão de uma consciência em retrocesso e depois uma decisão *aplicada* à realidade material, mas um sistema de combinação de sensações e de movimentos: certa consciência sensível ao presente, em que a matéria se redistribui transversalmente.

Bergson não procura definir os movimentos do corpo como uma dança, mas opera um gesto filosófico forte ao harmonizar a mesma natureza com a percepção e com a ação (ambas consideradas "comoções" e "movimentos"); um gesto do qual a dança tende a fazer a experiência. Se sabemos a importância da distinção que faz Bergson entre as diferenças de graus e as diferenças de natureza, não ver entre perceber e agir uma diferença de natureza, mas uma diferença de direção, como uma declinação do grau, é totalmente primordial. É preciso sublinhar, entretanto, que a aproximação se efetua pelo movimento. É pela percepção não do movimento, mas através do movimento que

---

16. Ibidem, p. 154.

o gesto filosófico de Bergson se apodera da realidade e redistribui as atividades e passividades no campo da percepção. Pensar através do movimento, em movimento, o gesto em curso de se fazer, eis aí quem continua a esboçar um palco para o encontro entre uma dança e uma filosofia. No entanto, não se trata em nenhum caso de uma descrição filosófica do gesto dançado, e o entusiasmo das ressonâncias não deve dar a ilusão de uma correspondência perfeita: Bergson, quando descreve o presente como sensório-motor, se coloca em um terreno metafísico, nem estético, nem dançado. Assim, os ecos que se tecem com a leitura atenta dos textos, se apresentam, como todo eco, sempre afastados.

O presente como momento é imediato, mas não é um instante que faz um recorte absoluto e deixa o passado e o futuro mortos nas laterais, não é aquele que é abstraído das lembranças e das vontades, projetos e desejos, mas esse presente espesso que ocupa lugar e tempo na tridimensionalidade de meu corpo em movimento: motor e movido. Essa espessura do presente deve ser sempre renovada para conjurar o risco de achatamento empobrecedor que não cessa de correr o conceito de imediatez. Existem, com efeito, muitas "escolhas" que se fazem nesse lapso de tempo da matéria de meu presente, porque pensar uma imediatez absoluta seria correr o risco de uma relação estímulo-resposta puramente determinista.

Combinar movimentos-sensações e movimentos-ações, sentir e se mover, ouvir-ler e agir, tal poderia ser uma primeira maneira de dizer aquilo que se passa em uma dança e, singularmente, quando ela apresenta sua composição no mesmo momento. Esboça-se, então, uma consciência não reflexiva, que pensa aquilo que está em curso de se passar, que presta atenção a esse presente apreendido através da variabilidade inumerável das sensações, dos movimentos, e as qualidades que deles emergem.

Perceber, ouvir o contexto, é uma atividade. É preciso que a percepção seja produção ou apresentação de alguma coisa, para que esse momento de improvisação não seja uma simples introspecção individual e dê alguma coisa em partilha. É preciso igualmente, para evitar ser uma simples transcrição da realidade, que esse lugar *entre* da percepção seja a oportunidade de uma intensificação, de um agenciamento, em poucas palavras: de uma composição. Em que medida a composição já está em jogo nesses movimentos de percepção? Uma leitura cruzada entre Bergson e as teorias-práticas do movimento, em particular com Hubert Godard, permite compreender como esse *entre* perceptivo como atitude perceptiva é *atenção* e já se tece a partir de uma atividade, de um sentido, às vezes de uma imaginação. A dificuldade é a de pensar na imediatez de uma sensação que se expõe, de um gesto que rompe a dicotomia entre o interior e o exterior. O sensível apres*entrado*.

Perceber é, ao mesmo tempo, reagenciar um passado ao presente e combinar uma impressão e uma ação: uma atitude física.

O movimento não pode produzir senão movimento, [...] que o papel da comoção perceptiva é simplesmente de imprimir ao corpo certa atitude na qual as lembranças vêm se inserir, [...] todo o efeito das comoções materiais esgotando-se nesse trabalho de adaptação motriz[17].

Ora, essa atitude corporal define intrinsecamente sua atenção e se tornará, na sequência do texto, "percepção atenta"[18]. Essa atenção será o ponto de partida da concepção do presente de *Matéria e memória*.

"De grau em grau, seremos levados a definir a atenção como uma adaptação geral do corpo mais que do espírito e a ver nessa atitude da consciência, antes de tudo, a consciência de uma atitude.[19]"

A atitude atenta se desliga dos simples contornos das coisas para, amplificando-se e intensificando-se, apreender os seus detalhes: "a atenção tem como efeito essencial tornar a percepção mais intensa e de libertar os seus detalhes"[20].

Prestando atenção aos detalhes, e não somente respondendo às facetas protuberantes que refletem uma ação possível sobre os objetos, a consciência sensório-motora no presente se espessa. Os hábitos que funcionavam inconscientemente sempre da mesma maneira funcionam dife-

---
17. Ibidem, p. 108.
18. Ibidem, p. 112.
19. Ibidem, p. 110.
20. Ibidem, p. 109.

rentemente no presente, deixando até mesmo o lugar e o tempo para novos agenciamentos das imagens-lembranças.

> A atenção implica um retrocesso do espírito que renuncia a perseguir o efeito útil da percepção presente: haverá primeiramente uma inibição de movimento, uma ação de parada. Mas sobre essa atitude geral virão bem rapidamente se enxertar alguns movimentos mais sutis [...]. Com esses movimentos começa o trabalho positivo, e não mais simplesmente negativo, da atenção[21].

Uma atenção a um movimento sempre em curso de ser decidido faz entrar, através da experiência da relação gravitária e de seus movimentos comuns, em uma temporalidade singular, tecida de múltiplas variações de qualidades, de ritmo (atrasos, acelerações) etc. Nesse presente singular em que a improvisação realça o desafio de evanescência "à beira de nada fazer", a relação com a decisão e com o movimento voluntário se esboça como uma atenção sensível; ou seja, na junção entre um fazer e um sentir.

---

21. Ibidem, p. 110.

Atenção

Eu imagino que a tarefa mais difícil para um dançarino seja saltar com uma postura particular de maneira que não exista um único segundo em que ele não se agarre a essa postura e que pareça amarrado a isso mesmo quando salta. Talvez nenhum dançarino possa fazer isso – mas o cavaleiro consegue. A maior parte das pessoas vive perdida em preocupações e alegrias mundanas, são aqueles que se sentam encostados na parede e absolutamente não participam da dança. Os cavaleiros do infinito são dançarinos que possuem a elevação. Eles se elevam e tornam a cair; e isso não se trata absolutamente de um passatempo, tampouco de um espetáculo sem graça. Porém, todas as vezes que eles tornam a cair, eles não podem imediatamente adotar a pose, eles vacilam por um instante e esse tremor mostra que eles são estranhos nesse mundo. Isso é mais ou menos evidente segundo a habilidade que eles possuem, mas mesmo os cavaleiros mais bem dotados artisticamente não podem dissimulá-lo. De nada serve vê-los em voo; é suficiente, para reconhecê-los, vê-los no momento em que tocam o solo, ou quando vão tocá-lo. Mas poder tornar a cair de tal maneira que pareça que no mesmo instante se esteja de pé ou caminhando, transformar em um passeio o salto na vida, exprimir de maneira absoluta o sublime no terra a terra – aquilo que somente o cavaleiro da fé sabe fazer –, eis aí a única e singular maravilha.

Søren Kierkegaard
Crainte et tremblement [*Temor e tremor*] (1843), tradução francesa de Charles Le Blanc, ed. Rivages poche, Paris, 2000, p. 88. São Paulo: Saraiva, s. d.

Nesse fluxo contínuo de diferenças, é o corpo que permite estar em equilíbrio no presente e faz que o imprevisível tome forma na situação atual. Trabalho *des-equilibrado(s)* entre passado e presente, no momento, presente, que já está em curso de escoar. É pelos movimentos do corpo, em especial através da relação gravitária, que a gente se ancora na situação presente deixando sentir, atentamente, a diferenciação da duração em curso.

> Nosso corpo, com as sensações que ele recebe de um lado e os movimentos que ele é capaz de executar do outro, é aquilo que fixa nosso espírito, aquilo que lhe confere o lastro e o equilíbrio. A atividade do espírito extravasa infinitamente a massa das lembranças acumuladas, assim como esta própria massa de lembranças extravasa infinitamente as sensações e os movimentos do momento presente; mas essas sensações

> e esses movimentos condicionam aquilo que se poderia chamar de *atenção à vida*, e é por isso que tudo depende de sua coesão no trabalho normal do espírito, como em uma pirâmide que se mantivesse de pé sobre sua ponta[1].

A relação gravitária desenvolve essa sensação de continuidade presente e ao mesmo tempo movente, forçando a fazer um esforço de atenção. Essa atenção à vida é como uma ampliação de uma atenção à vida prática útil que fixaria o movimento desse presente que dura em algumas preocupações que necessitam uma decupagem do tempo linearizado.

> O bom senso escolhe. Ele considera certas influências praticamente desprezíveis e se detém no desenvolvimento de um princípio, no ponto preciso em que uma lógica muito brutal feriria a delicadeza do real. Entre os fatos e as razões que lutam, se empurram e se acossam, ele faz que se efetue uma seleção. Enfim, é mais que instinto e menos que ciência; seria preciso ver nele uma dobra do espírito, certo pendor da atenção. Seria quase possível dizer que o bom senso é a própria atenção, orientada no sentido da vida[2].

Existe um ponto comum nesta atenção partilhada. Essa tendência, esse pendor, não será essa postura imediata –

---

1. Henri Bergson, *Matière et mémoire*, op. cit., p. 193.
2. Henri Bergson, *O bom senso*, op. cit., p. 363.

nem voluntarismo técnico, nem passividade instintiva – que a improvisação trabalha? Uma qualidade de relação gravitacional que se esforça para não "ferir a delicadeza do real". Não será a partilha sensível que se esboça entre sensação e ação, cuja experiência é dada pela relação gravitária? Não se trata de uma absoluta liberdade dissociada de todo o passado, visto que se trata, ao contrário, de uma dilatação máxima em direção ao passado, de um passado não como lembranças puras, mas como atualização permanente.

O que melhor poderia traduzir ao mesmo tempo continuidade e mudança para dizer o presente que a dança põe em jogo, singularmente na improvisação, que esta atenção? Joga-se de maneira muito diferente a relação entre liberdade e determinismo, não a partir de uma repartição exterior das cartas, mas a partir de uma atividade sensível, uma partilha, na própria espessura do tempo, nesta oscilação entre "instinto" e "ciência", entrando no presente sempre em curso de se fazer. A atenção à vida é, então, a consciência sensório-motora que define meu presente, como engajamento de minha massa com a massa da terra, ambas consideradas na mudança contínua que é a matéria em movimento, ou seja, a realidade.

Além da ressonância nos termos, a atenção poderia constituir um contraponto ao trabalho da intenção, caracterizando muitas vezes o trabalho do intérprete no teatro, mas também na dança: uma única palavra de ordem repetida e às vezes misteriosa: "ter uma intenção clara".

Em uma entrevista, Julyen Hamilton volta a falar longamente desta noção de intenção, que ele opõe, em última instância, à de atenção. Ele observa que a intenção, quando ele utilizou o conceito durante muito tempo, se carrega finalmente de tensões que impedem alguma coisa no momento de estruturar o movimento dançado. Não se trata para ele de negar a necessidade de precisão ou de direção clara no movimento, nem de negar a existência de uma intenção geral, ou seja, de um projeto que direcione o trabalho, um desejo, que Hamilton resume de maneira provocadora como a intenção "de fazer uma arte interessante e de ganhar dinheiro"[3]. Porém, quanto a "se mexer com uma intenção", expressão totalmente corrente no universo do teatro e da dança, como aquilo que dará o sentido ao movimento, ele não vê mais muito bem o que isso quer dizer. Em primeiro lugar, porque fazer um movimento com uma intenção específica é ter uma vontade clara de *ex-primir* alguma coisa precisa e de *im-primir* essa coisa no público.

> Mas se mexer com uma intenção de imprimir no público esse sentimento, eu não vejo como dizer que esse movimento ou essa coisa imprimirá o público com essa sensação, ou eu tenho essa intenção de me exprimir... mas eu não quero verdadeiramente me exprimir!

Esse esquema de comunicação clara entre um interior que se exprimiria para um exterior que ele imprimiria não

---

3. Julyen Hamilton, entrevista, Paris, 23 abr. 2008.

recobre a prática da improvisação tal como Hamilton a concebe. Assim, em matéria de "precisão", de especificidade do movimento, a intenção bloqueia mais do que permite, porque ela é antes de tudo *(in)tensão*:

> Quando eu vejo muitos trabalhos, nos palcos, em torno da ideia de fazer alguma coisa com certa intenção, eu não vejo a *intenção*, eu vejo, sobretudo, uma *tensão* em torno disso, e uma falta de fascinação, uma falta de abertura para aquilo que será a realidade daquilo que se passa.

A intenção é uma contração que bloqueia toda a expansão perceptiva para aquilo que se passa, que é cambiante, em urgências sempre renovadas, apreendida pela força do movimento atualizado:

> E muitas vezes eu descubro que as coisas que têm muitas forças chegam quando, enfim, nós deixamos cair certa intenção e que isso sai por si mesmo, ou é porque no fato de largar a própria intenção nós encontramos uma nova urgência que não é bloqueada por uma intenção.

Essa capacidade de atualizar as sensações e os movimentos em certo dinamismo caracteriza, para Hamilton, o trabalho no palco, por uma força que não passa pela manutenção fixa. A força desta permeabilidade atenta e dinâmica: poder escutar e fazer, alimentar certa vulnerabilidade àquilo que se passa sem duvidar ao mesmo tempo, forjam uma "estabilidade dinâmica":

> Existe uma estabilidade, que eu chamo de estabilidade dinâmica, ou seja, uma estabilidade baseada na capacidade de mudar e de estar atualizado das mudanças, não mudar no sentido de fugir ou de escapar. E isso, isso vem do próprio corpo, é muito claro, é desenvolvido e estimulado, por exemplo, pelo trabalho de *Contact Improvisation*, ou em muitos esportes: você deve ter a capacidade de ir para a esquerda, para a direita, de estar móvel, mas não móvel no sentido de perder aquilo que está acontecendo, ou seja, a necessidade do momento. [...] Neste estado de estabilidade dinâmica, você está firme em relação a um conceito, um pensamento, um desejo, mas sabe que é somente através da mistura, tendo uma flexibilidade, tendo talvez que deixar cair essa mesma intenção, que ela poderá ter continuidade. Portanto, todas essas coisas estão ligadas entre si: a imediatez e a atenção aos detalhes que lhe mantêm atualizado da capacidade profunda que eu chamo de estabilidade dinâmica.

Essa atenção que sai de si mesma, uma expansão propriamente dita, não corresponde a um movimento vago ou evasivo; ela é um trabalho preciso. Basta ver a importância que adquiriram, na formação do dançarino, as técnicas somáticas que se caracterizam por um refinamento da atenção sensível. Assim, Hamilton explica que sua postura

A FILOSOFIA DA DANÇA: UM ENCONTRO ENTRE DANÇA E FILOSOFIA 207

atenta mais que intencional lhe provém certamente do método Alexander que constituiu, com o estudo das percussões, da dança e do aiquidô, uma parcela importante de sua formação.

> Está, também, ligada talvez para mim à minha experiência com a técnica Alexander, porque na técnica Alexander eles dizem "pare, *stop*, deixe o pescoço livre, deixe as costas alongadas e soltas", assim como "deixe que as coisas tenham a possibilidade de acontecer por si mesmas sem controlá-las"; mas seu controle consiste em deixar cair o controle, em inibi-lo, isso caminha muito em torno do *stop* e da inibição. Isso não é uma repressão, mas a possibilidade de não se colocar entre as coisas e seu impulso. E, nas artes criativas, para mim, eu sinto que nesse momento em que eu deixo cair para certo nível uma intenção, as coisas acontecem. E, a partir do momento em que eu tenho essa intenção, isso me bloqueia.

A intenção bloqueia aquilo que acontece porque ela se intercala entre as coisas e seu impulso; ela é em definitivo uma mediação "muito forte", a mediação da comunicação voluntária da intenção. Isso é particularmente vivo para Hamilton na relação com o público que chega repleto de intenções:

> E é quase sempre uma conivência com o público, que está cheio de intenções de fazer isso e aquilo. Porque

as coisas que se quer dizer, a comunicação que se busca através desta intenção, é aquilo que está se passando, é a comunicação da intenção, do fato de que seja uma intenção, e não a própria intenção. Para mim, trata-se do mesmo ritmo que aquele de que fala Alexander; não se trata tanto da vontade de dizer "blablablá", quanto do fato de que eu queira que esse "blablablá" saia. E se minha vontade ocupa toda essa intenção de dizer "blablablá", então as pessoas entendem minha intenção, minha urgência, e não o real "blablablá".

Esta intenção que se interpõe, o modelo intencional da ação, do gesto, é em definitivo uma meditação, não tanto o fato de ter algumas intenções em geral, alguns projetos, alguns desejos – e Hamilton é claro quanto a isso[4] – quanto naquele de uma intencionalidade que se interpõe e mediatiza entre a percepção e o movimento em curso. Entra em jogo saindo dessas intenções certa imediatez, no sentido daquilo que não bloqueia certo impulso do material, impulso singularmente imaginável naquilo que concerne à dança.

> Creio que existe alguma coisa no termo "intenção" que está ligada ao imediato; eu trabalho com o imediato porque é um "truque", uma maneira de fazer, um *modus operandi*, que ajuda, que me obriga, que me

---

4. "[...] tenho a sensação de que essas filosofias, essas maneiras de ver, esses interesses, não entram de fato em conflito com o fato de querer, de desejar, de fazer planos, de sentir algumas conclusões, em certos momentos, ter alguns sonhos, ter alguns projetos [...]"

estimula a estar no estado, em uma posição, no interior da fabricação de alguma coisa, que não bloqueia o desenvolvimento, o impulso do próprio material.

Define-se no vácuo um "estado", que é antes um processo, sempre considerado na fabricação em curso, uma "posição" ou postura, uma *atenção* perceptiva e ativa, compreendida em definitivo como uma atualização: "Eu creio que a atenção, ou a 'observância', é uma maneira de constantemente não questionar, mas de praticar um tipo de atualização, de pôr em dia as nossas percepções e a nossa atenção".

Esta atenção que desfaz os hábitos automáticos e permite novos agenciamentos se aproxima daquela trabalhada na dança, em particular em alguns métodos somáticos. Reconhecer alguns hábitos motores, desfazer algumas conexões no movimento, permite tornar a jogar os movimentos no presente, em uma abertura dinâmica do passado que vem se atualizar. Não se trata, no entanto, de uma mediação reflexiva, mas de uma atitude atenta, que exige novas considerações temporais. É aquilo que Hubert Godard explica a propósito de hábitos de "coletivos de unidades motoras", de músculos, por exemplo:

> Quase sempre essas reuniões transitórias perdem sua plasticidade e se reproduzem sem conhecimento de causa, daí a importante função da inibição. O que está em consonância com Mathias Alexander, ou Lisa

> Nelson [...]. Utilizei muito esta noção descobrindo, por exemplo, em alguém os seus hábitos de pré-movimento, esses microajustes que todo mundo faz sem ter consciência antes de se mexer, como um ritual. Esta leitura [...] permite em seguida solicitar a inibição desse gesto particular. Pode também, nesse pré-movimento, tratar-se de um hábito de percepção, de uma maneira de olhar o espaço antes de se mexer. Se a pessoa tem êxito nessa inibição, existe a cada vez uma formidável abertura para novos gestos, para novas coordenações[5].

Certa atenção pode ser dada, para Godard, a esse pré-movimento, esse "imediatamente antes" do gesto que já é um. O pré-movimento é o lugar de uma possível renegociação dos hábitos, embora já sendo movimento. Ele não é nem a abstração pura das condições do movimento, nem sua planificação refletida. Ele participa, nesse sentido, de um distanciamento no em curso, trabalhado na relação íntima e física com a gravidade. Ele não é uma projeção da conclusão, do resultado do movimento, mas um distanciamento que lhe confere seu colorido, sua nuance, sua intensidade. A atenção define esse "distanciamento-entre" que permite a produção de novos gestos em um reagenciamento permanente do passado que se atualiza, diferenciando-se, no presente.

---

5. Hubert Godard e Patricia Kuypers, *Des trous noirs. Entretien avec Hubert Godard*, op. cit., p. 61.

Com efeito, o "desequilíbrio fundador" de que fala Godard a propósito da "anacruse gestual" é um processo de diferenciação no curso da efetuação movimento. Escolher ter confiança nas diferenças sempre presentes para compor uma peça trabalha intimamente diferentes maneiras de *fazer* a dança, de fazer danças. Essa escolha da improvisação consiste em explorar essa dimensão propondo-se como que uma composição no presente. Nem sempre se trata de opor uma boa atenção pura na improvisação a uma falsa trapaça do borrão da escrita, mas de ver a exploração dessas tendências da dança em ressaltar o desafio de sua evanescência. Encarar a improvisação é insistir sobre certa maneira de lidar com o imprevisível nesse "desequilíbrio fundador" do gesto. Mais do que a novidade absoluta, são os jogos do imprevisível que definiriam a improvisação. Ora, o intervalo, a ponte estendida entre passado e futuro trabalha a carne do presente pela imprevisibilidade daquilo que vai se deixar ver e sentir. Assim, o número da revista *Nouvelles de Danse* dá a palavra aos improvisadores sob o seguinte título: *On the Edge. Créateurs de l'imprévu*[6].

Essa inquietude pelo *des-equilibrado* é dita igualmente no encontro entre dança e filosofia no cenário do peso. Mathilde Monnier escreve, em seu diálogo com Jean-Luc Nancy:

> Aquilo de que eu "tenho vontade", no fundo, no mais profundo, não é de um "sujeito", de um tema ou de

---
6. Cf. Revista *Nouvelles de Danse*, n. 32-3, ed. Contredanse, Bruxelas, 1997.

uma questão. É do movimento de começar, é do gesto de se aproximar, de buscar uma frase [...], é de uma entrada em cadência e em espera, de uma suspensão à beira do imprevisível. Não, no entanto, como que congelado diante de um imprevisível enquanto tal previsto: por exemplo, quando eu espero alguém para um encontro, ou então a partida de um avião, eu sei que é preciso contar com o imprevisível e que encontros e horários também são feitos para falharem ou serem cancelados. Porém, no gesto inicial de que nós falamos, não há como prever o imprevisível [...]. Escapa-se completamente do "ver" e do "prever", fecham-se os olhos, move-se às cegas, às apaldadelas, dá-se um passo... a dança é ainda exemplar: dá-se um passo, e o primeiro passo se dá em um vazio, ou em um desequilíbrio[7].

Não buscar evitar esse desequilíbrio, situar-se nele, trabalhá-lo, atualizá-lo em uma mudança contínua. A atualização de certo movimento pelo corpo (que está sempre em movimento, mesmo imperceptivelmente) é como a efetuação em curso de uma tendência que atravessa a situação, de uma diferença de potencial, entre os espaços, entre qualidades de temporalidades, entre contextos da peça em curso de se fazer.

É a posição do corpo, em *des-equilíbrio*, que permite atualizar uma ação. *Des-equilíbrio* no presente, não se

---

7. Mathilde Monnier, Jean-Luc Nancy, *Alliterations. Conversations sur la danse*, op. cit., 2005, p. 80.

separando de todo o passado, mas se atualizando pela atitude atenta, o processo deixa lugar para certa imprevisibilidade. O trabalho de atenção se voltará, então, logo para esse momento do presente imediatamente antes da atualização, para a orientação que está em curso de receber esta convergência: uma tendência.

> [...] acumulando, organizando a totalidade de sua experiência naquilo que nós chamaríamos de seu caráter, ele a fará convergir para algumas ações nas quais vós encontrareis, com o passado que lhe serve de matéria, a maneira imprevista que a personalidade lhe imprime; mas a ação não será realizável senão se ela vier se enquadrar na situação atual, ou seja, neste conjunto de circunstâncias que nasce de certa posição determinada do corpo no tempo e no espaço[8].

Tendência

Uma tendência, uma direção em curso de ser tomada. No projeto, que não se enuncia em definitivo senão no gerúndio, de apreender a realidade enquanto ela é "cambiante", em curso de vir a ser, sempre em movimento e em mudança, nossa atenção deve se voltar para esse pré-movimento, esta tendência que já é sempre movimento. Toda realidade é, portanto, tendência no sentido de um pré-movimento, de uma direção a ponto de acontecer, e a intuição consiste então em "adotar a direção".

---

8. Henri Bergson, *Matière et mémoire*, op. cit., p. 193.

II. Esta realidade é mobilidade. Não existem *coisas* feitas, mas somente coisas que se fazem, não existem *estados* que se conservam, mas somente estados que mudam. Toda realidade é, portanto, tendência, se nos convém chamar de tendência uma mudança de direção no estado nascente. [...]

VI. [...] Ele [nosso espírito] pode se instalar na realidade móvel, adotar sua direção incessantemente cambiante, enfim, apreendê-la intuitivamente[9].

Perceber e ser tomado por uma tendência, uma posição mais refinada, orientar-se na "direção do estado nascente". É certa atitude que define esse pré-movimento, enquanto a realidade toma algumas direções a todo momento: uma atitude de preparação para o movimento, não tanto de predeterminação de um movimento quanto de uma atenção a seguir, ou não, as tendências cambiantes em curso. "Intuição", aqui metafísica, ela mesma é uma tendência, ou seja, nunca totalmente dada, sempre a ponto de, e em devir.

A atenção na dança não carregaria o gesto preceptor e fazedor que acompanha essa tendência, lugar-momento presente de uma negociação imediata, de uma convergência do passado que se atualiza, em um presente incessantemente cambiante? A apreensão da tendência do movimento a ponto de ser efetuado, em si, no espaço, ou por outro corpo, é essencialmente percepção gravitária.

---

9. Henri Bergson, "Introduction à la métaphysique", *La pensée et le mouvant*, op. cit., p. 211-3.

Percebemos os movimentos dos outros através do nosso próprio rearranjo gravitário.

Ao mesmo tempo, cada região da pele em seu contato com o solo esboça algumas tendências direcionais para o movimento em curso, na negociação gravitária permanente. Qualidade dinâmica de um gesto sempre a ponto de ser percebido e efetuado: a tendência é qualitativa, ela é, poderíamos dizer, a intensidade dinâmica do movimento, aquilo que justamente não se deixa medir e que caracteriza um gesto. Ela se deixa apreender não pelo vetor direcional uma vez que o movimento tenha sido efetuado (extenso), mas pela indicação, o sinal qualitativo do arranjo gravitário justamente no momento de se mexer (processo de extensão). Ela é o trabalho do real pelo fato de ele não ser mensurável e, no entanto, se dar na realidade: assim, *Matéria e memória* conclui sobre a problemática de uma qualidade *e no entanto* percebida através da extensão, que Bergson, por sua parte, chama de *extensiva*: "Aquilo que é dado, aquilo que é real, é alguma coisa intermediária entre a extensão dividida e o inextenso puro; é aquilo que chamamos de *extensivo*. A extensão é a qualidade aparente da percepção"[10].

Valéry retirava da dança, quando procurava defini-la, todo solo, todo esqueleto, todo osso, para dar conta da incomensurabilidade de seus movimentos. Surge aqui que, sem fingir uma abstração do contexto do peso, o trabalho sobre a gravidade próprio de uma dança que volta

---

10. Henri Bergson, *Matière et mémoire*, op. cit., p. 276.

sua atenção para o solo, para as relações de peso que movem o corpo, deixa ver algumas qualidades, incomensuráveis, e, no entanto, bem concretas, reais. Sem serem extensas de uma vez por todas, elas assinalam algumas tendências, qualidades em curso de ser dadas e percebidas ao mesmo tempo. A dança trabalharia, então, esse extensivo o mais próximo possível da percepção, para os dançarinos e as dançarinas, e para o público, dessas qualidades aparentes, dinâmicas, híbridas em suas texturas espaçotemporais. Indicação de uma direção por sua tendência, percepção qualitativa do espaço atravessado por todas as suas orientações em curso.

O domínio em que a dança trabalha essas tendências ao movimento, domínio extensivo a meio caminho entre o inextenso puro e a extensão totalizada, é a relação gravitária. A atenção dada aos apoios a ponto de atualizar uma direção, já em movimento, assim como a esse tremor gravitário, define certa atitude para a dança, para esse trabalho do extensivo.

Atitude

A atitude se trabalha e é trabalhada pela gravidade; ela é intrinsecamente dinâmica, tendencial, e esse trabalho é a atitude que trabalha no seio da postura, situação no mundo. O trabalho de Hubert Godard também é totalmente esclarecedor a esse respeito:

A questão da postura (com seu corolário da relação com a gravidade) como cristalização das atitudes acumuladas em nossa relação com o mundo. E, portanto, a questão do pré-movimento como lugar de renegociação possível de nossos hábitos. Esse pré-movimento, que se apoia no esquema postural, antecipa todas as nossas ações, nossas percepções, e serve de pano de fundo, de tensor de sentido, para a figura que constitui o gesto[11].

O essencial do trabalho do dançarino consistiria, portanto, neste intervalo (atravessando a distinção espaço-tempo) que faz o gesto com relação ao movimento como simples deslocamento de segmento no espaço[12]. Então, os dançarinos e as dançarinas poderiam, através da imaginação[13], trabalhar no refinamento da percepção desta tendência, desta *pré-posição* (não como caráter inato ou como determinação implacável, mas como atenção à acumulação de pequenos arranjos, à tomada de fôlego gravitária entoando, dando cor e repercussão, intensidades, ao gesto que se segue). Essa atitude está intimamente ligada ao jogo dos pesos e à temporalidade das corporeidades em movimento. Fazer a experiência da relação gravitária é fazer a experiência de uma mudança contínua, na encruzilhada de um tempo que se desenrola, de um contato com o solo que

---

11. Patricia Kuypers, *Des trous noirs. Entretien avec Hubert Godard*, op. cit., p. 69.
12. Hubert Godard, *Le geste et sa perception*, op. cit., p. 225.
13. Sobre imaginação e imagens cf. "Imagens" na seção "Articulações".

rola e de direções que se estendem no espaço. Trabalho de refinamento gravitário de uma experiência situada de uma duração da experiência, atenção ao cruzamento da matéria e da consciência, do extenso e no inextenso: o extensivo. Então, a *atenção* – consciência não reflexiva que funciona particularmente por imagens, para Bergson – dada a esta relação ressoa com certa atitude sensível da dança. Tratar-se-ia de um trabalho qualitativo dessas tendências ao movimento: uma *atitude na postura*[14] caracterizada pelo arranjo dos músculos posturais profundos, a sensação do peso, a orientação no espaço. Certa atenção a essa *atitude na postura* que se delineia aqui, na articulação do espaço e do tempo, esboça uma consciência não reflexiva e dinâmica, apreendida através da relação gravitária e de uma temporalidade singular. A atenção ao pré-movimento renegocia permanentemente os hábitos jogados na relação gravitária, e é a própria dança.

A atitude atenta se desenvolve a partir de uma percepção ativa, de uma "percepação", para retomar um termo que Christine Roquet utiliza na análise do movimento, certa *in-mediação* entre sentir e fazer. Todo o trabalho de Hubert Godard avança nesse sentido, quando ele diz, por

---

14. Cf. Christine Roquet, tese de doutorado em estudos coreográficos: "La scène amoureuse en danse. Codes, modes et normes de l'intercorporéité dans le duo chorégraphique" [A cena amorosa na dança. Códigos, modos e normas da intercorporeidade no duo coreográfico], sob a orientação de Michel Bernard, defendida na Universidade de Paris 8 em 20 de dezembro de 2002. Agradeço a ela por ter me fornecido algumas complementações muito precisas sobre esses conceitos teórico-práticos.

exemplo, que "se pode considerar a percepção um gesto"[15]. Um gesto, ou seja, para ele, um movimento tendo um alcance significante, ancorado justamente na especificidade de uma relação gravitária que define a atitude na postura. Atitude atenta a um contexto sempre em curso de mudar, através das sensações de apoios, de orientação, de aceleração. Neste intervalo que não é mais distância *entre* e distinção, mas tensão e diferenciação, entre perceber e se mover, é o sentido que se estende. Aí se distinguem e tornam a se juntar, ao mesmo tempo, um sensível e uma imagem, não entre dois, mas em certa extensão da duração, torção em múltiplas direções. Articulação múltipla entre sensível e imaginário, sensações e apresentações de uma imagem que circula através das corporeidades. Na medida em que a articulação não é o modelo binário de uma separação em dois, mas uma reunião multidirecional sempre a remeter ao trabalho do movimento.

---

15. Hubert Godard, "*Le geste manquant*", op. cit., p. 68.

Articulações

O ponto fundamental aqui é que jamais nenhum Adão – e nenhuma Jane – virá dar nome a todos os seres do jardim. A razão disso é simples: não existe jardim, e jamais existiu um. Nenhum nome, nenhum contato é original. A questão que anima essa narrativa difratada, essa história baseada em algumas pequenas diferenças, é igualmente simples: haveria uma diferença consequente entre uma semiótica política da articulação e uma semiótica política da representação[1]?

Donna Haraway
"The promises of monsters: A regenerative politics for inappropriate/d others", in Lawrence Grossberg, Cary Nelson, Paula A. Treichler (eds.), *Cultural Studies*, Nova York, Routledge, 1992, p. 309.

---

1. *"The main point is there will be no Adam – and no Jane – who gets to name all the beings in the garden. The reason is simple: there is no garden and never has been. No name and no touch is original. The question animating this difracted narrative, this story based on little differences, is also simple: is there a consequential difference between a political semiotics of articulation and a political semiotics of representation?"* Tradução da autora.

Experiência articular e articulada, múltipla, atravessada de limites em expansão interminável; um pensamento da articulação. Donna Haraway propõe uma "política da articulação" como crítica afirmativa e em ato da representação, sustentando que "as fronteiras assumem uma forma provisória, inacabada nas práticas articulares" e sublinhando o "potencial de inesperado"[2] próprio destas últimas.

Grande variabilidade de orientação, sensação clara da tendência ao movimento, precisão da atualização do movimento através de todo o corpo, lugar de refinamento das acelerações/desacelerações e, *ao mesmo tempo*, acuidade perceptiva daquilo que não é visível e força agente de um deslocamento poderoso tornado visível, o quadril

---

2. *"Boundaries take provisional, never finished shape in articulatory practices"*, e *"the potential for the unexpected"*, Donna Haraway, *The promises of monsters: A regenerative politics for inappropriated others*, op. cit., p. 313. Tradução da autora.

é um meio de experiência rico de *articulação*. O trabalho de exploração da articulação do quadril deixa sentir a imbricação íntima e em todos os sentidos de sensações e de imagens, de sentir e de agir, de força e de intimidade. Ela é igualmente o movimento, no corpo, equivalente ao rolar sobre o solo: multidirecional, é possível dizer que ela rola e dá em seu *desen-rolamento* a sensação de continuidade cambiante da experiência do desdobramento da pele deslizando sobre o solo. Ela é, nessa condição, um lugar de partilha do sentir e do expor, entre aquilo que já não pode mais ser dito em termos de interior ou de exterior. A potência de jogo desta articulação colore as posturas que emergem dos movimentos do quadril, tornando perceptível a maneira como a ficção do movimento dançado habita esses arranjos gravitários sempre renovados.

A própria *com-posição* é articulação: *colocar com* alguns elementos que se atravessam e atravessam em múltiplas direções. Esta travessia se carrega de sentido no curso do percurso *entre*, um pouco como nos carregamos com eletricidade estática, pela fricção neste intervalo, entre diferentes matérias, diferentes dinâmicas; diferenciação de potenciais. Uma articulação, uma reunião simplesmente mais íntima, sem distância nem identificação, desses dois tempos que não estão mais separados: a sensação e a composição. Dançar sem necessariamente inventar sempre o absolutamente novo, mas estar em uma atitude atenta que permite tornar a jogar com os hábitos diferentemente, repetir alguma coisa à escuta do contexto, pesar no curso dessa articulação. Uma atitude temporal que faz jogar diretamente, imediatamente, a poesia que trabalha a sensação em seu intervalo. A sensação não encontrará seu sentido em uma reflexão posterior, em uma interpretação, assim como, aliás, o movimento. Ela é carregada de sentido neste intervalo, que está, no limite, sempre à beira da imaginação. Já se apresentava a questão do íntimo enredamento entre sensação e imaginário, percepção e ficção, pelos textos de Michel Bernard evocados na seção precedente sobre a composição na dança. A questão da improvisação, sempre colocada nos limites de sua existência como categoria, mas apreendida em alguns desses modos de exercício do imprevisível, constitui-se como pista de exploração desta composição com a articulação.

Entre percepção e composição

Lisa Nelson, a propósito de uma peça improvisada, *Excavations continued*, apresentada com Steve Paxton em Montpellier, em junho de 1996, define sutilmente o estado de improvisação como um estado de escuta, misturado com um processo de leitura, redistribuindo a distinção entre passividade e atividade, entre percepção e ação. A escuta seria a atitude atenta, na qual desponta, como em relevo e "no mesmo tempo", uma leitura imediatamente composicional. Lisa Nelson explicita muito claramente as problemáticas próprias da improvisação: os hábitos, o enredamento entre a percepção e a composição, a defasagem da escolha, a inibição característica da decisão imediata e o silêncio como lugar de ressonância.

> Nós não fazemos nada além de ler e ler mais, em todo caso, é assim que eu considero. Eu leio meu corpo, eu leio o espaço, eu leio meus sentidos e meus sentimentos: minhas lembranças com relação a isso, a maneira como eu concebo as formas. Depois, eu reconheço alguma coisa e posso repetir essa coisa.
> [...] A escuta é um estado que é mais aberto que a leitura e que existe no mesmo tempo. É como quando você pula na água e não sabe se ela vai estar quente ou fria. A escuta é um estado muito mais animal: você não sabe quais características vai encontrar, não existe nenhuma interpretação, você deixa que as coisas lhe atravessem: você escuta e você segue. Isso se passa, portanto, em um nível particular. Enquanto, quando você lê, consegue compreender as coisas. Se eu produzo uma ação, é possível que eu a leia como sendo linear, a partir daquilo que foi criado anteriormente; quero dizer linear em relação à minha experiência do tempo. [...] a leitura é para mim, de alguma maneira, uma atividade ligada à composição, enquanto a escuta é mais uma atividade sensorial: elas estão, portanto, mais ou menos em diálogo uma com a outra. A fim de aprender, existe outra noção que é muito importante: é a inibição. Há muito mais coisas que eu decido não fazer do que coisas que eu decido fazer em meu corpo. De tal modo passam-se coisas em cada instante de um gesto

do corpo que a ação de inibir cria um eco que surge como um movimento[3].

Uma leitura composicional que se articula com uma escuta sensorial. Nesta imediatez da percepção-ação subsiste uma defasagem: a decisão no momento, e alguns silêncios. A atitude imediata da improvisação é então tudo, menos um puro movimento espontâneo em que a totalidade dos movimentos naturais se deixaria ver em um fluxo contínuo e homogêneo. Ela é atenção *diferenciante*, intervalo que escava a percepção e a torna composicional.

Os gestos e os deslocamentos se dão como percepções mais refinadas das intensidades do espaço, da arquitetura, seja da cenografia, seja do lugar em si mesmo. É possível, então, falar de um movimento dançado como uma leitura do espaço e do tempo, mais amplamente do contexto, uma leitura sensível, em curso, do espaço. Não há diferença de natureza entre perceber e fazer, ou, antes, o perceber já é sempre uma ação. É assim que outro binarismo, o que opõe passivo e ativo, é retomado. A percepção, habitualmente passiva, não se opõe mais, aqui, à ação. Na atenção multissensorial do corpo dançante, toda percepção é ativa e a atividade é a da percepção. Esse binarismo entre passividade e atividade é constitutivo de dualismos tão

---

3. Revista *Nouvelles de Danse*, n. 32-3, *On the Edge. Créateurs de l'imprévu* [On the Edge. Criadores do imprevisto], ed. Contredanse, Bruxelas, 1997, p. 80-2. Cf. igualmente sobre esta ideia de que a sensação é uma imagem desenvolvida em sua experiência cruzada na dança e no cinema: Lisa Nelson, "La sensation est l'image", revista *Nouvelles de Danse* n. 38-39, *Contact Improvisation*, ed. Contredanse, Bruxelas, 1999.

diversos quanto fortes na construção do pensamento ocidental, como entre contemplar e agir, entre corpo e espírito, ou, indiretamente, entre feminino e masculino. O abalo da impermeabilidade entre as duas funções da oposição binária constitui, assim, um deslocamento forte, aqui apenas indicado, nos terrenos da filosofia da percepção, da estética, mas também da política.

O binarismo é torcido, dinamizado, pela experiência concreta, não no sentido de uma indiferenciação entre as duas, mas em um intervalo não oposicional. Quando Bergson efetuava essa aproximação vertiginosa entre percepção e ação, ele o fazia através do movimento; assim, na conclusão de *Matéria e memória*: "[...] o movimento concreto, capaz, como a consciência, de prolongar seu passado em seu presente, capaz, repetindo-se, de engendrar as qualidades sensíveis, [é] já alguma coisa da consciência, já é alguma coisa da sensação"[4].

Essas qualidades sensíveis, na encruzilhada presente do passado, delineiam bem uma atitude temporal na qual a atenção ao presente se complica de movimentos de expansão e de estreitamento – em poucas palavras, de intensidades. Este *entre* não é uma distância de uma instância à outra, mas uma torção, uma intensificação da relação: lá onde ressoam os termos tensão e intensidade. A atitude é, então, tomada em uma *tensão*, em diferenciações múltiplas:

---

4. Henri Bergson, *Matière et mémoire*, op. cit., p. 278.

Entre as qualidades sensíveis consideradas em nossa representação, e essas mesmas qualidades tratadas como mudanças [...], não há, portanto, senão uma diferença de ritmo de duração, uma diferença de tensão interna. Assim, pela ideia de *tensão* nós procuramos suprimir a oposição entre qualidade e quantidade, assim como pela ideia de *extensão* a oposição entre o inextenso e o extenso[5].

Pela tensão saímos de outra oposição simples: aquela entre quantidade e qualidade, e a intensidade como qualidade *diferenciante*, esta *tensão entre*, entre percepção e ação, é dinâmica, múltipla, qualitativa e perceptiva.

A porosidade da fronteira entre interior e exterior, entre sensação e ação, constitui a espessura da imediatez. A espessura dessa imediatez exige forjar um conceito renovado de "imagem". Esse presente sensório-motor não se concebe senão como perceber ativamente, através desta imagem sensório-motriz que é meu corpo como imagem entre as imagens. Assim, Bergson fala do próprio corpo como de uma imagem, um *lugar de passagem* entre sensação e ação[6].

Ora, esse corpo como imagem, "corte transversal do devir universal", pode dar uma "imagem" dinâmica desta corporeidade, dançando, percebendo e compondo no decorrer do tempo da peça. Esse lugar de tensão entre percepções e ações, lugar de complicações, de compenetrações

---
5. Idem.
6. Cf. Henri Bergson, *Matière et mémoire*, op. cit., p. 169.

não distintas, entre imagens, e entre elas "meu corpo", imagem jamais totalizada, que não é apreendida senão nas acelerações-desacelerações das imagens recebidas e enviadas. Definitivamente o lugar onde o movimento ganha sentido. Meu corpo, diz Bergson, é um centro de indeterminação; como toda a imagem viva, ela implica uma defasagem, um retardo, uma consciência em curso. A imagem não é nem pura representação mental, nem pura realidade material, mas esta *tensão entre*, que exige o desafio de pensar uma composição na imediatez, e que constitui, sem dúvida, uma das características mais fortes do bergsonismo. O grande passo efetuado por *Matéria e memória* redistribui os termos do binarismo que se mantinham no *Ensaio sobre os dados imediatos da consciência* entre consciência e mundo material – mesmo que tudo já preparasse essa passagem – pela mediação do conceito de imagem. Pierre Montebello ressalta isso citando Bergson:

> A noção de imagem opera justamente em uma aproximação entre subjetivo e objetivo: "a matéria é, para nós, um conjunto de 'imagens'. E por 'imagens' nós entendemos certa existência que é mais do que aquilo que o idealismo chama de uma representação, mas menos do que aquilo que o realista chama de uma coisa – uma existência situada a meio caminho entre a 'coisa' e a 'representação'. [...] A imagem não é nem uma pura coisa, nem um puro estado de consciência, mas aquilo que se dá como sendo um meio[7].

---

7. Pierre Montebello, *L'autre métaphysique*, op. cit., p. 254. Citação de Bergson extraída da apresentação de *Matière et mémoire*.

A imagem se situa entre, ela constitui esse entre, não uma fronteira, mas o limite como meio movente. Então, a percepção, a consciência, encontram-se assim "dinamizadas" e repensadas no desafio da imediatez como imediação, não reflexiva, mas que ocupa um momento, uma consciência, escapando da oposição totalizante entre materialismo e idealismo.

Paradoxalmente, ao mesmo tempo *meio* e em uma imediatez, essas imagens constituem esse lugar-momento *entre*, esta percepção-ação, ainda aí a meio caminho entre a extensão e o inextenso: o *extensivo*. Muitas vezes faltam palavras para descrever tal realidade, e Bergson não para de lembrar: a linguagem tende a congelar a realidade intrinsecamente movente[8]. Parece tanto mais pertinente, então, captar os ecos possíveis de certa filosofia das imagens e da imediatez em algumas práticas de dança, quando elas se encontram questionadas sem trégua por semelhante paradoxo. Será que não existe em sua experiência concreta (de espectador, de dançarino, de coreógrafo) certa evidência dessas imagens em funcionamento?

Mais do que uma leveza do voo da dançarina, a filosofia cruza na dança a experiência concreta de imagens dinâmicas. Essa *tensão* caracteriza, ontologicamente, aquilo que Bergson identifica como imagens em movimento que

---

8. Isso não quer dizer absolutamente que Bergson "se oporia" à linguagem. Basta ler seus escritos para se dar conta de que a linguagem pode ser composição dinâmica de imagens. Uma única observação nesse sentido, um detalhe de seu laço com a escrita: ele obteve o prêmio Nobel... de literatura!

redistribui a repartição e a circulação entre pura sensação e pura representação. Trata-se igualmente de uma tensão, um esforço, que, metodologicamente, e mais do que os conceitos, permitem por vezes aceder, necessariamente por intuição, à realidade movente: aquela das imagens que a filosofia pode utilizar para *fazer com-preender intuitivamente*. Com efeito, as imagens desempenham um papel primordial para manter o esforço dessa atenção: elas não são nem representações inteligíveis, nem permanecem como puras sensações, mas, a meio caminho entre as duas, elas colocam na atitude de apreender as tendências da matéria em movimento. Com efeito, as imagens nos situam, diz Bergson, na tendência do movimento da matéria, no ponto de efetuar um esforço que aproxima a atitude intuitiva.

> Fazendo que elas [as imagens] exijam todas de nosso espírito, apesar das suas diferenças de aspecto, a mesma espécie de atenção e, de algum modo, o mesmo grau de tensão, acostumaremos pouco a pouco a consciência a uma disposição toda particular e bem determinada [...]. Mas ainda será necessário que ela consinta neste esforço. Porque nada lhe terá sido mostrado. Ela terá simplesmente sido colocada na atitude que deve adotar para fazer o esforço desejado e chegar por contra própria à intuição[9].

---

9. Henri Bergson, "Introduction à la métaphysique", *La pensée et le mouvant*, op. cit., p. 186.

A imagem, aqui filosófica, *força ao movimento* intuitivo pela multiplicidade de direções de suas articulações, aquilo que a aproxima das imagens como cortes da matéria em movimento que constituem a própria realidade na filosofia de Bergson. Elas partilham, entre ontologia e metodologia, sua situação a meio caminho entre sensação e representação, e seu dinamismo que força o movimento.

Entre imagens

> Existiria, propomos a questão, uma linguagem secreta na qual nós sentimos e vemos, mas que não falamos jamais? E, se é o caso, ela poderia se tornar visível ao olho? Existiria uma característica que possui o pensamento que possa se tornar visível sem a ajuda das palavras? Ela tem a rapidez e a lentidão, ela tem as virtudes de uma flecha, ao mesmo tempo que uma circunlocução vaporosa. Mas ela também tem, especialmente nos momentos de emoção, o poder de fazer imagem [*the picture-making power*], a necessidade de carregar seu fardo sobre outros ombros, de deixar uma imagem correr a seu lado[10].

Essa questão das imagens que forçam o pensamento se apresenta aqui a Virginia Woolf quando, no início do

---

10. "*Is there, we ask, some secret language which we feel and see, but never speak, and, if so, could this be made visible to the eye? Is there any characteristic which thought possesses that can be rendered visible without the help of words? It has speed and lowness; dart-like directness and vaporous circumlocution. But is has also, especially in moments of emotion, the picture-making power, the need to lift its burden to another bearer; to let an image run side by side along with it.*" Virginia Woolf, "Le cinéma", *Arts*, 1926.

século XX, ela observava outras imagens, novas imagens, as do cinema. Ela vê ali um "fazer-imagem", que corre ao lado da linguagem das palavras, inaugurando um pensamento paradoxal: ao mesmo tempo espesso e incisivo. Apresenta-se, com alguns decênios de intervalo, o mesmo problema da força de um pensamento entre as palavras e das imagens, em um momento em que a realidade das imagens se encontra transformada.

A imagem é para ela um *fazer*, e não um ícone fixo, que por contágio gravitário, correndo ao lado do pensamento, compõe articulando. Essas articulações do "fazer-imagem" jogam com as acelerações e os freamentos da qualidade sensível voluptuosa e da ação inscrita e afirmativa. Uma articulação de imagens que forçam ao movimento, uma dança?

Julyen Hamilton reconhece que é preciso transformar a concepção daquilo que quer dizer fazer imagens, no sentido de imaginar. Para ele, este imaginário está no cerne da materialidade da percepção; ele é, para Hamilton, "tangível", concreto. A percepção como movimento já imaginário, tal é o caminho que se esboça aqui, caminho escarpado. Mas é com essa condição que uma improvisação não é uma simples e chata transcrição da realidade, ilusão de uma foto *instantânea* tirada do mundo. Hamilton sustenta assim claramente que, para ele, perceber uma janela e imaginar uma janela é quase a mesma coisa; em termos bergsonianos, há entre os dois uma diferença de grau mais do que uma diferença de natureza. A aposta da improvisação passa por aquela, difícil, de certa indistinção entre aquilo que se concede à percepção e aquilo que seria associado a uma imaginação. As duas são, no limite, produção de imagens, na medida em que se abala a fronteira entre atividade e passividade. Existe, para ele, sempre um trabalho "de edição" na percepção. Algumas escolhas atentas se efetuam, alguns cortes e extensões trabalham a percepção do tempo e do espaço. A dramaturgia já se ancora, portanto, sempre no próprio trabalho perceptivo, e não é uma narração na trama da qual serão inseridos, na sequência, os movimentos. É à custa desse trabalho em cima do conceito de imagem que a improvisação se mantém como composição na leitura sensível e que o imediato não é um achatamento. É nesta tensão *entre dois* do imediato que o sentido trabalha.

Quais são os limites no uso dessas imagens para dizer as percepções, e da composição na dança? Mark Tompkins, improvisador, dançarino e coreógrafo da companhia IDA, proíbe-se, por exemplo, de dançar a partir de imagens, ou exige em todo caso a oportunidade de refinar um pouco mais os seus limites:

> – Existem algumas pessoas que trabalham a partir de imagens, eu não sou de maneira alguma assim; eu tenho uma imaginação paupérrima. Algumas pessoas podem dizer "ali você era um cavalo que corria pelos campos". [...]

– Então, o que é que faz você se mexer?

– O concreto: uma linha no espaço, a luz que muda, o corpo que cai... trata-se enormemente de desequilíbrios, o fato de estar fora dos eixos, a sensação interior de uma articulação, a velocidade com que eu me aproximo de alguém, ou com que eu me afasto[11].

É o distanciamento, o desequilíbrio que faz se mexer, a percepção de uma linha põe em oscilação e opera por acelerações e desacelerações de aproximação e de afastamento. Nada de imagens, diz ele, alguma coisa de concreto. O termo "imagem" encontra sua força e seus limites através da polissemia que lhe é própria. Será que não existem algumas imagens concretas, forjadas nesta atenção ao tempo concreto, ou seja, a duração? Pareceria que as imagens que Tompkins considera são imagens referenciadas que viriam inspirar o movimento, uma semelhança que viria enquadrar o gesto em uma imitação, uma representação que daria a codificação de inspiração e de interpretação da dança como comunicação referencial. E se por imagens, saindo da concepção pictórica ou, antes, simbólica do termo, entende-se este afastamento dinâmico entre percepção e ação, uma tendência ao movimento que lhe confere intrinsecamente seu sentido através da permeabilidade, que constitui particularmente o "desequilíbrio" em questão, não seria aquilo que a experiência da composi-

---

11. Mark Tompkins e Agnès Benoit, "Entretien avec Mark Tompkins", em *Revue Nouvelles de Danse*, n. 32-33, *On the edge. Créateurs de l'imprévu*, op. cit., p. 228.

ção dos movimentos dançados trabalha? Matéria concreta na qual o fazer imagem não se aplica como representação referenciada, imitação de uma semelhança, mas se tece, e se destece, entre sentir, imaginar, se mover? Imagens em movimento através dos corpos, por capilaridade, em acelerações, freamentos, expansões e concentrações das forças gravitárias. Forjar para si imagens concretas que forcem ao movimento.

Nesse sentido, essas proposições de trabalho baseadas em uma "imaginação concreta" não reconheceriam a força da imagem como forçando ao deslocamento sensível e ativo, mais do que algumas imagens tiradas de um repertório comum de referências (sentir que se está em determinada paisagem, ou que se é determinado animal...)? Em seu trabalho que trata especificamente da interpretação sempre cambiante e vivificada de partituras escritas, Deborah Hay[12] propõe partir de frases que joguem com essa proximidade entre imaginação e percepção, fazendo a aposta em uma transformação do movimento através desse jogo instaurado. Por exemplo:

> *What if?*:
> todas as células de meu corpo decidissem uma vez deixar cair o hábito de fazer frente a uma única direção
> todas as células de meu corpo vissem como meus olhos viam

---

12. Notas de estágio com Deborah Hay, organizado por Canaldanse, Paris, 2007.

todas as células de meu corpo vissem aquilo que elas
podem ver e aquilo que elas não podem ver
todas as células de meu corpo fizessem aquilo de que
elas têm necessidade
todas as células de meu corpo entrassem em diálogo
com tudo aquilo que existe?
Não se chegará jamais a isso,
É excitante jogar não chegando jamais a isso.

Esse *"what if"*, como desafio divertido lançado à imaginação, não imaginário que apela para algumas imagens como referências existentes, possíveis, mas imagens dinâmicas, que jogam com a sensação e o deslocamento por esse jogo do lugar de produção do movimento.

Nem ilustrações referenciais, nem palavras de ordem intencionais, nem puramente simbólicas, nem totalmente particulares, quais articulações operam essas frases, desta vez entre linguagem das palavras e imagens sensíveis? Multidirecionais, certamente, ou seja, buscando não esmagar o intervalo múltiplo da articulação em uma interpretação unilinear. Se a dança procura trabalhar fora da transmissão de um vocabulário pela imitação de um mestre que "mostra", ela propõe a questão de uma linguagem que diz sem mostrar. Quais são essas línguas que, na dança, levam a linguagem aos próprios limites de sua impossibilidade e estabelecem com as sensações e os movimentos certa relação através das palavras? Por exemplo, o trabalho de formação, de aquecimento ou de criação na dança que pretende não passar – somente – pela imitação de um modelo, inclui quase sempre algumas técnicas somáticas, das quais a epistemologia é quem sustenta a prática, onde nada é "mostrado", apresenta numerosas questões na relação com as sensações, os movimentos e as palavras. Uma relação, uma articulação, que busca, às apalpadelas, naquilo que continua a escapar – parcialmente? – à ilustração, à referência, à ordem, através da "palavra de ordem", um esforço de atenção, que atravessa o movimento por sensações e imagens. Uma língua diretamente sobre o movimento que, por seu ritmo, seus alentos e seus sons, tece os sentidos das corporeidades em curso, e (se) articula as imagens.

Deixar correr algumas imagens ao lado da linguagem que, por suas acelerações-desacelerações, articulam-se com outras imagens, em movimento: Woolf vê o cinema. Imagens desligadas da língua, de suas palavras?

O trabalho de Bergson com as imagens, para uma filosofia intuitiva, e seu prêmio Nobel de literatura, passa essencialmente pela linguagem escrita, trabalhando no dinamismo entre as palavras e as próprias frases. A força poética, dinamismo sobre as palavras quando elas escapam à sua função de ordem (palavras de ordem e organização das ordenadas), e se agenciam, a partir de sua própria enunciação, de sua velocidade, para apreender o movimento do real. A leitura das obras de Woolf fornece uma clara experiência disso: imagens se articulam, acelerando, freando, desviando a gramática da língua no seio de suas formas expressivas e forçando o movimento, o deslocamento, a *e-moção* concreta, física, de uma leitura que, no limite, é recomposição de imagens e articulação no intervalo da leitura. Um intervalo temporal em primeiro lugar, já aquele entre o momento da escrita e o da leitura, no qual circulam e se articulam algumas imagens: uma expansão infinita, uma eternidade, e, ao mesmo tempo, uma concentração intensiva, uma contemporaneidade, intervalo inexplicável no qual se produz, uma determinada manhã, um desejo de poesia[13].

No me-io*

Aquilo que se articula no distanciamento no presente de uma dança em curso de se fazer são imagens, cujo dinamismo constitui a característica comum aos conceitos de intervalo, de imagem e de atitude atenta: alguma coisa que força ao movimento sem determinar totalmente.

> Para Bergson, o distanciamento, o intervalo, será suficiente para definir um tipo de imagens entre outros, mas muito particular: as imagens ou matérias vivas. [...] São imagens de alguma maneira *esquartejadas*. [...] em virtude do intervalo, são reações retardadas, que têm o tempo de selecionar seus elementos, de

---

* No original, a autora faz um jogo de palavras: *milieu* (meio), *mi* (meio)-*lieu* (lugar). [N. T.]

13. Cf. o trecho, p. 7, Virginia Woolf, *L'écrivain et la vie*, op. cit., p. 62.

organizá-los ou de integrá-los em um movimento novo, impossível de concluir por simples prolongamento da excitação recebida. Tais reações que apresentem alguma coisa de imprevisível ou de novo serão chamadas de "ação" propriamente dita[14].

O intervalo faz imagem, e se existe atenção em uma percepção, então a percepção é um "afastamento", um fazer imagem. Isso não contradiz certa imediatez, uma imediação ou, para Deleuze, imanência. Não há uma colocação a distância de outra instância interpretativa, tradutora, que julga, mas um intervalo já em obra, na percepção. O intervalo é aquilo que na realidade desloca e é deslocado, um gradiente que muda de nível, uma tomada de aceleração, como a subida de uma febre, que articula em uma relação na qual se misturam não lentidão e velocidade como medida relativa, mas aceleração e desaceleração em um deslocamento que toma e é tomado pela velocidade. Uma ação própria das imagens ressalta bem a primeira inquietude: compreender certo grau de imprevisível.

Algumas imagens em movimento atravessam a experiência sensível do intervalo, na exploração dos limites da composição de uma dança à beira do imprevisível, do presente sempre renovado, rearranjando o passado por uma atualização, que se tece no meio. Pensamento dos corpos em movimento, apreensão de um intervalo sensitivo e

---

14. Gilles Deleuze, *Cinéma 1. L'image-mouvement*, op. cit., p. 91. Destaque da autora.

sentido por meio do próprio movimento de sua produção. Uma composição de percepções e de ações, de movimentos tomados neste intervalo. Uma atitude atenta na postura no momento de dançar compõe de imediato imagens-sensações e imagens-ações. A tensão entre esses dois canais sempre em curso de se desvanecer é que produz o movimento. *Com-ponere, entre* dois, ou, antes, no meio. Articulação de imagens, em um intervalo; igualmente, no intervalo com a realidade, da realidade, *com*. O intervalo se situa sempre do meio, no meio, uma "origem" sem ponta, deslocada e estirada em certa duração, por uma composição oscilatória que não cessa de (se) deslocar por vibração ou capilaridade.

Certa afirmação do meio corre o perigo vertiginoso de achatamento, de transparência pura, próprio da imanência de um pensamento. Mas, justamente, esse meio como lugar composicional não é nem um justo meio tépido, nem a pura transparência de uma fronteira, mas uma ancoragem que se estende no intervalo do presente. Nisso, esse conceito de meio permite pensar em termos de intensidade, simplesmente pelo fato de que ele funciona *em uma tensão*, algumas imagens em movimento sem esmagar a possibilidade de pensar os relevos e os conflitos. Mas como aquilo que passava pela experiência da gravidade pode ser compreendido como uma tensão? Tendência que não é uma tensão muscular, que é ao mesmo tempo *prestar* atenção e ao mesmo tempo *se deixar* atravessar pela gravidade?

Mais que uma receita, uma lição para a improvisação, trata-se de uma variação sempre em curso de oscilação que afasta a imediatez que se esboça em uma composição *momentânea*. Pensar a tensão de estar sozinho *e* no meio, então, nunca estar sozinho, situar-se nesse meio, dinâmico, bem mais que exprimir seu foro interior.

> Mas creio, em todo caso, que um dos fatores da improvisação está diretamente ligado ao fato de que não se pode simplesmente seguir sua própria direção ignorando os outros. Torna-se então possível entender se aquilo que você diz ressoa ou não entre os espectadores, considerando-os assim com muita empatia.
>
> Você pode escolher atuar com o público e isso pode, por exemplo, modificar sua relação com o tempo. Não é que você deva esperar e verificar aquilo que você faz de maneira consciente. Em compensação, eu sinto que intuitivamente aquilo que é revelado, aquilo que uma pessoa escuta quando ela improvisa, não é somente o seu próprio ego, sua voz individual: é também o espaço inteiro e talvez ainda mais, a peça, a cidade, o país...
>
> Às vezes, estar à escuta do público me parece menos importante: eu quero somente ir para o palco para improvisar e seguir a minha própria inspiração. Enquanto, em outros momentos, é quase como se eu fosse um veículo passivo que serviria para concretizar a atmosfera.

Isso muda. Não é simplesmente um ponto de vista apresentado de maneira separada e voluntária, isso varia verdadeiramente[15].

Hamilton fala, em uma conversa com Agnès Benoît, sobre essa tensão em obra na improvisação entre seus movimentos e o contexto, uma composição no meio. Mas isso não é uma linha estrita a seguir, é um movimento de pêndulo, que se dá nesse intervalo. Mexer-se desde o meio, em uma paisagem transformada da relação com o mundo: alguns movimentos à flor da pele...

Da pele

Através do exercício de uma atenção sensível à gravidade, a pele torna-se lugar de partilha do sensível e da repartição dos apoios. A pele é trabalhada em sua espessura, animada e animando essa tensão, essa escuta que se dá em movimentos, por estremecimentos. Ela pode se expandir ou se retrair em uma respiração própria desta escuta-composição que se dá na imediatez como tensão. A espessura do lugar mais que a fineza do *entre*, aquilo que se passa como sensação/ação se passa mais nesse meio do que em cada uma das duas instâncias separadas pelo entre dois: um meio criado por esta tensão constante e atravessado por conflitos, por afirmações e por guerras. O meio

---

15. Julyen Hamilton e Agnès Benoit, "Entretien avec Julyen Hamilton", in *Revue Nouvelles de Danse, On the edge. Créateurs de l'imprévu*, op. cit., p. 200.

cutâneo, com seus próprios animais, anfíbios invertidos de um interior-exterior partilhado em todos os sentidos, intensamente.

A pele é um órgão, mas órgão descentrado por excelência, nada de coração, nada de centro, nada de orientação fixa, não resta senão o limite entre o interior e o exterior que tende a se perder em sua matéria dérmica, em sua explosão multidirecional, em sua expansão temporal da experiência de uma duração estendida entre um antes e um depois, nesta equalização entre atividade e passividade que tece uma espessura intensiva. Acariciador acariciado. Um campo de força, lugar de articulações multidirecionais, entre contato e partilha, que compõe os movimentos, bem no limite. Meio no qual se refina a experiência da relação gravitária, a pele é lugar da duração: basta ver as rugas. Uma filosofia das carícias, uma dança das dobras.

Dançando, a pele renuncia assim ao seu papel de fecho, de embalagem, abrindo-se, sensivelmente, "ela gera volumes", que abrem o corpo ao mundo, para uma dança particularmente assentada na pele[16]. Louppe também tem belíssimas páginas sobre a pele, que, pela relação gravitária, torna-se "meio perceptivo"[17].

---

16. Cf. a ampla difusão dos textos de Didier Anzieu no mundo da dança. Didier Anzieu, *Le moi-peau* [O eu-pele], ed. Dunod, Paris, 1995; São Paulo: Casa do Psicólogo, 2000. *Une peau pour les pensées* [Uma pele para os pensamentos] (1986), conversações com Gilbert Tarab, Paris, 2. ed. Apsygée, 1990; *Le corps de l'oeuvre* [O corpo da obra], ed. Gallimard, 1981. E, por exemplo, em Laurence Louppe, *Poétique de la danse contemporaine. La suite*, op. cit., p. 41.

17. Laurence Louppe, *Poétique de la danse contemporaine*, op. cit., p. 67.

Ao mesmo tempo extensa e intensiva, contínua e rebentada em segmentações de vetores sempre renovadas, a pele é um lugar de desorganização do corpo e do movimento. Oscilação nem contraditória, nem dialética entre uma dobra sobre si e uma expansão que desmancha os limites habituais e individuantes, permanecendo o mais próximo possível das sensações. Experiência sensível da pele, contato com o solo, com o ar, contato da imagem de meu corpo com as imagens do mundo e dos outros; experiências pela pele de uma dança que não deixa *in-tacto*, mobilizando teceduras e destecaduras temporais e metamorfoses *daquilo que*, em um momento, faz a dança; colocação em jogo de *quem* faz a dança, trabalhada no limite da pele.

Retorno das problemáticas que enredam a filosofia há muito tempo em torno das questões de subjetivação, propostas aqui aos processos de sensibilidade de um eu que, através da pele, assim como através – mais amplamente – de toda a relação gravitária, se constitui escapando de si mesmo. E aí, em uma aproximação particularmente esclarecedora para a dança, a questão da pele como fronteira se encontra novamente com a das fronteiras do sujeito, pela questão das temporalidades de constituição-desconstrução. Naquela que constitui uma das formulações recentes dessas problemáticas, Judith Butler apresenta, a partir da filosofia, a questão do limite garantidor da estabilidade de identificação entre interior e exterior, entre eu e não eu. Retomando algumas análises de Julia Kristeva, ela afirma que:

> A construção de contornos corporais estáveis depende de pontos fixos de permeabilidade e de impermeabilidade corporais. [...]
>
> A divisão em mundo interior e em mundo exterior no sujeito constitui uma moldura e uma fronteira mantidas por um tênue fio com fins de regulação e de controle sociais. A fronteira entre o interior e o exterior se confunde quando os excrementos passam do interior para o exterior, e essa função de excreção torna-se, por assim dizer, o modelo para os outros processos de diferenciação da identidade. Esse é, de fato, o modo sobre o qual os outros se tornam merda. Para que os mundos interior e exterior permaneçam totalmente distintos, será necessário que toda a superfície do corpo atinja um grau absoluto de impermeabilidade, o que é impossível[18].

Impossibilidade de constituir uma impermeabilidade da fronteira, da pele; os outros não se tornam merda. A constituição enquanto sujeito passa necessariamente por alguma vulnerabilidade.

Sobre a pele, através da pele, joga-se a tensão entre delimitação e respiração, proteção e vulnerabilidade, percepção e sensação; ela é, então, apreendida nas temporalidades distintas e esticadas da couraça e da carícia.

---

18. Judith Butler, *Trouble dans le genre. Pour un féminisme de la subversion* [Perturbação no gênero. Por um feminismo da subversão], tradução francesa de Cynthia Kraus, ed. La Découverte, Paris, 2005, p. 253-6.

Eu deslizo e minha pele entra em con-tato com todos os pontos do solo. Ao mesmo tempo que cada poro entra em relação com todos os pontos do espaço, do ar. Pelo volume se desdobra a duração contínua. Passagem da direção à intensidade, esta fusão móvel da qualidade e da quantidade. Tornando-se ela própria espessura, minha pele é atravessada em sua porosidade, vulnerável. Ao deslizar, minha pele se torna precisão e flexibilidade, e toma os caminhos de escuta de determinado lugar do solo, de determinado local do ar. Carregando todo o corpo no gesto de escuta, se esboça uma dança, ampla, mas não vaga. Minha pele se expande e corta ao mesmo tempo. Lugar de projeção de imagens, ela é o lugar da ficção: todos dão a impressão de crer que o gesto detém-se aí, como meu corpo; todos são a impressão de crer que os olhares dos espectadores detêm-se aí. Mas se sabe-sente bem que o movimento vai mais longe, ressoa no espaço além, e que o olhar do espectador parte de mais longe (de sua própria linha de gravidade) e se coloca mais longe, ou ainda se move entre os corpos em movimento. Os limites são móveis e, no entanto, cavam fossos. E a pele jamais está só, os músculos, os ossos, os líquidos, os órgãos são mobilizados e a mobilizam através dela.

A escuta-ação da pele como gradiente de intensidade sobre o ovo. Talvez seja o único momento em que eu compreendo alguma coisa do Corpo sem Órgão, conceito-uso, com a pele. Pela determinação absoluta das relações de cada local da pele em cada momento de contato. Pelo gradiente, a intensidade que põe em movimento e que explode toda a reflexão possível, de um interior e de um exterior, de uma causa e de uma consequência, de uma função e de uma expressão nesse sentido. E, no entanto, alguma coisa se passa... Não poder discorrer nada sobre o corpo, onde, no limite, inscrever, à tinta, e manchar o espaço.

O espaço toma corpo e toma os corpos em relações difratadas de imagens sem sujeito nem objeto, articulações entre imagens, contexto e outros. O espaço se espessa com a circulação desorganizada, atenção aos processos em curso. É aí que eu apreendo alguma coisa de devir. Estar com.

Um *me-io* como tensão produtiva da imediatez, articulação de movimentos, de suas diferenciações. Esse meio, tal como a pele, não é nem invólucro impermeável, nem constituição das unidades de uma troca de referências, mas a experiência sempre renovada dos graus de imprevisibilidade da duração; constitui a sensação como a composição enquanto articulação. Alguns falarão de agenciamentos:

> É preciso falar *com*, escrever *com*. Com o mundo, com uma porção de mundo, com pessoas [...]. É isso, agenciar: estar no meio, sobre a linha de encontro de um mundo interior e exterior. Estar no meio: o essencial é se tornar perfeitamente inútil, absorver-se na corrente comum, tornar-se novamente peixe e não bancar os monstros; o único proveito, eu dizia para mim mesmo, que posso tirar do ato de escrever é ver desaparecer por esse fato as vidraças que me separam do mundo[19].

---

19. Citação da p. 29 do livro de Miller, *Sexus*, ed. Buchet-Chastel; São Paulo: Companhia das Letras, 2004, em Gilles Deleuze e Claire Parnet, *Dialogues* [*Diálogos*], Flammarion, Paris, 1996, p. 66. São Paulo: Escuta, 1998.

E, no entanto, alguma coisa é produzida... Como isso caminha na imediatez? Isso se agencia... sim, de acordo, mas como? A esse entusiasmo corresponde um limite; toda dança, tanto quanto toda improvisação, não se situa em uma relação imediata com o presente: nesse sentido, trata-se de um trabalho. A atitude intuitiva é um esforço mais do que um estado de graça, um trabalho de exploração dos problemas de apresentação do gesto no presente.

SKIN, outubro de 2000 no festival *Presa Direta* na Itália.

O duo de Julyen Hamilton e Carme Renalias, *Skin*, é apresentado no mesmo ano no festival de improvisação em Nova York, onde foi filmado. Ele adota como título a "pele" e se anuncia como um trabalho sobre as possibilidades que se abrem ao presente. É a oportunidade de ver como os dois bailarinos partilham um tempo e um espaço propondo uma composição improvisada instantaneamente. Nenhum dos deslocamentos, gestos e movimentos eram fixados de antemão, assim como as mudanças de luz. São definidos a localização dos refletores, o número de mudanças de luz, a disposição da sala e um título: a pele, correspondendo a um período de trabalho dos dois artistas em conjunto. A primeira impressão, ao ver essa peça, é a de uma grande precisão dos gestos, que delineiam e esculpem algumas corporeidades trabalhadas, em diferentes qualidades, no porte, deixando ver os esboços dos movimentos que roçam a pele quase como riscos de lápis. O preto e branco do vídeo reforça certamente essa impressão. Recorta-se um *timing* claro dos inícios e dos fins de sequência dos movimentos e se constrói nessa definição uma composição refinada e precisa de diferentes durações; a dos movimentos de cada um dos bailarinos, mas também uma linha de baixo contínua na qual parecem se tecer os outros. De maneiras muito diferentes, em Renalias são amplos movimentos circulares, particularmente dos braços que sublinham o continuum do tempo que passa; em Hamilton, são os *silêncios de movimentos*, que não são tanto pausas, suspensões, quanto uma escuta contínua. Às vezes um movimento acontece e se interrompe, parecendo prosseguir no espaço enquanto o dançarino já faz outra coisa. Elipses, superposições e repetições entremeiam as durações, complexificando na espessura essa continuidade primeiramente sentida.

A segunda impressão evidente que emana dessa peça é a de um conjunto, de uma partilha íntima do tempo: as mudanças de luz se fazem em uma grande afinidade com os movimentos. Sempre sem se verem, os bailarinos "caem juntos" muitas vezes, partilham frases de movimento. Essa partilha íntima do tempo passa visivelmente por um trabalho sobre a gravidade, alguns movimentos em espiral ascendentes ou descendentes deixam partilhar uma trajetória, tanto sinestesicamente quanto visivelmente. Os corpos inteiros, até as pontas dos dedos, e mesmo até o olhar adquirem sua força, sua velocidade, na gravidade que os atravessa. Essa relação gravitária é contagiante, transpira através da sua pele e estabelece um diálogo, no toque assim como a distância. Os bailarinos jogam com as distâncias entre eles por meio de uma expansão-retração, como se houvesse um elástico entre eles. O espaço assume a espessura de um tempo partilhado, atravessado por uma expansão-retração de sua pele. *Skin*, uma pele atravessada pela experiência da gravidade, abre uma partilha sensível da duração e deixa ver um meio entre dois bailarinos onde se articulam imagens. O que atrai muitas vezes a minha atenção de espectador é esta espessura *entre* eles mais do que a dança de cada um deles, é o agenciamento múltiplo da composição mais do que o acontecimento excepcional. Por exemplo, aos 7 minutos e 25 segundos da captação em vídeo do espetáculo[20], ocorre um acontecimento, um gesto brusco que estabelece uma clara ruptura e parece vir de alhures embora cortando o atual. Mas ele é imediatamente metamorfoseado em sua natureza de acontecimento, estirado na continuidade que lhe deu lugar. A atitude imediata delineada nesse trabalho não parece debruçar-se tanto sobre o acontecimento que surge quanto sobre uma atenção à difração do heterogêneo, em um processo misturando as sensações e a composição como atualização. Não se trata de buscar o acontecimento miraculoso da novidade absoluta, mas uma escuta-leitura de detalhes que se emaranham: uma atenção aos detalhes, às singularidades em curso, no desdobramento de uma duração, aos graus da imprevisível.

As múltiplas articulações dinâmicas de uma composição instantânea conservam, mesmo através da sua

---

20. *Skin*, Carme Renalias e Julyen Hamilton, gravado em público na St. Mark's Church, Nova York, 2000, Adme Production.

mudança permanente, o *me-io* como espessura perceptiva do presente. O trabalho dirige-se assim para uma prática precisa da atenção, para conservar esse meio como lugar da composição:

> Esse trabalho com a imediatez consiste em exercer sua atenção e em ousar pensar que aquilo para que você volta a sua atenção é e será aquilo que lhe levará exatamente para onde é necessário. Aí também está o laço com o *"first thought, best thought"*, e isso não é não importa qual primeiro pensamento em não importa qual momento que é o bom; não, é quando você está nesse estado que você exerce, *de atenção*, que o primeiro pensamento é sempre o bom. E é muito estrito! É por isso que nós fazemos um "desaquecimento"[21], que utilizamos todas as coisas no corpo, na voz, para chegar a um estado no qual *"first thought, best thought"*. E isso ressoa, ou seja, não é uma coisa "gratuita", porque, a partir desse estado, você está em ressonância com todo o interior e o exterior, portanto, você está *no* mundo, isso quer dizer que nesse momento tudo aquilo que se passa, tudo aquilo que você faz, está alinhado com as marés do momento[22].

Uma vez afinados esses conceitos e seu risco de aporia, o mais próximo possível de sua prática, *como ainda é possível falar de imprevisível?*

---

21. Termo formado a partir de aquecimento (*warming up* e *warming down*), que designa um breve momento, quase sempre a dois, que encerra uma jornada de formação.
22. Julyen Hamilton, entrevista, Paris, 23 abr. 2008.

Imprevisível novidade?

O Tempo é imediatamente dado. Isso nos basta e, esperando que nos seja demonstrada sua inexistência ou sua perversidade, constataremos simplesmente que existe jorro de novidade imprevisível.

Henri Bergson
"Le possible et le réel", in *La pensée et le mouvant* (1934), ed. PUF, Paris, 1998, p. 116.

Em que medida a composição da dança se situaria então nesta articulação no *me-io* da imediatez do presente como "jorro de novidade"? Na *des-medida* em que o presente se encontra espessado, o novo requalificado e o possível deslocado.

E Bergson prossegue:

> A filosofia ganhará em encontrar algum absoluto no mundo movente dos fenômenos. Mas nós também ganharemos por nos sentirmos mais alegres e mais fortes. Mais alegres porque a realidade que se inventa diante de nossos olhos dará a cada um de nós, incessantemente, algumas das satisfações que a arte proporciona de tempos em tempos aos privilegiados da fortuna; ela nos desvendará, para além da fixidez e da monotonia que inicialmente percebiam nossos sentidos hipnotizados pela constância de nossas necessidades, a novidade incessantemente renascente, a movente originalidade

> das coisas. Mas nós seremos, sobretudo, mais fortes, porque da grande obra de criação que está na origem e que prossegue diante de nossos olhos nós nos sentiremos participar, criadores de nós mesmos. [...] Tal será a conclusão de nosso estudo. Evitemos ver um simples jogo em uma especulação sobre as relações entre o possível e o real. Essa pode ser uma preparação para bem viver[1].

O timbre entusiástico das frases desse texto de 1930 ressoa estranhamente hoje em dia. Ele fala, no entanto, da inquietude por este imprevisível que constituia o limite da exploração do presente. É a esse custo que a liberdade é inserida no movimento do real e não tem necessidade de desaparecer. Esta atenção reapreendida à imediatez do tempo dado permite ver aquilo que a arte só raramente deixa alguns verem. Com efeito, em diversas ocasiões, a arte e a metafísica (sem terem de se distinguir absolutamente no senso comum) trabalham na apreensão desta imprevisível novidade. A duração imediata desloca radicalmente o problema da liberdade e da necessidade. Mais do que um desligamento, a liberdade é uma ancoragem, enraizamento gravitário, adesão simpática ao tempo em curso como heterogeneidade contínua e, portanto, prenhe de novidade. Com efeito, existe mesmo alguma coisa a partir da qual agimos, isso não é depois um desligamento do passado para atingir um novo absoluto, sem memória. Ao contrário,

---

1. Ibidem, p. 116.

e estranhamente, mergulhando na duração heterogênea, a consciência torna-se memória e criação ao mesmo tempo. Assim, é livre o ato que emana de uma pessoa integral, do caráter, afirma Bergson no *Ensaio sobre os dados imediatos da consciência*[2], no sentido em que a nossa pessoa, não fragmentada, é inseparável da duração como temporalidade heterogênea. A liberdade não está mais então entalada entre determinismo e livre-arbítrio, mas se tece a uma temporalidade que compreende alguns graus de imprevisível em seu próprio desenrolar. Se a vida é duração, a ação pode se manter fora da alternativa entre necessidade e deliberação, porque a duração não contém instante de decisão fixado em um ponto que prevê vários caminhos possíveis; ela é uma *evolução criadora*. Trata-se de certa adesão, simpatia de si para consigo e com a duração, uma atenção. Mais amplamente, o tempo assim concebido não suporta mais um raciocínio que encadearia causas e consequências, tal como permitia, segundo Bergson, o esquema espacializado da linha do tempo, divisível, homogênea e reversível. Não se trata, portanto, de negar os hábitos e o caráter, buscando uma liberdade absoluta qualquer no voo contra um determinismo, mas de deslocar, ainda aí, a linha divisória entre possível e real.

Além do tom de época – "ah!, o velho estilo" –, a estranheza provocada pelo entusiasmo dessas páginas não proviria de uma sábia mistura do hábito de pensamento na

---

2. Cf. Henri Bergson, *Essai sur les données immédiates de la conscience*, op. cit., cap. III, p. 130-1.

dicotomia entre livre-arbítrio e determinismo puro; da estrutura de pensamento que encerra o real entre possibilidade e impossibilidade; da inércia do peso de uma tradição ocidental na qual o imediato é insensato; e do medo da impertinência que reveste toda afirmação de novidade?

Assim, Clément Rosset critica a categoria de possível aplicando-se a demonstrar como a estrutura oracular, dobrada, do pensamento ocidental acarreta um descrédito no presente e da experiência imediata, uma realidade que careceria de alguma coisa. Em *Lógica do pior*[3], que trata da falta, e em *O real e seu duplo*[4], que aborda o pensamento oracular a partir de Édipo, em particular, Rosset desenvolve sua concepção do presente e da realidade quando eles não estão mais distorcidos pela categoria de possível. Ele visa assim, em sua crítica da ilusão oracular como fundadora da metafísica "de Platão a nossos dias"[5], ao descrédito lançado sobre a experiência imediata que não poderia jamais ser realmente imediata, tomando a sua significação de seu próprio redobramento. É o sentido que ele atribui ao projeto *meta-físico* que ele condena – que Bergson, por sua vez, pretendia reformar em uma metafísica da

---

3. Clément Rosset, *Logique du pire* [*Lógica do pior*], op cit., ed. PUF, Paris, 1970. Rio de Janeiro: Espaço e Tempo, 1989.

4. Idem, *Le réel et son double* [*O real e seu duplo*] (1976), ed. Gallimard, Paris, 1984. Rio de Janeiro: José Olympio, 1998.

5. "A duplicação do real, que constitui a estrutura oracular de todo acontecimento, constitui igualmente, considerada de outro ponto de vista, a estrutura fundamental do discurso metafísico, de Platão aos nossos dias." Clément Rosset, capítulo 2: "A ilusão metafísica: o mundo e seu duplo", in *Le réel et son double*, op. cit., p. 55.

A FILOSOFIA DA DANÇA: UM ENCONTRO ENTRE DANÇA E FILOSOFIA 261

intuição imediata. Rosset identifica esse desdobramento em diversos momentos notáveis da história da filosofia, desde o mito da caverna, depois de maneira mais complexa em Hegel, que faz justamente coincidirem os dois mundos, mas através de uma "cabriola"[6] desse "mundo invertido". Esta estrutura desdobrada atravessaria intimamente todos os hábitos de pensamento que se encontrariam ao menos em um ponto, a desconfiança para com a imediatez: "Como toda manifestação oracular, o pensamento metafísico se fundamenta em uma recusa, como instintiva, do *imediato*, este último é suspeito de ser de alguma maneira o outro de si mesmo, ou a duplicação de outra realidade"[7].

O imediato é insuportável, porque ele não é exatamente real, ele *carece* de existência e significação, que devem vir-lhe de seu duplo, ou do movimento de seu redobramento: "Pôr a imediatez de lado, relacioná-la a outro mundo que possui a sua chave, ao mesmo tempo do ponto de vista de sua significação e do ponto de vista de sua realidade, tal é, pois, o empreendimento metafísico por excelência"[8].

O hábito de pensar em um mundo desdobrado torna espinhoso o acesso à imediatez e, por isso mesmo, ao presente. Ela exige que a experiência do presente seja difratada por um prisma "que erode o seu insustentável

---

6. Ibidem, p. 71.
7. Ibidem, p. 61.
8. Ibidem, p. 68.

vigor"[9], exigindo certa "denegação do presente"[10]. Essa vivacidade do presente provém de seu grau de imprevisibilidade e exige, para ser apreendida, que seja deslocada a linha divisória entre possível e real. O possível nada mais é que uma retroprojeção do acontecimento edulcorado, e o real só adquire sentido porque era possível. Mesmo quando a aplicação do oráculo é deslocada, ela nada mais faz, definitivamente, além de reforçar, segundo Rosset, o desdobramento.

Rosset retoma nas mesmas páginas as análises de Bergson sobre a paramnésia e o certo grau de "desatenção à vida"[11] necessário à relação útil com o mundo, denunciando a recusa de uma relação imediata com esse presente vivo por meio de uma atenção. Entre os conceitos de imediatez, de presente e de atenção, esboçava-se uma atitude, ou seja, paradoxalmente, algum "trabalho" para apreender o presente[12], sem fazer dele uma representação. Com efeito, este medo visceral que a metafísica cultiva frente à imediatez e ao presente inaugura, segundo Rosset, a representação no cerne do pensamento ocidental: "O presente seria por demais inquietante não fosse senão imediato e primário:

---

9. Ibidem, p. 63.
10. Ibidem, p. 66.
11. Henri Bergson, *L'énergie spirituelle*, in Clément Rosset, *Le réel et son double*, op. cit., p. 63.
12. Sobre o fato de a intuição dos dados imediatos, em Bergson, não ser primária, mas resultado de um esforço, cf. o primeiro artigo que Deleuze escreve sobre Bergson em 1956: Gilles Deleuze, "Bergson 1859-1941", in Maurice Merleau-Ponty (dir.), *Les philosophes célèbres* [Os filósofos célebres], ed. Lucien Mazenod, Paris, 1956. Republicado em Gilles Deleuze, "Bergson, 1859-1941", *L'île déserte et autres textes*, op. cit., ed. de Minuit, Paris, 2002, p. 28-42.

ele não é abordável senão pelo viés da *re-presentação*, segundo portanto uma estrutura iterativa"[13].

In fine, esse pensamento do presente e da imediatez *força* a representação, impele-a em seus entrincheiramentos ou suas invenções. É preciso, para isso, retornar a esta problemática da composição nos limites do imprevisível pelo fato de que ele questiona e desloca o problema do possível para o do real como atual e virtual, para ver a partir dessa problemática precisa como é problematizada a questão da representação.

O possível e o real

Tentar compreender os movimentos de uma improvisação através da dicotomia possível entre impossível leva a inevitáveis aporias: dizer que a improvisação é uma indeterminação absoluta dos movimentos, na qual todos os movimentos seriam possíveis, não resiste muito tempo: todos os hábitos (cultura, formação, estilos aprendidos, expectativa de um público etc.) determinam necessariamente, ao menos em parte, os movimentos. Mas buscar a possibilidade dos movimentos como uma causa que os antecipa, os determina e, portanto, poderia explicá-los *a posteriori* não leva mais longe. Tratar-se-ia, com efeito, de fazer escolhas entre diferentes movimentos possíveis, em um ponto de suspensão e de exterioridade no qual se

---

13. Clément Rosset, *Le réel et son double*, op. cit., p. 63.

efetuaria uma escolha entre uma alternativa, segundo o modelo do livre-arbítrio. Ora, a atenção a uma continuidade heterogênea, certa imediatez que não compreende instante para uma suspensão, ainda menos de fora objetivando, parece não poder ser pensada nesses termos.

No entanto, algumas escolhas são feitas, uma composição ocorre, paradoxo que torna caduca a oposição entre determinismo absoluto e liberdade como livre-arbítrio. Um deslocamento é forçado, mais como ancoragem do que como suspensão, uma atitude atenta que insere um intervalo, uma expansão, em uma multiplicidade de direções. Instaura-se, então, certo jogo dinâmico com os hábitos, emergência do "novo" na espessura da imbricação pulsante entre passado e presente, um jogo que não pode ser apreendido pelo enquadramento das malhas do possível e do impossível.

Declara-se que tal ação era possível, ou mesmo que outra teria sido possível, mas é posteriormente que ela foi caracterizada assim, e não antes da sua realização, e menos ainda no transcurso dela. Essa crítica ao possível, fundamental na filosofia de Bergson, depende inteiramente da elaboração do conceito de duração que sustenta toda a sua filosofia e implica outro pensamento da liberdade. Para ele, uma ação livre não poderia em ninguém ser uma ação escolhida entre várias ações possíveis. Esse deslocamento do possível está diretamente ligado à sua inquietude pela imprevisível novidade. Assim, o texto da conferência intitulada "O possível e o real", publicado em 1930 na Suécia, começa com as seguintes palavras: "Eu gostaria de voltar a um assunto do qual já falei, a criação contínua de imprevisível novidade que parece prosseguir no universo. Da minha parte, creio experimentá-la a todo instante"[14].

A questão do possível e do real está muito ligada à questão da novidade: se a realidade não é senão o advento daquilo que é possível, como já contido em alguma parte (em outra ordem, domínio, mundo) ou em potência, então isso não é novo, já era, de certa maneira, antes que esteja presente e a exigência de novidade se satisfará, com todo o rigor, com uma nova combinação dos elementos, das ações, das sucessões.

Por isso, Bergson critica na filosofia uma passagem sub-reptícia de um sentido negativo a um sentido positivo da ideia de possibilidade. Certamente, a realização de uma coisa está condicionada por sua não impossibilidade; para que alguma coisa aconteça é necessário que essa coisa não seja impossível: "Fechai a barreira, vós sabeis que ninguém atravessará o caminho: não se deduz daí que vós possais predizer quem o atravessará quando vós abrirdes"[15].

Mas daí não se pode, em seguida, deduzir que essa coisa fosse possível. A passagem da não impossibilidade à possibilidade é o gesto de uma ilusão metafísica que faz

---

14. Henri Bergson, "Le possible et le réel", in *La pensée et le mouvant*, op. cit., p. 99.
15. Ibidem, p. 112.

da realidade a pura animação daquilo que era possível antes, supondo que:

> [...] o possível teria estado ali o tempo todo, fantasma que espera a sua hora; ele teria, portanto, se tornado realidade pela adição de alguma coisa, por não sei qual transfusão de sangue ou de vida. Não se vê que é totalmente o contrário, que o possível implica a realidade correspondente com, além disso, alguma coisa que se junta e ela, visto que o possível é o efeito combinado da realidade uma vez surgida e de um dispositivo que torna a lançá-la para trás[16].

A realidade não se compreende, portanto, em um salto de natureza entre o possível inanimado e o real que advém. O real se desenrola, portanto se dirá em seguida que ele tinha sido possível, possivelmente previsível para quem o tivesse percebido sob a sua condição de possível puro. O movimento do real assim é modificado: é o real que se torna possível posteriormente, e não o possível que se torna real e não precede o real; então, a questão para o possível não explica nada. O real pode, assim, compreender uma imprevisível novidade, daquilo que não era possível, mas somente não impossível. Ele pode ser (tornar-se) outro, por diferenciação não preconcebida necessariamente como positivamente possível. A realidade não pode ser pensamento, suspeitada e depois verificada pelo parâmetro

---

16. Ibidem, p. 111-2.

do possível remontando os indícios de sua previsibilidade. Não que o real fosse impossível, nem que ele seja sempre novo, mas pelo fato de ele ser o processo, contínuo, daquilo que acontece, contendo, por sua própria processualidade, certo grau de imprevisível, positivamente. Então, a inquietude com o imprevisível tece uma atenção à produção *diferenciante* do real que muda sem cessar, mais do que passar, por um lance instantâneo, do possível ao real.

Uma mudança contínua da qual a sensação caracteriza a experiência da variabilidade da relação gravitária, como diferenciação em curso mais do que como passagem do não movimento ao movimento, do movimento possível ao movimento real. Aquilo que pode ser outro, aquilo que é imprevisível, é o desenrolar das multiplicidades qualitativas em uma relação gravitária que constituiu o terreno de trabalho privilegiado deste encontro entre dança e filosofia. Existe, entre a filosofia e a dança, algumas diferenças de velocidade de apreensão da realidade e de temporalidades de escrita; os intervalos de deslocamentos de velocidade são igualmente reflexos difratados no encontro, variações de acelerações. No entanto, a inquietude partilhada em torno do imprevisível forja um trabalho em comum: o da atenção.

Improvisar é situar-se na atitude atenta de certa simpatia pelos movimentos em curso de se fazer, evacuando um puro determinismo de reprodução de gestos, tanto quanto uma criação de absoluta novidade, de pura originalidade.

É essencialmente um redesdobramento do tempo em uma duração que permite apreender esta atitude singular, em ecos daquilo que Hubert Godard chama de pré-movimento. Sem fazer, com isso, uma preparação determinando absolutamente o movimento a nascer, ela é certo *caráter* próprio do movimento em curso de se fazer, para retomar os termos de Bergson. Essa *negociação gravitária* faz parte do movimento, ela não o precede enquanto – em um momento à parte e absolutamente suspenso – estria o seu próprio desenrolar. A temporalidade dos corpos em movimento pensada no cruzamento das práticas dançadas e filosóficas, e mais particularmente na leitura de textos de Bergson, se redesdobra radicalmente em uma heterogeneidade que deforma o esquema clássico de causa/consequência. No limite, esse deslocamento torna impossível todo esquema de preparação do movimento, em uma enumeração dos movimentos possíveis. No máximo desfazer as impossibilidades do movimento: um trabalho de atualização.

Atualização

Prestar atenção às diferenciações sempre em curso de atualização, tal é a atitude que se esboça lendo Bergson a partir de alguns territórios de dança, em que a criação conceitual da duração é apreendida em sua própria dificuldade de não se fazer dela uma imagem espacial, permanecer em uma imagem temporal: fazer então a experiência sensível dela, em movimento; uma dança.

Deleuze talvez seja o filósofo mais citado nos programas de espetáculos de dança, uma escrita filosófica aberta aos quatro ventos, que convida às conexões com outros campos e práticas. No entanto, ele não escapa do risco nem de se tornar uma espécie de argumento de autoridade legitimando como referência filosófica o "pensamento" artístico, como o dos coreógrafos e dançarinos[17], nem de se tornar o objeto de uma veneração quase religiosa, favorecida por certa opacidade de sua linguagem. Tentar escapar desses obstáculos e ver aquilo que a sua filosofia fala concretamente para a dança passa certamente por uma leitura atenta dos textos sobre os pontos surgidos como problemáticos para a dança. Não a simples leitura ou a grande verdade deleuziana, mas uma leitura atenta de certos textos em ecos do problema do possível e do real, e depois do da representação.

Assim, Deleuze sublinha e retoma esse deslocamento da distinção entre possível e real para o da distinção entre virtual e atual, em particular na obra de uma importância maior na elaboração de sua própria filosofia a partir de sua leitura de Bergson: *Diferença e repetição*. O quarto capítulo constrói-se em torno da importância de não mais distinguir o possível do real por um salto ontológico a fim de pensar a atualização do virtual como diferenciação, que não poderia ser uma realização. Com efeito, o virtual é tão

---

17. "[...] uma maneira de se dar uma caução intelectual quando quase sempre esta caução lhes é negada em proveito de suas qualidades estéticas etc." Michel Bernard, *Parler, penser la danse*, op. cit., p. 110.

real quanto o atual, não o precedendo em nada como uma causa, segundo o esquema do possível. O terreno que a postura bergsoniana não quer ceder, seu ponto de ancoragem, é essa imprevisível novidade em uma duração criadora, realidade da memória tanto quanto da matéria.

A inquietude de Deleuze, dinâmica, se é que existe, e que exige, portanto, alguns rearranjos permanentes, é a diferença. Paola Marrati ressalta esse laço entre Bergson e Deleuze a propósito de *Diferença e repetição*.

> A existência não provém, por acaso ou necessidade, do reino dos possíveis, mas do tempo (e do espaço). [...] A existência, em vez de remeter, de um lado, a uma possibilidade conceitual que a precede e à qual ela não acrescenta nada e, de outro lado, a um espaço-tempo neutro que a acolhe nele, permanecendo, por assim dizer, exterior, se faz graças a um processo criativo que introduz uma diferença e implica um tempo e um espaço determinados e singulares[18].

Com efeito, Deleuze retoma o problema proposto por Bergson de uma retroprojeção do possível, como o de um desdobramento da realidade. Ele observa que pensar em termos de possível e real é opor suas instâncias: o possível e o real. O que é possível não é real, não ainda real, falta-lhe alguma coisa, falta-lhe a existência, "fantasma

---

18. Paola Marrati, *Le nouveau en train de se faire. Sur le bergsonisme de Deleuze* (p. 261-71), in *Deleuze – Revue Internationale de Philosophie*, n. 241, 3-2007, Bruxelas, 2007, p. 266.

esperando sua hora". Pensar o real a partir do não real impõe ao pensamento uma negação oposicional primordial, inoperante, segundo Deleuze:

> O possível se opõe ao real; o processo do possível é, portanto, uma "realização". O virtual, ao contrário, não se opõe ao real; ele possui uma plena realidade por si mesmo. [...] seria um erro não ver aqui senão uma disputa de palavras: trata-se da própria existência. Cada vez que nós apresentamos o problema em termos de possível e de real, somos forçados a conceber a existência como um surgimento bruto, ato puro, salto que se efetua sempre por trás de nossas costas, submetido à lei do tudo ou nada[19].

Ex-plicar o real a partir do possível equivale a pensar a existência pelo nada, em termos de oposição, de negação. Ora, para Deleuze, a diferença não poderia justamente se deixar compreender pela negação. Afastando-se assim de um ato de puro surgimento da existência, o presente se insere em uma continuidade criadora. As duas tendências trabalham o pensamento de Bergson, entre a duração heterogênea e o surgimento da novidade, pelo fato de a duração permitir pensar o novo em um desdobramento heterogêneo: desafiando o imprevisível.

Deleuze puxa aqui igualmente para o lado da continuidade heterogênea da atualização. Trata-se quase de

---

19. Gilles Deleuze, *Différence et répétition* [*Diferença e repetição*] (1968), PUF, Paris, 2005, p. 272-3. Rio de Janeiro: Paz e Terra, 2006.

uma distinção rítmica dos conceitos: não um ritmo escandido marcado regularmente pelos pontos fixos de passagens de irreais (possíveis) a reais, mas um ritmo de diferenciação contínua da atualização, em que o intervalo é *suingado*, nem homogêneo, nem linear. Tomar a continuidade em sua espessura, em suas diferenciações, mais do que identificar a diferença em uma oposição negativa tal como a que produzem as categorias de possíveis e de real:

> A diferença não pode mais ser senão o negativo determinado pelo conceito: seja a limitação dos possíveis entre eles para se realizar, seja a oposição entre o possível e a realidade do real. O virtual, ao contrário, é o caráter da Ideia; é a partir de sua realidade que a existência é produzida, e produzida em conformidade com um tempo e um espaço imanentes à Ideia[20].

No sistema possível/real, podem se opor duas coisas que se podem comparar: aquilo que existe e aquilo que não existe. Entre o possível e o real pode-se jogar com a oposição porque existe alguma coisa de idêntico que busca se manter nas vagas sucessivas que passam do impossível ao possível e do possível ao real. Em definitivo, a identidade fundamenta o funcionamento da realização do possível. A imagem tradicional do pensamento metafísico sobre a qual trabalha Deleuze no terceiro capítulo de *Diferença e repetição* tem como eixo o idêntico, o semelhante, o mesmo.

---

20. Ibidem, p. 273.

> Na medida em que o possível se propõe à "realização", ele próprio é concebido como a imagem do real, e o real, como a semelhança do possível. Eis porque se compreende tão pouco aquilo que a existência soma ao conceito, duplicando o semelhante pelo semelhante. Esse é o vício do possível, vício que o denuncia como produto posterior, fabricado retroativamente, ele próprio à imagem daquilo que a ele se assemelha[21].

O problema que apresenta aqui o fato de pensar em termos de real e de possível é o de uma duplicação do mesmo, de uma identidade conceitual que se aplicaria no real como realização instantânea que pula o passo da existência. Seria necessário que se distinguisse absolutamente o possível do real, que existisse ao mesmo tempo alguma coisa idêntica à existência real, em outra ordem, de outra natureza: o mesmo em seu estado de possível. O conceito tomado em sua identidade com aquilo que será a realidade opera desdobramento representativo e significante do qual Rosset fazia a crítica em *O real e seu duplo*.

Existem sempre, para Deleuze, algumas diferenças que passam através das malhas da rede, algumas ressacas da dialética, da oposição entre possível e real e do sistema causa/consequência: alguns grãos de areia, alguns detalhes que não são senão particulares de uma generalidade em curso, mas singulares que se distinguem intimamente do movimento binário e identitário geral. A escolha de voltar sua

---

21. Idem.

atenção para essas singularidades exige passar da distinção entre real e possível para a distinção entre atual e virtual. O deslocamento não é simplesmente espacial; ele é intensivo, as regiões atravessadas são distintas e saem das coordenadas. Seguindo Bergson, Deleuze substitui a realização como processo de surgimento do sistema possível/real pela atualização como aquilo que acontece entre o virtual e o atual, os dois sendo reais. A diferença não ocorre em uma oposição entre não real e real, mas em uma atualização do virtual.

> Ao contrário, a atualização do virtual se faz sempre por diferença, divergência ou diferenciação. A atualização não rompe menos com a semelhança como processo do que com a identidade como princípio. Jamais os termos atuais se assemelham à virtualidade que eles atualizam. [...] a atualização, a diferenciação, nesse sentido, é sempre uma verdadeira criação[22].

O movimento da realidade tomado nesse processo de virtual para atual se produz por diferenciação, por "verdadeira criação". Deleuze vê esta atualização como o processo no cerne do "esquema bergsoniano que une *A evolução criadora* à *matéria e memória*"[23]: a atualização como "a criação de linhas divergentes", a partir "de uma gigantesca memória, multiplicidade formada pela coexistência virtual de todas as seções do 'cone'"[24].

---
22. Idem.
23. Ibidem, p. 274.
24. Idem.

Esta multiplicidade de virtualidades que é a memória se atualiza se diferenciando, multiplicidade qualitativa. A teoria bergsoniana da memória como um cone dinâmico torna a ligar a duração e a consciência. As lembranças, mais do que se opor ao presente em um binarismo inexistência/existência, divergem dele e convergem para ele por atualização, ou seja, já aí, por acelerações e frenagens. O presente, mais do que lutar contra um passado que determinaria linearmente as suas possibilidades, trabalha nas pequenas diferenciações no curso da atualização. As lembranças puras – virtuais – não têm de saltar na existência do presente ou fora do presente, mas vêm a ser agindo por um movimento próprio de atualização na situação presente.

> A diferença e a repetição no virtual fundamentam o movimento da atualização, da diferenciação como criação, tomando assim o lugar da identidade e da semelhança do possível, que não inspiram senão um pseudomovimento, o falso movimento da realização como limitação abstrata[25].

Aqui a diferença, lá a heterogeneidade da duração, sem relação com um Uno, são movimentos e produção. Sua experiência é dada pela relação entre memória e consciência, que não são de fato senão um movimento: o da atualização. O pensamento tropeça nessa dificuldade de pensar essa atualização sem uma distância comparativa,

---

25. Ibidem, p. 274.

e, no entanto, em uma produção de alguma coisa. Existe um intervalo *e* uma imanência das virtualidades em sua atualização, e esta tensão *é* o real. Imaginar, ou seja, fazer imagem concretamente, por um movimento de expansão e de contração, sem passar por uma representação espacial do tempo, é o esforço diante desse conceito de atualização, que força a pensar, colocando em uma atitude atenta. Ainda aí, se trabalhamos esta atenção à atualização como diferenciação criadora, é possível, então, apreender e ser apreendido pelo movimento real e pela realidade do movimento, fora da abstração.

Se, através da dança, esboça-se uma atitude temporal, em uma atenção que apreende o presente em sua espessura e à beira de – não – acontecer, a atualização tal como aparece na paisagem conceitual de Bergson a Deleuze fornece as ferramentas para esse trabalho de agrimensor intensivo. A experiência da variabilidade (*diferenciação*) da relação gravitária como sensação e composição na dança dá a oportunidade de apreender e ser apreendido por alguns processos de atualização. Aquilo que na dança não segue um plano preconcebido por uma antecipação *a priori* de um programa a aplicar torna-se atento aos mais ínfimos graus de imprevisível. Esse trabalho, tensão no intervalo, é uma *a-tensão* que trabalha justamente no intervalo sem mediação entre virtual e atual.

Existem várias camadas que se atravessam em um mesmo momento de improvisação: a dos gestos atualizados e a dos gestos virtuais, não atualizados, mas bem reais, perceptíveis. A atenção voltada para as multiplicidades que tecem o contexto permite, na composição dos corpos em movimentos, apreender a força da realidade das virtualidades. Nem todos os gestos de uma peça são efetuados. Existe em uma dança, e em especial quando ela é improvisada – no fato de ela jogar com tudo aquilo que não acontece, situando-se sempre à beira de não fazer nada –, uma realidade dos movimentos virtuais. Às vezes, algumas elipses de movimentos, alguns vazios no espaço, algumas dinâmicas que prosseguem fora dos corpos, tornam perceptíveis alguns movimentos que não aconteceram, que não são todos atualizados. É assim que Isabelle Ginot, em sua colaboração com Rosalind Crisp, escrevia e projetava sobre telas, ao mesmo tempo que a dançarina improvisava as danças que não aconteceram[26].

No mesmo sentido, o improvisador se coloca na presença de tudo aquilo que já está acontecendo. Seu trabalho não consiste em *encontrar* alguma coisa para fazer: existe sempre, em certo sentido, alguma coisa que se passa. No limite, o trabalho da improvisação é aceitar que pode não acontecer nada. Voltar, então, sua atenção para tudo aquilo que está em curso, não necessariamente concluído, mas em um processo de atualização que faz ressoar as virtualidades sempre em curso. Além disso, a dificuldade na improvisação se situa muitas vezes no fato de existirem

---

26. Rosalind Crisp e Isabelle Ginot, *danse (1)*, Le Colombier, Bagnolet, 2007. Création à La Condition Publique, Roubaix, 2006.

coisas demais, imagens demais, inspirações demais, ideias demais, projeções demais, e o trabalho é, então, o da inibição de certos movimentos, uma composição por esfoliação, por atualização de certas orientações, mas não de todas. Ora, a situação de apresentação de uma improvisação a um olhar exige certa legibilidade, acentuando aquilo que aparece desde a primeira problematização de danças do imprevisível: a mescla íntima entre sensação e apresentação. Da mesma maneira que perceber consiste em não deixar passar a luz – o movimento – de certas facetas das múltiplas comoções que compõem a matéria[27], a apresentação de uma improvisação não atualiza senão alguns movimentos dentre as múltiplas vibrações em curso entre as corporeidades em movimento, o contexto, no meio deles. O trabalho da improvisação na dança seria, assim, mais o de uma atenção que ousa fazer o vazio, que escuta a suspensão das atualizações em curso, que não preenche o intervalo em trabalho na percepção-ação imediata. O intervalo é o sentido que se dá como conjugação mais do que como metáfora[28]. O intervalo que ressoa sem concluir

---

27. "Aquilo que é preciso para obter esta conversão [em representação] não é iluminar o objeto, mas, ao contrário, escurecê-lo de alguns lados, diminuí-lo da maior parte dele mesmo [...]. Tudo se passará então para nós como se nós refletíssemos sobre as superfícies a luz que delas emana, luz que, sempre se propagando, jamais teria sido revelada." Henri Bergson, *Matière et mémoire*, op. cit., p. 33-4. Cf. a esse respeito as páginas de Deleuze sobre o primeiro capítulo de *Matéria e memória* em *Cinéma 1 – L'image-mouvement* [*Cinema 1 – A imagem-movimento*], PUF, Paris, 1983; São Paulo: Brasiliense, s. d., no capítulo 4 e em particular sobre a luz, p. 88-90.

28. Cf. sobre a pragmática da linguagem na qual o sentido opera por conjugação mais do que por metáfora, cf. Gilles Deleuze e Claire Parnet, *Dialogues*, op. cit., p. 139-40.

completamente. Da arte de afirmar sem concluir inteiramente, *sem fechar totalmente...*

Critérios imanentes

Não predefinir condições de possibilidade para realizar determinados movimentos, mas situar-se no meio da tensão de atualização em curso, estendendo o real com virtuais e com atuais, retoma a questão dos critérios de certa avaliação que não pode estar senão em curso de processo. Produzem-se alguns estilos, formam-se e conformam-se os olhares, e se a improvisação trata de recolocar em trabalho os hábitos de movimento e de atualizá-los através da atenção à atitude gravitária, ela deveria igualmente colocar em obra as grades, os olhares e os valores que ela carrega e que carregam sobre ela, na reapreensão de seu projeto sempre a ser atualizado.

No intervalo ressoa o sentido e ressoa a apreciação, o *feedback* do movimento, o gosto do gesto. No *meio*, estriando o movimento em curso, a apreciação do gesto em curso de se fazer produz seus critérios *ao mesmo tempo*, que produzem em curso, por sua vez, outros gestos.

Isso não deixa de apresentar alguns problemas tanto do ponto de vista do olhar ou de uma crítica, dos espectadores, quanto do dançarino. Certos planos, um sentido e alguns critérios próprios da peça não são, então, definidos *a priori*. Mas, ao mesmo tempo, certo nível de aceitação daquilo que está acontecendo não impede a exigência de fazer algumas escolhas. Quer seja no caso de improvisação, quer o dispositivo seja anunciado ou não, ou no caso de outros espetáculos, boa parte das imagens produzidas não procura estabelecer "compreensão" por meio de referência comuns. Não pretender explicar aqui tudo aquilo que trabalha fora de uma compreensão, mas sublinhar o fato de que o processo de atualização desloca também a produção de critérios: esses últimos são imanentes à própria atualização. Isso não quer dizer que isso não tome tempo e que não necessite de um trabalho, um esforço. O treinamento consiste, então, em refinar a atenção e a disponibilidade aos movimentos, sensitivos e ativos, e em compor essas imagens em seu processo de atualização. Nesta imediatez apreendida aqui pelo movimento de atualização, a "avaliação" acompanha intimamente a produção[29].

A atualização em Deleuze produz alguns critérios imanentes. A imanência dos critérios coloca a questão de uma possível crítica. Sem que isso resolva aqui o problema fundamental para a filosofia, e especificamente a de Deleuze, de saber se a imanência não impede toda postura crítica, em

---

29. O trabalho de Frédéric Rambaud é decisivo sobre a questão dos critérios na obra de Deleuze. Ele mostrou muito sagazmente como a avaliação era intrínseca ao processo de atualização em sua exposição sobre *Diferença e repetição*, proposta durante o seminário do departamento de filosofia de Paris 8 em março de 2008, dedicado a esse livro. Cf. sua tese de doutorado em filosofia: "Paradoxe, problème, désidentification. Recherche sur la philosophie française contemporaine" [Paradoxo, problema, desidentificação. Investigação sobre a filosofia francesa contemporânea], sob a orientação de Hubert Vinvent, defendida em Paris 8, em 15 de dezembro de 2008.

relação ao mundo e a ela mesma, observamos que a produção de critérios imanentes aos processos de atualização coloca a questão de saber aquilo que se pode dizer de uma peça improvisada. Se existem mesmo algumas condições de realização, uma história dos dançarinos e das dançarinas, do lugar, do estilo de um meio determinado, alguma coisa da experiência do espetáculo escapa a um plano preconcebido qualquer ao qual referir sua crítica. Como dizer, então, alguma coisa de uma peça de dança, como falar disso com aqueles e aquelas que fazem a dança, apreender alguma coisa da experiência conjunta do fazer e do ver, alguma coisa daquilo que escapa disso?

Talvez seja, em um sentido, porque determinada dança faça dizer alguma coisa, force a sentir, a pensar e a dizer. Essa "mobilização empática" seria a primeira tomada de palavra possível: não um juízo a partir de critérios preestabelecidos por referências, mas uma descrição dos efeitos, das ressonâncias, das errâncias e dos *des-interesses*. Tal postura atenta na prática da dança exige sem dúvida a invenção de uma postura crítica atenta ao heterogêneo em curso. A questão da exterioridade e da crítica não pretende encontrar aqui nem sua completa solução, nem uma conclusão definitiva, mas permite levantar algumas apostas-limite das problemáticas de imediatez e de atualização. O trabalho sobre a crítica em dança que efetua Isabelle Ginot avança nesse sentido, quando ela define a postura crítica de invenção mais que de conclusão, como uma atitude, *delirante*, rigorosa e pertinente[30]. Situar-se *entre* diversos espaços da obra mais do que sobrepujá-la, ancoragem de um olhar "intuitivo".

Do ponto de vista do dançarino, o que pode realmente significar o fato de alguns movimentos como atualização produzirem, e serem produzidos, por critérios imanentes? Existe uma maneira de avaliar gradativamente a peça, um *feedback* sensorial no movimento, que não passa nem por um desdobramento de um olhar exterior, nem por uma reflexão a partir de uma representação mental dos movimentos em curso, dos seus e dos outros. Toda a atitude imediata que se defina por uma leitura como ação perceptiva e composicional deixa pensar aqui neste intervalo que fende os processos de atualização por meio de uma avaliação. A visão reparte, então, seu primado de avaliação com outros sentidos, essencialmente a propriocepção. A avaliação dos movimentos, de sua correspondência entre si, de sua situação na arquitetura, no espaço, no tempo da peça, se desdobra na escuta perceptiva-ativa.

Ainda aí, a distinção entre um olhar exterior e um mergulho cego em um eu íntimo que se esboça à primeira vista quando se coloca o problema dos critérios ou da avaliação – problema do valor que pode ser quantitativo ou qualitativo – não deve ser compreendida tanto como

---

30. Cf. o último trabalho sobre a crítica de Isabelle Ginot: tese de habilitação para orientação de pesquisas, "La critique en danse contemporaine: théories et pratiques, pertinences et délires" [A crítica na dança contemporânea: teorias e práticas, pertinências e delírios] sob a orientação de J.-P. Olive, Universidade Paris 8, set. 2006.

uma oposição espacial quanto como uma tensão temporal. A avaliação se deslocaria pela experiência sensível do movimento em direção a um "ao mesmo tempo", atenção *e* produção *e* avaliação, no mesmo tempo, imediatamente, tornada possível pelo movimento global de atualização. Na experiência paradoxal da imediatez que é a improvisação, Hamilton explica:

> Trabalhando sobre alguma coisa você produz alguma coisa, mas isso não é o um depois do outro. Você pode saborear e avaliar isso ao mesmo tempo, sem que seja uma finalidade. E o mental pode balouçar de um para o outro, daquilo sobre o que você está trabalhando para o produto[31].

Ele aproxima esta avaliação da ressonância: ela não é uma reflexão; ela é ressonância no corpo, mas também no espaço e até no público. No curso da efetuação do movimento, não existe um olhar a distância julgando aquilo que acaba de se passar por comparação, mas uma oscilação enviesada entre fazer e saborear, ao longo de todo o movimento em curso de se fazer. Ainda uma vez mais, um intervalo que não opera nem distância, nem imitação idêntica. Assim, prossegue ele explicando que o trabalho "técnico" volta-se justamente para a atenção à ressonância neste intervalo, que não chegará jamais em sua *totalidade* ao público:

---

31. Notas de observação do estágio com Julyen Hamilton, Paris, abr. 2008.

A ressonância que se passa em meu corpo não é a mesma que aquela que você recebe, exatamente porque meu corpo ressoa de outra maneira. Eis aí: a comunicação não anda. Você não entende aquilo que eu digo. Porque as coisas vibram em diferentes níveis, existe uma gama diversa de níveis, portanto, cada pessoa do público pode entrar em um nível, um intelectual, o outro rítmico. É aquilo que já se passava em Shakespeare, em Hollywood etc. Quando você não pede que as pessoas compreendam tudo aquilo que você faz, você permite que elas entrem em um nível que é completo, sem que elas devam compreender tudo. Cada movimento pode ser a peça inteira. Mas, para isso, você deve saber tudo sobre esses níveis. É preciso que se aceite ressoar com todos os níveis, que se ouse ressoar com todos os níveis de nossa arte, e isso é um trabalho.

– Um dançarino: E quando isso não acontece? Quanto a mim, eu gosto muito quando não "conecto", quando não existe harmonia.

– JH: Isso é um velho conflito: não se trata de ganhar ou de perder, de conseguir ou de não conseguir, mas de abrir a ressonância, no próprio conflito. E a ressonância não acontece somente depois, ela às vezes se situa mesmo antes porque não se tem um tempo real, linear, mas um tempo radial, em que o presente está no meio. É por isso que, em um concerto, o público aplaude antes, a ressonância está antes do concerto. Portanto, você sabe que isso vai ser bom, isso estimula a imediatez, isso coloca você no meio desta avaliação sem intervalo, não com um pequeno intervalo de "ah, sim, estava bem melhor que da última vez, ou que da outra", mas um intervalo no meio. E é isso o nosso trabalho técnico: colocar-nos no meio da avaliação[32].

Um presente no meio, ainda aí, da efetuação, da composição e da avaliação, no meio do movimento em curso de se fazer, percebido singularmente por uma atenção gravitária, através da propriocepção dos movimentos de meu corpo no espaço. Novamente pelo andar se percebe "concretamente esse esquema postural [...] em torno da relação com o solo pela funcionalidade do pé e de seus diferentes captores de pressão, do olhar e do ouvido interno"[33]. O *feedback*, produção do intervalo no qual se produzem os critérios imanentes, é traçado concomitantemente ao movimento, sentido, escuta visível.

> O dançarino, na obra de Trisha Brown, não é tanto fiel ao espaço que o rodeia quanto atento a uma dinâmica particular do movimento, que necessita de uma escuta e de uma experimentação de frase vivida no mais íntimo traço de sua origem: no próprio pré-movimento. Aqui, o sinestésico passa antes do olhar. Trisha Brown considera não somente que o dançarino deve se deixar comover por seu próprio gesto, comovendo assim o espectador, mas também que, em contrapartida, a presença do espectador e do meio pode influenciar e modificar a representação.

---
32. Idem.
33. Hubert Godard, *Des trous noirs*, op. cit., p. 70.

Hubert Godard identifica esse intervalo, propriamente gravitário, no qual podem se cruzar a sensação do movimento, a avaliação de sua qualidade, o olhar do espectador como simpatia gravitária e a inibição que desfaz os hábitos ou as impossibilidades de movimentos.

Se o intervalo não é mediação na atualização que produz critérios imanentes é porque o critério imanente é oscilação mais que recuo, constituindo a espessura de um intervalo que não é uma distância mediadora. *Mil platôs* situa de maneira prenhe o conceito de atualização e não pode ser lido senão como oscilação: com efeito, a composição do livro opera por copresença dos diferentes platôs. Uma tentativa de contemporaneidade no sentido forte do termo como um gesto de zombaria à necessária linearidade das páginas e das palavras escritas e à impossibilidade de desmanchar as suas condições. Eles fazem jogar certos aspectos de uma atualização tornada livre. Os turbilhões de cada platô, atordoando a leitura, se repetem e tomam direções intensivas diferentes, mesmo esclarecendo certos aspectos do pensamento dos autores. Em particular naquilo que concerne à questão dos critérios imanentes, *a priori* contraditórios. Um critério implica habitualmente certa distância, certa exterioridade daquilo que ele projeta ou avalia. Certamente, às vezes isso tende a uma obstrução de um sistema que com isso não quer ser uno, e que, sendo, morde o próprio rabo; mas acontece que esta leitura desse gesto de oscilação, de intervalo imanente, permite compreender aquilo que constrói, às vezes, uma aporia. Conscientes dos perigos, dosar gradualmente as oscilações:

> experimentai.
> É fácil de dizer? Mas se não existe ordem lógica pré-formada dos devires ou multiplicidades, existem alguns *critérios*, e o importante é que esses critérios não venham depois, que eles sejam exercidos concomitantemente, no mesmo momento, suficientes para nos guiar entre os perigos[34].

Em meio aos perigos, assim como talvez o da evanescência para a dança, o problema se apresenta em termos de dosagens que não podem ser decididas senão fazendo. Então, a questão do critério não é "por quê", mas "como"; ela não é um juízo em termos de bem e de mal como exterioridade referencial, mas um *como* qualitativo renovado a cada passo, situado no processo. Como a atenção imediata e imanente ao processo de criação produz – e é produzida por – uma percepção com uma atualização em um mesmo movimento, mesmo traçando alguns critérios diretamente sobre os movimentos na dança?

Compor entre os corpos e avaliar os movimentos em curso de se fazer e produzir alguns critérios imanentes a um modo de andar não negam o passado dos hábitos e se situam nesta atenção ao presente, pronta a desfazer alguns dos nós de encadeamento dos movimentos no intervalo de sua atualização.

---

34. Gilles Deleuze e Félix Guattari, "Devenir-intense, devenir-animal, Devenir-imperceptible", *Mille Plateaux*, op. cit., p. 305.

Desfazer o impossível

A imagem de Épinal da improvisação como a página em branco aberta a todos os possíveis, em uma liberdade da ausência de todos os critérios, se desvanece por si mesma, através das experiências concretas, de olhar, de movimento e de conceitos. Se as pensamos a partir da atualização, as realidades e as problemáticas da improvisação se afinam: atitude atenta às mudanças, intervalo nos hábitos, agenciamentos de multiplicidades dinâmicas (impulsos dos momentos, dos lugares, dos contextos, dos dançarinos, das dançarinas, dos espectadores etc.), por uma composição como atualização. Ora, se aquilo que se atualiza não fosse previamente possível, as condições no mínimo para a atualização de um processo (como da cristalização de um indivíduo) são as de sua não impossibilidade. Bergson explicou isso ampla e claramente: o erro fundamental consiste em passar de uma definição da possibilidade como não impossível para a definição positiva do possível, e sair disso permitiria sair do antagonismo estéril entre necessidade absoluta ou liberdade total.

Mas então, uma vez mais, se a improvisação é atualização de processo, por que nos formamos e nos repetimos quando improvisamos se não é para fixar e trabalhar sobre os planos possíveis daquilo que vai ser apresentado? Então, em que consiste o trabalho?

Se o possível esvazia-se como o saco das *pré-organizações* que determinam absolutamente os gestos e os atos presentes, o trabalho da improvisação não pode consistir em preparar algumas possibilidades de movimentos. Será um limite para a dança dizer que nem todos os gestos são possíveis? A improvisação particularmente, que pretende trabalhar a partir de uma indeterminação, não estará sempre diante da impossibilidade dela mesma enquanto nem tudo é possível? Ou então será que ela não é de preferência a aposta tornada visível do real que se atualiza sem ter passado pelo compartimento "possível"? Não se trata, portanto, de dizer que a improvisação pode *todos* os gestos, todas as composições.

Tanto para aquilo que diz respeito aos critérios organizados para a composição quanto para sua avaliação, ou então naquilo que concerne ao trabalho de preparação, ensino ou ensaio, pareceria que o trabalho se situa justamente em desfazer alguns impossíveis, mais do que em definir alguns possíveis. Inibir os hábitos de movimentos para abrir o campo das conexões sinestésicas, trabalhar na sinestesia entre os diferentes sentidos (trabalho com o olhar, o paladar, o som etc.) atravessaria amplamente a dança pelo fato de ela não trabalhar tanto na constituição de um repertório de vocabulário possível quanto no ato de desfazer a inibição das impossibilidades de movimentos (imaginários, físicos etc.). Assim, se "não existe senão uma dança contemporânea, a partir do momento em que a ideia de uma linguagem gestual não transmitida surgiu no início desse século"[35], a dança não trabalhará em buscar todas as danças possíveis, mas em desfazer as impossíveis. Aquilo que será atualizado será o não impossível, e não alguns possíveis habitando um mundo irreal.

Assim, o trabalho somático em outras práticas que acompanham hoje em dia quase toda a formação em dança se interessa pela amplitude do movimento, pelas conexões sinestésicas. Seja M. F. Alexander e seu trabalho sobre a inibição do movimento, seja Moshe Feldenkrais e seu interesse pelos múltiplos caminhos sinestésicos para efetuar um movimento, a atenção não está tanto voltada para a definição de gestos possíveis quanto para a redução daquilo que neles impede outros. Reduzir as zonas de impossibilidade para o movimento e, então, tudo aquilo que não é impossível pode ser atualizado[36]. Só o impossível não é real, tudo se joga em seguida na atualização dos não impossíveis mais do que no viés da lamentação sobre alguns possíveis não realizados.

O trabalho de exploração da dança em sua realização não passaria por um "repertório" de todos os gestos possíveis em um corpo, ou de todos os corpos possíveis na dança, mas se prenderia mais em neutralizar algumas das lógicas que os tornam impossíveis. A introdução de outros gestos e de outros imaginários passa, então, por um trabalho minucioso do não impossível, em ressonâncias com

---

35. Laurence Louppe, *Poétique de la danse contemporaine*, op. cit., p. 36.
36. Cf. sobre esse assunto todo o trabalho de Hubert Godard sobre a inibição das reuniões transitórias, apresentado em sua conversação com Patricia Kuypers, *Des trous noirs*, op. cit.

outros lugares que não se deixam limitar à enumeração dos possíveis.

Assim, certas lutas políticas se dedicam à desconstrução daquilo que torna impossível certos modos de existência mais do que à enumeração de todos os temas de direito possíveis que entrariam na lei: uma luta por certa casuística afirmativa. Talvez seja porque a listagem legiferante das identidades aceitas a entrar na lei não cesse de reiterar as abjeções fixando os possíveis opostos àquelas que permanecem impossíveis.

Que atenção pode ser dada ao mecanismo que constitui, de maneira complexa, a preparação de cada caso real? Qual alavanca pode ser acionada, desviada, engrossada, no curso do próprio mecanismo de subjetivação política, mais do que no nível de uma definição? E, então, qual amplitude para um real que não se prende mais estritamente à semelhança com o possível predefinido? *Potência do deslocamento da pré-visão dos possíveis ao grau de imprevisível.*

Pistas conclusivas

Havia tão pouca terra por cima das raízes que provavelmente ela não conseguiria realizar o seu projeto e enterrar seu livro; além disso, os cães o desenterrariam. A sorte jamais premia esse gênero de manifestações simbólicas, pensou ela. Talvez também se fizesse bem em dispensar isso. Ela tinha um pequeno discurso na ponta da língua que tinha a intenção de pronunciar enquanto enterrava seu livro. (Era um exemplar da edição original, assinada pelo autor e o artista.) "Eu enterro este livro a título de oferenda", mas, Senhor! A partir do momento em que se punha a articular tais palavras em voz alta, como elas se tornavam idiotas! [...]
É por isso que ela deixou seu livro no chão, páginas ao vento, sem enterrá-lo, e observou a vasta vista que era essa tarde tão cambiante quanto o fundo do oceano, por causa do sol que a iluminava e das sombras que a escureciam.

Virginia Woolf
"Orlando", in *Oeuvres complètes, romans et nouvelles*,
ed. LGF/Le Livre de Poche, p. 755. Rio de Janeiro:
Nova Fronteira, 2003.

Terminar um período de trabalho, completar uma trajetória e "encontrar o fim"... partindo do início. Bem no início, havia a experiência da gravidade: atravessar e se deixar atravessar pelo peso, entrar nessa relação com o mundo, relação das forças gravitárias. Não reter em seu centro todo o seu peso, o dos outros, o peso do mundo sobre seus ombros; atravessada por uma mudança contínua, traçando os rearranjos em seus graus de imprevisível com os outros, e o mundo. Delinear, fabricar um pouco mais que o experimentado, compor no meio, algumas imagens que se atravessam em múltiplas direções. Difração cutânea, folheamento sensível; *existe, uma* pele; aí ao *meio*; vai-*se* lá.

Encontro descentrado e não mimético de uma filosofia que não quer fazer uma representação teórica da dança. A paisagem enviesada pela redistribuição dos pesos e das levezas tensiona a representatividade da metáfora da "dançarina". Através da experiência da gravidade, certa imediatez trabalha o tempo de produção da dança. O risco de evanescência afasta o presente por um meio *entre* em que a dança traça sua composição articulando, a meio caminho entre a extensão da sensação e a cristalização de uma representação, algumas dinâmicas em movimento, algumas imagens que forçam.

Em torno da representação

Estender para terminar um fio transversal, o do problema da representação, em torno de dois pontos: o sensível e o movimento. Para Deleuze, por sua mediação intrínseca em seu centro (o eixo identitário), a representação não realiza jamais o movimento, e por isso mesmo jamais mobiliza aquilo que ele chama de a "profunda consciência sensível". Com efeito, o movimento cria e é criado em uma coexistência, um emaranhado, uma pluralidade, uma sobreposição de pontos de vista ao mesmo tempo que de coisas vistas, de perspectivas, de momentos, de imagens dinâmicas, ou seja, ele é, intrinsecamente, multiplicidade, e apreendido através desta profunda consciência sensível. Assim, o movimento *deforma* necessariamente, movendo, mobilizando e *forçando* ao movimento. Para a dança, o caráter dinâmico dos corpos em movimento dá e toma forma, recolocando em jogo incessantemente a sua própria deformação. Algumas corporeidades moventes (se) apreendem por sua imediatez, agenciam-se com o meio e por isso mesmo forçam a representação.

Para a filosofia, o trabalho trataria então daquilo que força e com isso deforma no conceito, em vez daquilo que se forma em torno de uma identidade. Não se trata tanto de opor a força à forma, permitindo duas estruturas de compreensão distintas, quanto de distinguir a formação de uma fixidez da força daquilo que já se pôs em movimento, como modo operatório ou meio de construção, de formas que contêm sua deformação. Atenção voltada para aquilo que força a se mover; aquilo que nos *co-move*?

Esse movimento como força, que não é força senão com relação a outra força, a um outro – não existe, no limite, senão relações de forças –, é entendido singularmente a partir da dança se pensarmos nos movimentos como variação das relações de massas, de peso. Aquilo que realmente arrasta a consciência sensível e força o movimento é este emaranhado de forças, é o movimento que se dá em uma real troca de peso, em relações de gravidade. Problemáticas de composição de movimentos que se forçam e se deformam através da gravidade.

Força que passa por uma multiplicação de pontos de vista? Diversidade ecumênica das perspectivas para uma melhor representação? Deleuze é muito claro a esse respeito: multiplicando as mediações, acrescentando pontos de vista, a representação multiplicada não faz entrar em movimento. A multiplicação das representações não é multiplicidade, a única que é atravessada por esta "diferença indo *diferindo*", indo (se) diferenciando, em movimento e mudança, movente e mobilizando tudo em sua passagem. Mais que uma sobreposição dos centros de representação, é preciso que se efetue um descentramento para forçar ao movimento real.

O problema que apresenta a representação é, com efeito, o do centro. A mediação representativa bloqueia a *diferença* fazendo tudo passar por um centro de convergência – que pode ser o sujeito representante assim como o objeto representado. O "re" da representação, duplicando a apresentação, constitui esse centro de convergência, que ordena e organiza as relações, e, fazendo isso, subordina as diferenças. Esta organização das relações por um centro é, para Deleuze, a árvore genealógica tanto quanto o corpo organizado do organismo. A organização não pode passar senão por uma representação centrada de si e do mundo que subsume a diferença sensível à redução do centro. Nenhuma multiplicação dará uma multiplicidade: é preciso passar do "pluricentramento" para o descentramento, em um convite a um pensamento que desvia, querendo arrancar a representação do seu centro. Deleuze constata que o centro de convergência existe, ele é a oportunidade de comparação de elementos em uma relação simples de semelhança: este é diferente daquele. Mas esse juízo comparativo não força nenhum movimento, ele constata uma diferença, mas não parte com ela descrevendo-a, não dimensiona sua deriva. Será inútil multiplicar os pontos de vista, permanecer-se-á essencialmente centrado sobre um sujeito ou um objeto, ou então os dois que vão juntos – maneira de falar, porque eles não vão, eles ficam. Passa-se, portanto, de uma multiplicação de centro a uma multiplicidade descentrada-descentrante. O gesto de *Diferença e repetição* não é nada além disso: mostrar que descentrar é fundamentalmente sair da representação, deformando e forçando, traçando algumas pistas de descentramento. Algumas linhas de fuga?

Um movimento descentrado

No terreno da arte, a questão da representação e de sua crítica é amplamente colocada. A articulação entre movimento e descentramento permite apreender dela um sentido singular.

> O movimento por sua conta implica uma pluralidade de centros, uma sobreposição de perspectivas, um emaranhado de pontos de vista, uma coexistência de momentos que deformam essencialmente a representação: um quadro ou uma escultura já são tais "deformadores" que nos forçam a fazer o movimento, ou seja, a combinar uma visão rasante e uma visão imergente, ou a subir e descer no espaço à medida que se avança. [...] É preciso que cada ponto de vista seja ele próprio a coisa, ou que a coisa pertença ao ponto de vista. É preciso, pois, que a coisa não seja nada de idêntico, mas seja disjuntada em uma diferença na qual se desvanece

> a identidade do objeto visto como sujeito vidente. [...] Cada coisa, cada ser deve ver sua própria identidade engolida na diferença, cada um não sendo mais do que uma diferença entre diferenças. É preciso mostrar a diferença indo *diferindo*. Sabe-se que a obra de arte moderna tende a realizar essas condições: ela se torna nesse sentido um verdadeiro *teatro*, feito de metamorfoses e de permutações. Teatro sem nada de fixo, ou labirinto sem fio (Ariadne enforcou-se). A obra de arte deixa o domínio da representação para se tornar "experiência[1].

Estranhamente, Deleuze imagina um teatro – para o qual se fala voluntariamente de "representação teatral" – para sair do paradigma da representação. Mais fio, nada de fixo, mas, no entanto, alguma coisa se passa, alguma coisa da ordem da diferenciação. São as *metamorfoses* que agitam esse teatro, metáforas tomadas como transformações das formas, que mudam e se deslocam por si mesmas deslocando uma indistinção entre a forma e o sentido: uma "experiência". Em 1968, Deleuze evoca o teatro como esta arte da diferença que vai diferindo. Na sequência, o teatro muda de estatuto em sua filosofia e, ligado aos personagens, à sua identidade, à sua psicologia e ao seu "segredinho sujo", ele será o palco no inconsciente representativo da psicanálise, de tal modo que Deleuze exercitará com mais boa vontade sua filosofia com as artes cinematográfica e literária (com a exceção notável de Beckett e do ator Carmelo Bene).

---

1. Gilles Deleuze, *Différence e répétition*, op. cit., p. 78-9.

Será que a dança não poderia fornecer aqui o território de passagem entre o teatro e o cinema, e o meio das operações de metamorfoses e de permutações concretas? A metamorfose é, então, aquilo que força a fazer o movimento sensível do domínio "sub-representativo". Transformações permanentes através das sensações e composições de uma relação gravitária que vai se diferenciando. Esse grande espaço aberto depois da prática cruzada da leitura de *Diferença e repetição* e da dança permite tecer alguns laços singulares entre esse descentramento da representação, esta profundidade da imediatez e aquilo que força a fazer o movimento. Fazer a experiência com a dança não somente do movimento, ou da presença, mas também do deslocamento forçado e forçante.

Já se podia ler a história da geração dos dançarinos dos anos 1960 em Nova York pelas diferentes declarações de intenção de sair dos lugares da representação (descentramento dos palcos para a rua), o questionamento de suas atividades narrativas (descentramento do tempo linear de composição), a repartição dos lugares de composição fora das partes representativas habituais como o rosto e as mãos etc. (descentramento da significação do corpo). Em um contexto no qual o "problema da representação" levantava algumas problemáticas ao mesmo tempo políticas (luta das minorias), artísticas e filosóficas (crítica do conceito de representação como representação do conceito), a dança é atravessada pelos problemas de distribuição dos pesos, das partilhas entre os movimentos do contexto[2] e dela própria. Novamente, mais do que uma verdade histórica de uma etapa cumprida, surgem alguns atos que incessantemente verificam e percorrem os limites da representação.

Uma linha que delineia esse trabalho é aquela, múltipla, de um descentramento. Como a experiência da gravidade poderia constituir a pista de estudo deste limite da representação na dança? Como falar de descentramento enquanto o movimento estaria ligado ao centro de gravidade?

O descentramento é antes de tudo temporal. Já na obra de Bergson, se a representação é deslocada, descentrada, isso não é tanto em uma rejeição puritana ao nome da presença quanto por um deslocamento essencialmente temporal. O gesto forte de Bergson consiste em pensar um tempo sem centro, enquanto desloca a binariedade corpo/espírito para as relações descentradas de atualização entre matéria e memória descentrada. Esse corpo sem centro estende e é estendido ao presente sensório-motor, em uma atitude de atenção à vida[3], que é equilíbrio, paradoxalmente

---

2. Cf. o estudo sobre a arte contemporânea, ultrapassando amplamente o quadro da dança, de uma arte nos limites da representação: *uma arte* contextual de Paul Ardenne, *Un art contextuel* [Uma arte contextual] (2002), ed. Flammarion, Paris, 2004.

3. "Que deem, aliás, uma olhada na delicada estrutura do sistema nervoso, tal como a revelaram algumas descobertas recentes. Acreditarão perceber por toda parte condutores, e em parte alguma centros. Alguns fios situados de uma ponta à outra e cujas extremidades se aproximam, sem dúvida, quando passa a corrente, eis aí tudo aquilo que se vê. E eis aí, talvez, tudo aquilo que existe, se é verdade que o corpo é um lugar de encontro entre os estímulos recebidos e os movimentos realizados, assim como supusemos em todo o decorrer de nosso trabalho. Mas esses fios que recebem do meio exterior algumas emoções ou estímulos e que os devolvem sob a forma de reações apropriadas, tão engenhosamente esticados da periferia à periferia, asseguram, pela solidez de suas conexões e pela precisão de seus entrecruzamentos, o equilíbrio sensório-motor do corpo, ou seja, sua adaptação à situação presente. Relaxem esta tensão ou rompam este equilíbrio: tudo se passará como se a atenção se desligasse da vida." Henri Bergson, *Matière et mémoire,* op. cit., p. 193-4.

não centrado, em todas as multiplicidades de direções das tendências ao movimento.

Do mesmo modo, na dança, a experiência sensível da gravidade é a de uma expansão e de um desdobramento de uma continuidade *diferenciante*. Se a travessia de desequilíbrios é uma fonte do movimento, seu estudo na sutileza não mobiliza tanto um centro de gravidade quanto uma seriação gravitária. Hubert Godard prefere, nesse sentido, falar de "linha gravitária" do que de centro de gravidade. Pensar os corpos em movimento, em sua dinâmica, exige, segundo ele, pensá-los sem centros que definiriam uma estrutura estável, idêntica a ela mesma:

> Ligar o nascimento ou a qualidade do movimento a uma víscera, a uma zona do corpo, equivale a privilegiar o estrutural à custa do funcional. Não existe ponto central, pela razão de que não existe centro propriamente dito. Você poderá sempre dissecar um corpo, mas você não encontrará nele o centro de gravidade (*risos*). [...] Além disso, eu prefiro me referir à ideia de linha gravitária. A partir do momento em que alguma coisa se movimenta, o centro de gravidade se organiza em cadeia aberta a partir dos apoios ou perdas de apoios[4].

Andando, deslizando sobre o solo, o centro de gravidade se expande em linhas, no desenrolar da mudança

---

4. Hubert Godard, "Le corps du danseur: épreuve du réel", conversação com Laurence Louppe, in *Art Press*, Hors série n. 13, 1992, p. 142.

contínua que é a relação gravitária, extensão entre extenso e inextenso. O movimento se efetua em uma resolução jamais completada dos múltiplos desequilíbrios de cada parte do corpo e através da atualização de tendências direcionais. Os rearranjos incessantes conferem a cada movimento e a cada momento sua qualidade e sua intensidade. A renegociação gravitária dos hábitos e da situação presente se faz menos em um instante de suspensão em um centro do que descarta a todo o momento o movimento em curso de se fazer. Os apoios, as dinâmicas dos contatos com o solo e, portanto, a pele como *me-io* sensível se constituem através da experiência desta sensação-composição na dança. A pele é o menos centrado dos órgãos, ela recobre, esconde e torna visível, dobra e desdobra, enrola e desenrola, se estende e adquire seu volume entre expansão e contração. O movimento é, então, expansão múltipla, dispersão em alguns recantos. A atenção aos detalhes é descentrada e multidirecional. A pele também é descentrada em sua espessura, meio entre um exterior e um interior que não são mais instâncias justapostas, mas vetores direcionais que estendem o movimento, no meio, e esboça algumas tendências virtuais.

A experiência do movimento através da gravidade é a de uma linha gravitária, jamais terminada, incomensurável. Uma espiral? Nas quedas e subidas, até no próprio interior da morfologia dos ossos, são espirais, jamais linhas retas, que se constituem no seio da realidade gravitária, como estruturas no peso. Oscilando entre expansão e contração em "não importa quais" direções, o desenrolar dos apoios modifica os gradientes intensivos. Esboça-se uma tensão sem suspensão, tomada em um movimento de expansão e de contração na espessura do sensível de um "no meio"; no meio dos corpos em movimento, no meio do contexto. Impelir para o meio das coisas, repelir, pôr-se em movimento: lá onde ir para o meio, a partir do meio, não é se pôr no centro, mas, antes intimamente, se descentrar.

Peça a um dançarino para dizer um centro do movimento; será quase sempre uma tensão entre dois lugares, uma diferença de gradiente entre duas sensações. Pergunte a ele a representação que tinha de seu movimento no momento de fazê-lo; essa pode ser uma imagem inspiradora que não é a fonte única do movimento, mas aquilo que o põe em tensão, ou então um emaranhado de sensações sinestésicas, de imagens visuais, de lembranças atualizadas no presente, ou ainda a imaginação de apoios no solo, e ainda muitas outras coisas. Como compreender o movimento dançado como certa experimentação sensível descentrada?

Opera-se outro descentramento quando a composição dos movimentos se efetua *entre* os dançarinos-dançarinas, em diferentes dispositivos: no momento em que é deslocada a *pré-visão*. O centro da obra é deslocado e arrancado, disperso entre os bailarinos, mas verdadeiramente entre eles, ou seja, no meio, e não em cada um deles.

O que será que acontece com a situação do público que assiste a uma "representação" de dança? Será que ele às vezes não é, em certo sentido, forçado ao movimento, ao deslocamento íntimo em uma simpatia *co-movente*, efeito múltiplo de uma "imediatez sub-representativa" – para retomar os termos de Deleuze? Mil coisas se passam ao observar a dança, mas, entre elas, existe um movimento que força o movimento dos espectadores. A relação de empatia[5] descrita por Alain Berthoz dá um indício desta colocação em movimento do espectador que observa a dança. Observar alguém se mexer força uma tendência a se mexer, a reorganizar o seu próprio arranjo gravitário, a entrar em certa temporalidade, uma duração. Hubert Godard fala, nesse sentido, de "empatia sinestésica ou (o) contágio gravitário"[6]. Descentrado em seu próprio peso, o espectador de dança é, possivelmente, *co-movido*. Os movimentos dançados tendem a fazer se mexer, a forçar ao movimento, impelindo esta atitude de esforço. Esta articulação por capilaridade dos movimentos em nossos arranjos gravitários não define uma totalidade fechada e sempre idêntica, mas fornece algumas pistas de apreensão

---

5. Alain Berthoz e Gérard Jorland (dir.), *L'empathie* [A empatia], ed. Odile Jacob, Paris, 2004.

6. "O movimento do outro põe em jogo a experiência própria do movimento do observador: a informação visual gera, no espectador, uma experiência sinestésica (sensação interna dos movimentos de seu próprio corpo) imediata [...] Trans-portado pela dança, tendo perdido a certeza de seu próprio peso, o espectador torna-se em parte o peso do outro. Nós vimos a que ponto esta gestão do peso modifica a expressão, vemos agora a que ponto ela modifica também para o espectador suas impressões." Hubert Godard, *Le geste et sa perception*, op. cit., p. 227.

desta camada sensível, heterogênea, descentrada, imediata, em obra na dança.

Deleuze articula nesta direção de descentramento o movimento e a crítica da representação entre filosofia e arte, a partir da leitura de outros autores – aqui, Kierkegaard e Nietzsche:

> Eles querem pôr a metafísica em movimento, em atividade. Eles querem fazê-la passar ao ato, e aos atos imediatos. Não lhes basta, portanto, propor uma nova representação do movimento; a representação já é mediação. Trata-se, ao contrário, de produzir na obra um movimento capaz de comover o espírito fora de toda representação; trata-se de fazer do próprio movimento uma obra, sem interposição; de substituir algumas representações mediatas por alguns signos diretos; de inventar vibrações, rotações, rodopios, gravitações, danças e saltos que atinjam diretamente o espírito[7].

O projeto é explicitamente aqui dançado e mesmo gravitário, espirais, acelerações-desacelerações para um teatro e uma filosofia em movimentos e em atos, em que a relação da imediatez fora da representação implica uma relação particular de *co-moção*. Potência de uma colocação em movimento escandalosamente "direta", mas que assume, mais que a forma de uma transparência da mensagem,

---

7. Gilles Deleuze, *Différence et répétition*, op. cit., p. 16-7.

a do turbilhão, da espiral que arrasta *com* em um movimento, deslocamento-deslocando (*meta-fora* concreta), capilaridade das ressonâncias, das vibrações.

Retorna-se desta travessia aos limites da representação com a forte sensação de um movimento descentrado que força a se deslocar, da mesma maneira que se pode atravessar a prática da filosofia como aquilo que não cessa de exigir deslocamentos na experiência da realidade. Problemáticas cruzadas com uma dança que operava quanto a ela um deslocamento ancorado no solo, no meio que transforma e é transformado, e sua potência metafórica é impulsionada até esses limites que resvalam na metamorfose, deformante e cambiante. Tomada pela travessia da experiência da diferenciação gravitária, a dança (se) efetua por um descentramento no sentido do comprimento, nas temporalidades que aí se tecem. Mais amplamente, a prática do pensamento força a alguns deslocamentos, dançados, filosóficos, e forçosamente políticos.

Inquietudes cruzadas

Quando tudo se imbrica perfeitamente, Bergson, Deleuze, o imediato, a crítica da representação, talvez seja porque se caiu nas facilidades de uma identificação rápida, de um esquema de maniqueísmo empobrecedor. Na verdade, existem algumas correspondências, e todo um caminho que se traça desde Bergson e a imediatez, precisamente delineada como atitude atenta, passando pela improvisação na dança e pela atitude gravitária na postura no momento de dançar, até a atualização em Deleuze, terminando pela crítica da representação como último ponto de encontro. Porém, uma máquina não produz senão causando algumas perdas; nenhuma correspondência perfeita, em uma absoluta adequação, para uma aplicação qualquer da filosofia bergsoniana à filosofia deleuziana, assim como também entre essas últimas e a dança improvisada.

Há um primeiro risco de girar no vazio nas correspondências entre Bergson e Deleuze. É estreitando as questões em torno da representação que se tornam evidentes os riscos e os limites que tecem as problemáticas de uma filosofia contemporânea, em particular em suas imbricações artístico-políticas. Isso é ainda mais claro se escutamos os rangidos próprios do jogo que se estabelece no ponto de junção entre Rancière e Deleuze. Não pode se tratar, portanto, de concluir em linhas gerais por uma saída homogênea, entusiástica e definitiva da representação, porque os lugares de operações de representação são múltiplos, no próprio interior das obras. Não se pode operar uma homogeneização desenfreada das práticas artísticas pela saída da representação, da mesma maneira que Deleuze não deixa de complexificar algumas linhas de fuga da representação, como oscilações jamais totalmente alcançadas. Além disso, isso seria conferir à representação o papel de categoria definitiva, aquilo que Rancière acha particularmente inadequado no pensamento da arte que ele pensa como partilha do sensível.

Existe um risco muito cedo identificado: o de fazer jogar a presença sensível contra a representação, lendo os textos de Deleuze como uma teoria a ser *aplicada* à prática. Apesar da crítica explícita desta ideia de aplicação, ela não protege completamente de cair naquilo que seria uma aplicação estética do pensamento deleuziano. Rancière faz uma crítica esclarecedora desse risco, e isso particularmente sobre o problema da representação. Para ele, Deleuze estabelece uma crítica da representação em nome de ideais clássicos contra a doxa, a opinião e a figuração.

> "Os dados figurativos" ou a doxa, o que é isso? É a decupagem sensório-motora e significante do mundo perceptivo tal como o organiza o animal humano quando se faz o centro do mundo; quando ele transforma sua posição de imagem entre as imagens em *cogito*, em centro a partir do qual ele recorta as imagens do mundo. Os "dados figurativos" são também a decupagem do visível; do significante, do crível tal como a organizam os impérios, enquanto atualizações coletivas deste imperialismo do sujeito. O trabalho da arte é desfazer esse mundo da figuração ou da doxa, despovoar esse mundo, limpar aquilo que está de antemão sobre todo quadro, sobre toda tela, fender a cabeça dessas imagens para por ali um Saara[8].

---

8. Jacques Rancière, "Existe-il une esthétique deleuzienne?", in *Gilles Deleuze. Une vie philosophique* [*Gilles Deleuze. Uma vida filosófica*], Eric Alliez (dir.), Col. Les empêcheurs de penser en rond, ed. Synthélabo, Paris, 1998, p. 530. São Paulo: Editora 34, 2000.

É, por fim, certo elitismo do sensível que Rancière critica em Deleuze, o problema da "pureza". Uma vez mais, voltando a Bergson por ele mesmo, pode-se ver como o risco da pureza da imediatez da duração pura é um problema que já existe justamente em sua obra. Ao mesmo tempo, é preciso assinalar imediatamente que aquilo que é puro, a "duração pura" em particular, é aquilo que é heterogêneo. Existe uma procura de simplicidade metodológica no fato de propor um problema que não seja um misto. Mas, quanto ao resto, o puro não é a abstração pura das condições do concreto, e mesmo do sentido comum... Uma linha divisória passa para Bergson entre útil e concreto, e não entre útil como equivalente a concreto e a doxa, eles próprios equivalentes, e abstrato como equivalente a inútil, desligado, superior, metafísico, eles próprios também equivalentes. Nesse sentido, o senso comum partilha muitas vezes o mesmo terreno que a metafísica da intuição. Se, em vez de ler Bergson por meio de Deleuze, lê-se Deleuze por meio de Bergson, preservando-se de toda identificação ou filiação muito direta e atento aos distanciamentos, pode-se seguir a pista desse descentramento da figuração "tal como o organiza o animal humano" pelas multiplicidades heterogêneas que Bergson ensina a apreender. Sua pureza é pureza dinâmica e heterogênea, tentativa de um pensamento em movimento que se desfaz de sua fixidez, mais do que uma pureza moral de elevação. Esse dinamismo é próprio, na obra de Bergson, de uma filosofia que pretende mergulhar no mundo mais do que operar uma abstração purificante. Deleuze, segundo Rancière, fez dele uma asseptização de um plano despovoado.

Apreender os jogos nas articulações entre esses pensamentos é tentar afinar as problemáticas nas distâncias, ao mesmo tempo intersticiais e radicais, entre pensamentos que forçam a pensar hoje em dia. Não para fazê-los se assemelhar, em uma larga visão panorâmica, mas para colocar os problemas e as inquietações que atravessam o campo contemporâneo por meio desses dois filósofos. A tendência à asseptização que aponta Rancière mantém uma inquietude benéfica na leitura de Deleuze.

Assim, ele encerra o parágrafo a respeito do pensamento de Deleuze sobre o cinema com esta frase: "Tudo se passa como se o característico da arte fosse alegorizar a travessia para o verdadeiro do sensível, para o espiritual puro: a paisagem que vê, a paisagem de antes do homem, aquilo que precisamente o homem não pode descrever"[9].

O sensível se tornaria o verdadeiro e o puro na travessia da arte pelo fato de que havia um antes do homem? De qualquer modo, a passagem pela potência crítica de Rancière sobre os problemas da representação suscita úteis inquietudes para a leitura de Deleuze e um trabalho filosófico:

> A tradição fenomenológica e a filosofia deleuziana conferem voluntariamente à arte a tarefa de suscitar a presença sob a representação. Mas a presença não é a nudez da coisa pictórica oposta às significações da

---

[9]. Jacques Rancière, *Existe-il une esthétique deleuzienne?*, op. cit., p. 532.

representação. Presença e representação são dois regimes de entrançamento das palavras e das formas. É ainda pela mediação das palavras que se configura o regime de visibilidade das "imediatitudes" da presença[10].

Esta inquietude vai diretamente para a dança: a presença não é nem a nudez, nem a pureza, nem a autenticidade. Isso particularmente porque o problema de um retorno ao sensível como vontade romântica de pureza se encontra no domínio da dança, e particularmente nos estudos sobre os movimentos dos anos 1960-70. É assim que Ramsay Burt[11] critica a interpretação mais corrente que vê nisso uma saída definitiva para o combate entre expressionismo e tecnicidade, para ir em direção a uma dança pura, que toma a si mesma como objeto, e que é, é preciso ressaltar com ele, singularmente norte-americana. Tal interpretação constrói esta dança "pós-moderna" contra a velha Europa que mantém uma relação desgastada com a expressão ou a técnica. Da sua parte, ele propõe uma leitura em ecos das obras de Pina Bausch e de Trisha Brown. Ele questiona seriamente, assim, a visão de uma história da dança indo em direção a uma maior pureza da dança, por sua autonomização, no contexto da luta mais geral por sua legitimação enquanto arte. A noção de pureza é, então, singularmente abalada em sua articulação com a experiência sensível. Em direção a uma pureza do sensível?

---

10. Ibidem, p. 91.
11. Cf. Ramsay Burt, *Judson Dance Theatre. Performatives traces*, op. cit., 2006.

Na literatura agenciada por Deleuze, Rancière insiste sobre a referência à "democracia das almas nuas"[12] de Walt Whitman, como elogio da pureza, com a ideia da nudez como aquilo que é o mais imediatamente sensível. A nudez como transparência à verdade do sensível é um tema familiar da cena particular da dança. E a mesma prevenção que Rancière tem diante da filosofia de Deleuze poderia se endereçar à cena coreográfica dos últimos decênios. Os corpos nus em cena se tornaram uma espécie de clássico da provocação dos códigos supostamente estabelecidos, até correr o risco de não suscitar mais nenhum deslocamento, nenhuma inquietude, nenhum questionamento. Não é evidente que o nu seja o agente provocador de desvelamento de verdade para a dança. Mesmo se pensarmos naquele que hoje parece ser o momento provocador da dança, os anos 1960-70 com os coletivos do Judson Dance Theater e do Grand Union, a nudez não constitui um aspecto particularmente importante das peças apresentadas, e os deslocamentos que nelas têm curso não exigem uma nudez. Quando existe nudez é no quadro da inclusão de movimentos cotidianos, vestir-se, despir-se, ou no quadro bem específico de uma reivindicação militante: no momento da condenação de artistas que tinham queimado a bandeira dos Estados Unidos, em 1970, Yvonne Rainer, Lincoln Scott, Steve Paxton, David Gordon, Nancy Green e Barbara Dilley dançam *Trio A*, uma peça de Rainer, nus,

---

12. Jacques Rancière, *A chair des mots* [A carne das palavras], ed. Galilée, Paris, 1998, p. 198.

enrolados em bandeiras[13]. Então, a nudez não é, portanto, utilizada senão como inserção de um contexto cotidiano ou político, e não para reivindicar uma transparência qualquer verdadeira em si, e ainda menos uma verdade sensível e pura do mundo. A experiência da dança, aqui particularmente em suas práticas improvisadas, desune as correspondências aparentemente evidentes entre movimento puro/autenticidade/nu e transparência em si. Em primeiro lugar, o corpo nu certamente é o menos bem situado para desmanchar as formas e as significações da representação do corpo – se esse era o projeto – nos jogos invertidos de fundo e de superfície; mas, sobretudo, os deslocamentos da composição não se efetuam tanto no sentido de uma pureza da transparência quanto no de uma multiplicidade dos níveis de sensível em obra.

A experiência variável da gravidade e a partilha dos pesos, ao caminhar, ao rolar, tendem mais a uma hibridização

---

13. "Em 1970 nós fizemos um espetáculo, com outros membros do Grand Union – Lincoln Scott, Steve Paxton, David Gordon, Nancy Green e Barbara Dilley – na Judson Church, no qual estávamos nus, com bandeiras norte-americanas de cinco pés amarradas em torno do corpo durante a abertura do People's Flag Show organizado por Jon Hendricks, Faith Ringgold e Jean Toche para denunciar a detenção de diversas pessoas acusadas de terem 'profanado' a bandeira norte-americana, entre as quais o galerista Stephen Radich, que tinha exposto a peça 'flag-defiling' do escultor Mark Morrel em 1967, e cujo caso tinha ido parar na Suprema Corte, onde tinha sido rejeitado por uma falha técnica." *"In 1970 I and some members of the Grand Union – Lincoln Scott, Steve Paxton, David Gordon, Nancy Green, and Barbara Dilley – it in the nude at Judson Church with five-foot American flags tied around our necks during the opening of the People's Flag Show (organized by Jon Hendricks, Faith Ringgold, and Jean Toche as a protest against the arrest of various people accused of "desecrating" the American flag, including gallery owner Stephen Radich, who had shown the "flag-defiling" work of sculptor Mark Morrel in 1967 and whose case travelled all the way to the Supreme Court, where it was thrown out on a technicality."* Yvonne Rainer, *Works*. Tradução da autora.

do que a uma pureza do gesto, ou mesmo do movimento. Ela é sempre certo entrelaçamento, talvez não tanto das palavras que mediatizam essa configuração quanto da percepção-movimento. Na relação gravitária que é o seu deslocante e o deslocado se dá a tecedura heterogênea das matérias, dos corpos, das durações e dos espaços, comuns e abertos, em certos sentidos, e no presente... Ora, o próprio Deleuze exprime essa desconfiança em relação à ideia de presença.[14] Na verdade, o deslocamento da composição em direção a certa imediatez corre sempre o risco de tender a uma depuração, mas o achatamento arriscado se acha muitas vezes ressaltado pelo *entre*, o meio, o intervalo, que aparece como o ponto de dificuldade desse trajeto. Tal seria uma vez mais a inquietude que subsiste, reavivada e afinada por esta breve leitura das críticas de Rancière a Deleuze.

Outra inquietude ressoa em eco menor na leitura que Rancière (entre outros) faz de Deleuze: de acordo, mas, com tudo isso, o que é que se faz? À potência descritiva, à força afirmadora e ao entusiasmo que inegavelmente provoca a filosofia de Deleuze, apresenta-se (ou seja, justapõe-se à leitura) uma questão incessante: "de acordo, mas o que é que se faz com isso?".

> O problema é que com esta substância *pática* não se escreve livro. E o livro deve se fazer por construção de uma fábula analógica, de uma fábula construída para

---

14. Cf. seção "Apresentar".

fazer sentir o mesmo afeto que o desse puro sensível que talvez pense, mas que seguramente não escreve[15].

Para Rancière, Deleuze toma o primeiro caminho da passagem para a estética como sensível heterogêneo, mas recusando-se a ver "o objeto paradoxal" entre arte e vida que é a obra de arte moderna, e ele se fecha em uma pureza que, no limite, pode *ser*, mas não pode *fazer* nada. Percebe-se a irritação de Rancière como diante da obstinação inconsequente de uma criança que não quer ver, que quer, por exemplo, a qualquer custo, manter "a pureza de um modelo antiorgânico" em Proust, empenhando-se em três ocasiões para salvar a sua "coerência" e a sua pureza, sem entrever nisso as consequências paralisantes que Rancière vê[16].

Como pensar esta obsessão da coerência plana que Rancière percebe no projeto de Deleuze? Por exemplo, que operam esses momentos nos quais Deleuze e Guattari se dedicam a desistir da coerência de uma totalidade, do fechamento de um sistema ou da definição de um programa[17]? Seja como for, essa irritação mantém vivos os problemas da pureza do sensível e da coerência de um fechamento de um pensamento sobre si mesmo, de uma

---

15. Jacques Rancière, *Existe-il une esthétique deleuzienne?*, op. cit., p. 535.
16. Cf. Jacques Rancière, *La chair des mots*, op. cit., ed. Galilée, Paris, 1998, p. 198.
17. Essa ausência de programa está explícita na obra de Deleuze e Guattari, no último capítulo dedicado à esquizoanálise de *O anti-Édipo*. Cf. p. 456.

máquina muito bem lubrificada e que não agarra mais nada do real, como inquietudes fundamentais para as leituras e o trabalho do conceito de imediato. Tanto mais que a questão da distinção entre aquilo que *faz* e aquilo que *é* constitui, como já foi dito, um eixo da filosofia de Bergson no momento de pensar como o presente se diferencia do passado. Enfim, na medida em que os desacordos se voltam para a representação e para a presença, as fricções não podem senão afinar os instrumentos de um pensamento situado entre filosofia e dança.

Definitivamente, é em torno do próprio conceito de representação que se intensificam as tensões entre Rancière e Deleuze. Em primeiro lugar, Rancière explica que a mímesis não é uma simples semelhança, enquanto Deleuze apoia toda a sua crítica da representação sobre uma crítica da semelhança na mímesis[18]. Ele mostra como a representação deixa de ser a categoria determinante da história da arte por ela ser atravessada por múltiplas transformações. A representação não é mais a coação exterior que faz a arte depender de uma semelhança como "relação de uma cópia com um modelo. Ela é uma maneira de fazer funcionar as semelhanças no cerne de um conjunto de relações entre algumas maneiras de fazer, alguns modos da palavra, algumas maneiras de visibilidade e alguns

---

18. Cf. Jacques Rancière, *Le destin des images* [*O destino das imagens*], ed. La Fabrique, Paris, 2003, p. 85. Rio de Janeiro: Contraponto, 2012.

protocolos de inteligibilidade", uma "relação entre o fazer, o ver e o dizer"[19].

Ele tira assim da representação seu estatuto de critério discriminante na história da arte e se dedica a pensá-la através das transformações na hierarquia dos gêneros. Por exemplo, a perspectiva não opera tanto uma evolução do poder mimético da representação – aumentando sua capacidade de representar o real por meio da profundidade – quanto assume o encargo de uma nova capacidade de contar histórias, em reconfigurações das imagens, das posições e das tomadas de palavra:

> Para que [a pintura] seja vista como plana, é preciso que sejam desatados os laços que continham suas figuras nas hierarquias da representação. Não é mais necessário que a pintura "se pareça". Basta que suas semelhanças sejam desligadas do sistema de relações que subordinavam a semelhança das figuras ao agenciamento das ações, o visível da pintura ao quase visível das palavras do poema, e o próprio poema à hierarquia dos temas e das ações[20].

As dinâmicas do campo estético não se deixam apreender por uma rejeição qualquer da mímesis, mas pela "revogação da hierarquia dos gêneros", com a pintura de gênero: "Essa representação de pessoas vulgares ocupadas

---

19. Ibidem, p. 86. Sobre esse ponto seria necessário ver, em outro trabalho, a relação disso com os agenciamentos de enunciação na obra de Deleuze e Guattari.
20. Ibidem, p. 87.

em atividades vulgares que se opunha à dignidade da pintura de história assim como a comédia à tragédia".

Nesse sentido, certa desierarquização dos papéis e das funções marcavam os primeiros traços de compreensão de certos projetos coletivos na dança. Mas eram esses deslocamentos operados pela redistribuição das questões do *que* e do *quem* fazem a dança que forçavam outro deslocamento: o das temporalidades da composição, onde se move, igual e diferentemente, a questão da representação. Não será porque o descentramento da representação em Deleuze se prende, diferentemente, à mesma preocupação de ultrapassar a simples crítica sistemática da semelhança, em um deslocamento disforme da fronteira impermeável e organizadora entre sujeito representante e objeto representado? Certo descentramento enviesava a oposição entre percepção-representação e depois representação-ação em Bergson, um descentramento temporal, poder-se-ia dizer, transversal e contínuo, de uma duração que muda sem cessar e trabalha a consciência (e é trabalhada por ela) na interseção sensório-motora. E as imagens, descentradas-descentrantes, compõem uma duração. Uma duração, algumas imagens, alguns devires que descentram a identidade em Deleuze, que transformam e são transformados permanentemente e modificam necessariamente as maneiras de usar a palavra, os agenciamentos de enunciação e mesmo as maneiras de pensar a subjetivação. Um descentramento, um afastamento.

A problemática que se desprende dessas inquietudes cruzadas no terreno da representação persiste e retorna como um estribilho: o de um intervalo que não deixa aplanar a presença ou o sensível em uma transparência absoluta. Atravessando de viés sensações e composições, um intervalo trabalha o presente em seu contínuo desenrolar. Os movimentos de atualização imanente (se) operam ao mesmo tempo uma diferenciação. O intervalo é a imagem, um conceito, que ganha força nos deslocamentos em curso entre filosofia e dança, aqui desafiada entre o teatro rancieriano e o cinema deleuziano. Caminhar tendo à escuta ao mesmo tempo as exigências cruzadas do ato de redistribuição das posições e das capacidades no espaço rancieriano e a potência do devir do cinema deleuziano... Traçar um círculo, depois se lançar.

Enfim, um intervalo

Primeiramente, um intervalo colocado como ponto de partida, quando se esperava desfazer o risco de achatamento entre dança e filosofia. Nenhuma revelação dançada da filosofia, nenhuma explicação filosófica da dança. Tal empreitada entre dança e filosofia não deixa de correr o risco primordial de um empobrecimento na aproximação comparativa, em um símile de diálogo entre duas práticas com histórias, ferramentas e paradigmas diferentes. Talvez, neste encontro, o maior entusiasmo não provenha tanto da assimilação da filosofia com a dança quanto das singularidades de cada uma delas na fricção dos conceitos. No limite, no fim do jogo, elas voltam a ficar de costas uma para a outra, ou são difratadas, cada uma em sua trajetória mais do que assimilada. Não a encenação de um diálogo entre as duas, no qual elas se reconheceriam uma na outra, mas os ecos difratados de um problema que se deixa atravessar por algumas experiências vindas de dois domínios que permanecem distintos. Essa seria uma travessia das acelerações e frenagens própria do trabalho entre as duas.

Em seguida, um intervalo movente, que pretende apreender, em sua impertinência, a problemática da distinção entre improvisação e coreografia. A improvisação existiria na dança? Mais do que uma fronteira entre dois domínios distintos, a exploração do limite é produção do intervalo que não cessa de absorvê-lo no exercício de sua distinção jamais definitiva entre improvisação e coreografia. A escolha de seguir a pista das especificidades dos projetos e dos dispositivos de improvisação no espetáculo permitiu que esse trabalho avançasse, nos detalhes, sobre a imediatez *afastada* da postura do dançarino, a partir da escolha anunciada de "improvisar", ou seja, de radicalizar aquilo que é característico de uma arte viva: se apresentar no presente. Resgatar a especificidade deste intervalo a partir da experiência desta atitude singular de estar à beira de não fazer nada traria à luz certa aposta composicional do imprevisível. Este imprevisível exige repensar o presente, pela medida dos mitos, dos discursos e das práticas da improvisação. Mas tudo indica a hibridização fundamental da improvisação: primeiramente, poucos artistas defendem o trabalho de improvisação como uma exceção absolutamente permeável a qualquer outro modo de composição, reivindicando uma pureza qualquer de escola e de estilo[21]; em seguida, a prática da improvisação é reencontrada hoje em dia no processo de formação dos dançarinos e das dançarinas; enfim, o trabalho de criação de numerosíssimas obras coreográficas contemporâneas utiliza a improvisação como "produção de matéria" para a escrita, com a peça final conservando – ou não – alguns "momentos" improvisados. Isso significa dizer o quanto a extrema variedade dos processos de composição, de escrita e de apresentação de espetáculos em dança nada mais faz além de multiplicar os possíveis pontos de indistinção entre improvisação e escrita (antecipada). Além disso, a interpretação de uma coreografia escrita não suporia *atualizar* uma escrita? Então, o trabalho está interessado em boa parte das questões levantadas pela exploração das ideias e das práticas de improvisação: as da atenção, da articulação e da atualização. As ferramentas conceituais libertas não definem um território *próprio* da improvisação. Elas dizem alguma coisa das inquietudes, das operações e das lógicas da

---

21. Julyen Hamilton, que praticamente apresenta apenas espetáculos improvisados, e cujo trabalho constituiu um dos lugares para o meu trabalho teórico-prático, diz isso muito claramente: a improvisação não o interessa enquanto tal, como categoria definitiva, ou como "label" de seu trabalho; aquilo que o interessa é a composição. Que alguns estilos se constituem, não há nenhuma dúvida, mas não necessariamente centrados na reivindicação da improvisação.

dança na articulação entre sua efetuação, sua composição e o olhar lançado sobre ela.

Mas é que, desde o início, a relação gravitária como problemática do encontro entre dança e filosofia, e como lugar de tecedura das sensações e dos gestos, dizia respeito à dança em seu conjunto. Com efeito, dois gestos abriam este encontro: andar e rolar. Eles identificavam dois limites da composição na dança no sentido amplo: o de compor diretamente nas sensações e o de estar no presente incessante. Apresentava-se, então, o problema da improvisação como aquilo que se propunha a continuar a bordar e transbordar esses limites. No *momento* de compor e apresentar uma dança, apresenta-se a questão sempre renovada de escolher os lugares de sua composição e as articulações de suas imagens? A criação coreográfica contemporânea é larga e diversamente atravessada pelos deslocamentos identificados nesse percurso em torno da improvisação: atitude gravitária que desenrola uma duração contínua e *diferenciante*, e intervalo de uma atenção sensível que compõe agenciando algumas multiplicidades de sensações-ações. A improvisação não ganha corpo senão pelas problemáticas que levanta em suas proposições, senão com o risco de sua própria desaparição, e através das diversas atitudes que cada um(a) inventa em seu exercício. Sua variabilidade e sua hibridização intrínseca fazem que a improvisação escape muitas vezes de si mesma no momento de reivindicar uma definição dela. Porque suas problemáticas são aquelas que habitam todo gesto no presente, percorrê-las em detalhe deixa sentir como alguma parte da dança, *por todos os lados, isso escapa*.

Opera-se, então, um cruzamento mais sutil: será que não se tem às vezes esta sensação, vendo uma improvisação apresentada como espetáculo, de que tudo está escrito, fina e sutilmente composto? Será que não se tem de tempos em tempos esta sensação vendo um espetáculo "coreografado" de que tudo é improvisado, de que cada intérprete cria instantaneamente os deslocamentos, as orientações, os olhares e os gestos apresentados? E será que não se sente que alguma coisa acontece, que se passa alguma coisa, que isso funciona, escapando sempre? Os projetos que se anunciam como improvisados consistiriam, então, em fazer a aposta explícita de se situar nesta atitude atenta, na qual a escuta e a leitura se tornam escrita do gesto. A improvisação como problema mais do que como categoria apresenta mais amplamente à dança[22] a questão de seu gesto cavado pela percepção em curso, por uma atenção sensível a um aqui e agora que confere um sentido, o mais próximo possível dos sentidos, à dança em curso de se mostrar, atitude vivificante e paradoxal que é aquela de *apresentação**. Aposta em uma composição que escava na escuta, que *esvazia* cada gesto, conferindo-lhe, paradoxalmente, en-

---

22. E pode ser nesse sentido toda a dança "contemporânea", no sentido em que Laurence Louppe a entende: "Não existe senão uma dança contemporânea, a partir do momento em que a ideia de uma linguagem gestual não transmitida surgiu no início desse século". Laurence Louppe, *Poétique de la danse contemporaine*, op. cit., p. 36.

* No original, existe um jogo de palavras: *presente-ação*. [N. T.]

tre a *evidência* e o *esvaziamento**, certa sensação de necessidade não determinante e de estranhamento imprevisto. (In)consistência de uma aposta deixando ver um fio fino e forte que tece os momentos e os lugares de uma necessidade imanente e evidente, deixando este estranho gosto amargo: "Era imprevisível, mas isso não poderia ter sido, em nenhum momento, de outra maneira". Uma composição? *Um inexplicável desejo de poesia.* Difícil descrição no limite das palavras, bem ali onde nos poríamos a dançar.

Enfim, um intervalo próprio do paradoxo que atravessa todo o texto: uma dança no presente *e no entanto* um laço com o passado; uma improvisação, *e no entanto* se passa alguma coisa. Era já o intervalo do *e* de "percepção *e* ação", "imediatez *e* composição"; um intervalo torcido pelo ferro do paradoxo não oposicional de um *e no entanto*. *E no entanto, ao mesmo tempo*, expressões que dizem uma diferença que não se contradiz ponto por ponto, mas faz coabitar o heterogêneo, provocando como que uma surpresa: "e no entanto...". Uma vez mais, a exigência de um pensamento da imediatez não achatada. Esta sensação clara no momento de improvisar, de um intervalo que se estende na atenção ao presente. Isso fatia a espessura desse tempo e difrata gradualmente as reações habituais, os gestos que se inscrevem no corpo, para repô-los em jogo. Esta duração criadora não é pensada como uma absoluta invenção de um novo

---

* Aqui ocorre outro jogo de palavras: *évidence* (evidência) e *évidement* (esvaziamento). [N. T.]

abstraído de toda situação: havia o *caráter*. Paradoxo de uma atitude que toma o tempo e se deixa prender em uma imediatez, intensificação não referenciada. Tomar o tempo de uma atenção, longa ou curta, em uma duração que é uma aceleração ou uma desaceleração, incomensurabilidade fulgurante. No termo *intervalo* encontram-se o processo (afastamento) e o resultado (afastado) em uma tendência que não acaba nisso. O intervalo, desfeito de toda a distância entre dois, é apreendido, na brecha, pelo movimento se seu afastamento em curso de acontecer e não acontecer ao mesmo tempo. Ele é um conceito, ele é uma prática.

Em seus usos, um fora atravessa este intervalo, o vento passa por ele e nele produz, em heterogeneidade, o sentido, tal como uma corrente de ar. O intervalo produz. Por exemplo, intervalo de tradução: o problema da tradução do próprio termo *écart** em espanhol, problema com o qual meu trabalho entre a França e a Argentina me confronta, produz um refinamento do conceito. Segundo os contextos, *división, separación, desviación, apertura, descarrilamiento, atajo* ou *descuartizamiento*, os termos que traduzem *écart* sublinham a negação por meio de "des", "a", ou a divisão, a separação. Passando para outra língua, o termo *écart* volta com isso a soar aquilo que nele tinha sido calado no eco atual da palavra em francês: *ex-quarter* – uma separação *partes extra partes* de quarto – e carregado de uma imagem; o esquartejamento da tortura. Que a separação, a exterioridade, o

---

* Traduzido, aqui, como "intervalo". [N. T.]

distanciamento e o esquartejamento não atravessem hoje senão surdamente a palavra "écart" em francês diz alguma coisa de seu uso, ou seja, do conceito, que por sedimentação das camadas de sua negatividade até a sua imperceptibilidade, ressoa aos nossos ouvidos em um sentido afirmativo. O intervalo traça, portanto, em seus deslocamentos: intervalo de uma geografia intensiva. Uma inquietude toda contemporânea por um pensamento das separações que fazem contato, das diferenças sem distanciamento nem desdobramento, dos conflitos e das partilhas. Através desses deslocamentos geográficos, o conceito de intervalo volta ainda mais afiado para falar do problema de uma imediatez que produz alguma coisa.

Assim, o encontro da dança e da filosofia renova as problemáticas contemporâneas da partilha[23], da diferenciação[24], do desprendimento[25], do quiasma[26], do surgimento[27], por meio do problema de certa imediatez do gesto jogado novamente no risco do achatamento. Um meio-entre que se esboça no encontro dos corpos *pe(n)santes* em movimento e o intervalo como figura em partilha nas filosofias mais contemporâneas, ao mesmo tempo que uma

---

23. Jacques Rancière, *Le partage du sensible*, op. cit.
24. Gilles Deleuze, *Différence e répétition*, op. cit.
25. Mathilde Monnier e Jean-Luc Nancy, *Allitérations*, op. cit., p. 55.
26. Michel Bernard, *De la création chorégraphique*, op. cit., p. 118. Cf. mais amplamente todo o capítulo "Esquisse d'une nouvelle problématique du concept de sensation et de son exploitation chorégraphique" (p. 101-21). "Cada sensação faz surgir nela uma espécie de reflexo virtual, um simulacro dela mesma portador de certo gozo, ela produz ou suscita 'no vácuo' ou 'no abismo' a presença gratificante de um duplo fictício e anônimo no seio de nossa corporeidade."
27. Alain Badiou, *La danse comme métaphore de la pensée*, op. cit., p. 14.

linha singular de sua experiência cruzada no campo gravitário comum entre dança e filosofia.

Um intervalo que se estira transformando, estriando transversalmente a continuidade cambiante de uma gravidade-duração. Ele não desprende, ele transforma, ele trabalha, intervalo de uma metáfora concreta, descentrada em seus deslocamentos. Mais que um fora de tempo do surgimento, o intervalo apreendido no transcurso da experiência gravitária de um pensamento na dança corta a continuidade em seu curso. A dança jogando com os limites do presente, com os graus de imprevisível, trabalha alguns processos em curso. Ela compõe algumas coincidências e algumas diferenciações engrossadas, estiradas, em uma duração multilinear, articula por extensão-contração, frenagem/aceleração de algumas imagens que ocorreram sem totalmente se dar: entre atual e virtual, ela não retém tanto quanto faz ressoar em um gesto, sempre estriado, através do silêncio de sua atenção afirmativa. Seguramente existem alguns espantos, algumas rupturas, algumas coincidências próprias do imprevisível, tecendo-se no curso do processo de sensações-ações. No entanto, e enquanto eles são tomados na tecedura de um imediatamente antes e um imediatamente depois que permite articular suas imagens e dar a elas o intervalo necessário a sua ressonância, eles deixam finalmente de ser acontecimentos excepcionais. Pela extensão de uma diferenciação sempre em curso de se operar, estendida entre nomeação e silêncio, algumas imagens não se dão nem como um substrato idêntico constante, nem como surgimento de um começo absoluto.

Será que talvez as corporeidades dançantes assumam com isso, nesse sentido (estiramento sem corte), toda a força de sua singularidade e forcem a filosofia a pensar? Pensar uma imediatez que produz e compõe, um intervalo não distante, nem transparência de uma pura presença em si e no mundo, nem voo leve que escapa sobre um exterior absoluto. *Un intervalo precisamente.*

Se pensarmos em um intervalo que produz e que produz a dança, na travessia da experiência gravitária que enviesa o pesado e o leve, o sentido escapa aí por um traçado de múltiplas direções, mais através do que contra uma ancoragem. A atitude na postura opera em um "imediatamente antes" que o movimento aconteça, já ele próprio movimento, e estria *ao mesmo tempo* todo o seu trajeto. A passagem, o desequilíbrio permanente é ancoragem, radical, movente, que, ao mesmo tempo, se deixa atravessar pelo peso e o atravessa. O intervalo se estende no curso da duração que se desenrola, sobre um mesmo plano de espessura, intensivamente afastado, quase horizontalmente mais do que verticalmente – para aquilo que está ligado à distinção – ou, antes, através da experiência gravitária mais do que contra ela. Então, o sentido não é o resultado do desprendimento pelo intervalo; ele é produção de sentido em um intervalo[28], o processo compreendido no substantivo intervalo, o afastamento que sempre ressoa no intervalo; ali onde a distinção entre dentro e fora não é mais ligada, e mesmo própria ao movimento que não a faz mais estar ligada. Um sentido tecido diretamente sobre o movimento, uma ficção cruzada na percepção[29], não um polvilhamento de sentido, mas uma ficção sensorial que surge na articulação, entre as peles em contato, diretamente ou através do solo, do espaço e do tempo reunidos na gravidade.

Tal é a questão última que levantam os diferentes reflexos de uma filosofia observando uma dança e observando, talvez, através dela a sua própria dança, tal como o Sócrates de Xenofonte que dança diante de seu espelho, com seus próprios sentidos "escapados" o mais próximo possível do intervalo que aí se produz; vertigens de nuances neste intervalo no ponto em que se encontra a filosofia, sempre no limite do não lugar, no momento preciso de falar do corpo, escrevendo por corpos e em corpos. Filósofos levados ao limite de se pôr a dançar.

---

28. "O gesto, que se inscreve no intervalo entre esse movimento e o pano de fundo tônico e gravitário do sujeito; ou seja, o pré-movimento em todas as suas dimensões afetivas e projetivas." Hubert Godard, *Le geste et sa perception*, op. cit., p. 225.

29. "Dinâmica de metamorfose indefinida de tecedura e de destecedura da temporalidade que se efetua no interior de um diálogo com a gravitação." Michel Bernard, *Sens et fiction, ou les effets étranges de trois chiasmes sensoriels*, op. cit., p. 63.

Para entrar no movimento, alguma coisa afrouxa; assumir o risco da queda, de não mais se manter de pé. Uma respiração, um não lugar nessa passagem ao movimento, não uma separação, nem sua imagem refletida em negativo, nem uma preparação ou um plano de deslocamento que será projetado sobre o movimento por vir, mas o intervalo arriscado de um movimento que ocorreu, prenhe de todos os movimentos que não ocorreram neste ocorrer da dança[30]. Existe, ainda, o intervalo gravitário entre o centro de gravidade absoluta e o centro do movimento "real": o movimento do dançarino, diferentemente do de uma marionete, é estendido por esta diferença, o intervalo que Heinrich von Kleist identificava como uma imperfeição. Esta imperfeição que range, e rangendo faz sentido.

Uma dança da ferrugem e dos pequenos ruídos? Autorização das imperfeições no movimento dos espelhos que tendem a desaparecer dos estúdios de dança, o alinhamento pode suportar os reflexos imaginários de alguns descarrilamentos, descentramentos? No rangido, no intervalo, o sentido, estirado? Certamente, pelo fato de ele estar à beira de não acontecer. No meio entre ocorrer e não ocorrer, em uma atualização, *isso anda junto*.

---

30. "Para o dançarino, é ao redor dessas zonas musculares e emotivas que fazem memória que tudo se joga. A tarefa essencial dos músculos tônicos é inibir a queda, manter-se na verticalidade. Para fazer um movimento, é preciso que esses músculos afrouxem. É nesse afrouxar que se gera a qualidade poética do movimento. Segundo a maior ou menor inibição tônica, o movimento será autorizado de maneira mais ou menos comovente." Hubert Godard, *Le corps du danseur: épreuve du réel*, op. cit., p. 142-3.

O intervalo do pé que manca, distanciamento de um modo de andar que range. Leve coxeio irregular de um modo de andar atento à sua queda permanente e a seus mil rearranjos, um "anda-mento" que tece entre a poeira do solo e os dedos dos pés, uma duração sempre cambiante, cujo ritmo ressoa entre dentro e fora. Isso entoa o seu estribilho, e isso parte à deriva.

> Traça-se um círculo, mas, sobretudo, anda-se em torno do círculo como em uma roda infantil [...] Agora, enfim, abre-se o círculo, ele se abre, deixa-se entrar alguém, chama-se alguém, ou então vamos nós mesmos para fora, nos lançamos. [...] Nos lançamos, arriscamos uma improvisação. Mas improvisar é tornar a se juntar ao Mundo, ou se confundir com ele[31].

> O palco. Entrar. "Agora, eles me veem. Que eles me vejam, que eles se habituem a me olhar. Acalmar-se, abrir-se." Eu escolhi um lugar. Permaneço ali. Eu passeio rapidamente meu olhar pelo público. Para vê-los, para que eles possam ver meu rosto, toda a minha atitude, um simples olhar de reconhecimento a título de bom dia. Eu começo. Com aquilo que se apresenta. Uma lembrança, uma forma na sala de espetáculo. Deposito confiança nesta primeira coisa e começo. Eu espero que, o encontro tendo ocorrido, o público consiga seguir aquilo que me interessa, que ele apreenda meu

---

31. Gilles Deleuze e Félix Guattari, *Mille plateaux*, op. cit., p. 383.

compromisso. Em meu imaginário, eu retorno para a vertente norte de Bald Mountain, onde eu vivo. Eu olho ao meu redor e, opa, alguma coisa se passa. Eu vejo a neve. Eu salto e me enrolo no ar. Com as mãos e os pés no ar. Um vento forte de inverno quebra os talos de girassóis ressecados. Ainda. Ainda, se esborrache, salte! O som abafado da neve que cai do teto sobrecarregado. Os pés escorregam para o exterior, som abafado. O corpo inteiro, som abafado, de bruços sobre o solo[32].

O intervalo de um começo. Entrar em cena à beira de não fazer nada. Tornar-se imperceptível na duração que se estira entre os bastidores e o palco, às vezes confundidos em um único lugar. Visibilidades das singularidades de uma improvisação em seus inícios, em suas histórias e suas maneiras de começar, de tomar a palavra, de entrar em uma peça. Os espectadores chegam, todo mundo está lá; a transição do princípio é o intervalo, uma mudança mais do que uma ruptura absoluta, uma continuidade na qual varia o colorido da atmosfera, que se transforma com as luzes, o silêncio do público e certa *a-tensão* que se apodera, transversalmente, dos dançarinos presentes. O intervalo inaugural tem o sorriso irônico de quem continua a fazer a mesma coisa, como se não fosse nada; olhar

---

32. Simone Forti, "Danse animée. Une pratique de l'improvisation en danse" (1996), trad. Agnès Benoit-Nader, in *Improviser dans la danse* [Improvisar na dança], ed. du Cratère. Reed. *Revue Nouvelles de Danse*, n. 44-45, "Simone Forti, Manuel en mouvement", ed. Contredanse, Bruxelas, 2000, p. 209-24.

pendente que se ri da solenidade do grande começo. Redistribuição dos gestos entre dentro e fora, injetada em um estúdio, sobre um tablado no intervalo que ela opera.

Alguém chega, andando com o passo da rua, abre a porta e atravessa o palco, deixa-se apreender por aquilo que existe nele, alguns corpos em movimento, algumas imagens, com o mundo.

BIBLIOGRAFIA

ALLIEZ, Éric. Existe-t-il une esthétique ranciérienne? *La philosophie déplacée. Autour de Jacques Rancière*. Lyon, Horlieu, 2006, p. 271-87.
ARISTÓTELES, *Poétique*. Trad. J. Hardy. Paris, Les Belles Lettres, 1969, reed. Col. Budé, 1932.
ANZIEU, Didier. *Le moi-peau*. Paris, Dunod, 1995.
_____. *Une peau pour les pensées* (1986), entrevistas com Gilbert Tarrab, 2. ed., Paris, Apsygée, 1990.
_____. *Le corps de l'œuvre*. Paris, Gallimard, 1981.
ARDENNE, Paul. *Un art contextuel* (2002). Paris, Flammarion, 2004.
BADIOU, Alain. "La danse comme métaphore de la pensée". *Danse et pensée*. Paris, Germs, 1993, p. 11-22.
BANES, Sally. *Terpsichore en baskets. Post-modern dance*. Paris, Chiron, 2002.
_____. *Democracy's Body, Judson Dance Theatre, 1962-1964*. Durham/ NC/ Londres, Duke University Press, 1995.
BARDET, Marie. *Philosophie des corps en mouvement. Entre l'improvisation en danse et la philosophie de Bergson. Étude de l'immédiateté*. Tese de doutorado em filosofia sob a direção de Stéphane Douailler e Horacio Gonzalez, defendida na Universidade de Paris 8 e na Universidade de Buenos Aires, em 5 de dezembro de 2008.
BERGSON, Henri. *Matière et mémoire* (1896). Paris, PUF, 1985.

_____. *L'évolution créatrice* (1907). Paris, PUF, 2007. _____. *La pensée et le mouvant* (1934). Paris, PUF, 1998.

_____. *L'énergie spirituelle* (1919). Paris, PUF, 1996.

_____. "Le rêve", conferência de 26 de março de 1901. *Mélanges*. Paris, PUF, 1972, p. 443-63.

_____. "Le bon sens", discurso de 30 de julho de 1895 pronunciado na distribuição dos prêmios do concurso geral. *Mélanges*. Paris, PUF, 1972, p. 360-72.

BERNARD, Michel. *De la création chorégraphique*. Pantin, Centre National de la Danse, 2001.

_____. *L'expressivité du corps* (1976). Paris, Chiron, 1986.

_____. "Du bon usage de l'improvisation en danse ou du mythe à l'expérience". Em BOISSIÈRE, Anne e KINTZLER, Catherine (dir.). *Approche philosophique du geste dansé. De l'improvisation à la performance*. Villeneuvre d'Ascq, Presses Universitaires du Septentrion, 2006, p. 129-41.

_____. "Parler, penser la danse". *Revue Rue Descartes*, v. 2, n. 44, p. 110-5, 2004.

_____. "Des utopies à l'utopique ou quelques réflexions désabusées sur l'art du temps". *Mobiles 1: Danse et utopie*, publicação do Departamento de Dança da Universidade de Paris 8, Col. Arts 8. Paris, L'Harmattan, 1999, p. 15-25.

_____. "Sens et fiction, ou les effets étranges de trois chiasmes sensoriels". *Revue Nouvelles de Danse*. Bruxelas, n. 17. Contredanse, 1993. Republicado em _____. *De la création chorégraphique*. Pantin, Centre National de la Danse, 2001, p. 56-64.

_____. "Le mythe de l'improvisation théâtrale ou les travestissements d'une théâtralité normalisée". *Revue L'envers du théâtre*, n. 1-2, ed. 10/18, p. 25-33, 1977.

BROWN, Trisha; GINOT, Isabelle. "Entretien avec Trisha Brown: En ce temps-là l'utopie...". *Mobiles 1: Danse et utopie*, publicação do departamento de dança, Universidade de Paris 8, Col. Arts 8. Paris, L'Harmattan, 1999, p. 107-11.

BURT, Ramsay. *Judson Dance Theatre. Performatives traces*. Londres/Nova York, Routledge, 2006.

Butler, Judith. *Trouble dans le genre. Pour un féminisme de la subversion*. Trad. Cynthia Kaus. Paris, La Découverte, 2005.

Charmatz, Boris; Launay, Isabelle. *Entretenir*. Paris, Centre National de la Danse, Les presses du Réel, 2003.

Deleuze, Gilles. *Différence et répétition* (1968). Paris, PUF, 2005.

_____. *Le bergsonisme*. Paris, PUF, 1998.

_____. *Cinéma, 1. L'image-mouvement*. Paris, PUF, 1983.

_____. "Lettre-préface". Em Buydens, Mireille. *Sahara. L'esthétique de Gilles Deleuze*. Paris, Vrin, 1990.

_____. "Bergson 1859-1941". Em Merleau-Ponty, Maurice (dir.). *Les philosophes célèbres*. Paris, Lucien Mazenod, 1956, p. 292-9. Republicado em _____. "Bergson, 1859-1941". *L'île déserte et autres textes*. Paris, Éditions de Minuit, 2002, p. 28-42.

_____. *Abécédaire* (1988), entrevistas com Claire Parnet, filme de Pierre-André Boutang, primeira difusão, Arte, 1996.

_____. "Les intellectuels et le pouvoir" (1972), entrevistas com Michel Foucault. *L'île déserte et autres textes*. Paris, Éditions de Minuit, 2002, p. 288-98.

_____; Guattari, Félix. *Qu'est-ce que la philosophie?* Paris, Éditions de Minuit, 1991.

_____. *Mille plateaux*. Paris, Éditions de Minuit, 1980.

_____. "Mai 68 n'a pas eu lieu". *Les Nouvelles Littéraires*, maio 1984, p. 75-6. Republicado em Deleuze, Gilles. *L'île déserte et autres textes*. Paris, Éditions de Minuit, 2003, p. 215-7.

Deleuze, Gille; Parnet, Claire. *Dialogues*. Paris, Flammarion, 1996.

Deligny, Fernand. *Les enfants et le silence*. Paris, Galilée, 1980.

Favret-Saada, Jeanne. "Être affecté". *Revue Gradivha*, n. 8, Paris, 1990.

Forti, Simone. "Danse animée. Une pratique de l'improvisation en danse". Trad. Agnès Benoit-Nader. *Improviser dans la danse*. Théâtre d'Alès, Alès, Cratère, 1996, p. 209-24. "Simone Forti, Manuel en mouvement". *Revue Nouvelles de Danse*, Bruxelas, n. 44-45 [re-ed.], Contredanse, 2000.

Foucault, Michel. *Histoire de la sexualité* [tomo 1, 1976]. Paris, Gallimard, 2002.

Ginot, Isabelle. "Une 'structure démocratique instable'". *Mobiles 1:*

Danse et utopie, publicação do departamento de dança, Universidade de Paris 8, Paris, L'Harmattan, 1999, p. 112-8. (Coleção Arts 8)

_____. "La peau perlée de sens". Em DELACAMPAGNE, Christian; GINOT, Isabelle; REMY, Bernard; ROUCH, Jean (dir.). *Corps provisoires*. Paris, Armand Colin, 1992.

GINOT, Isabelle. "La critique en danse contemporaine: théories et pratiques, pertinences et délires". Tese de habilitação para orientação de pesquisas sob a direção de J.-P. Olive, Universidade de Paris 8, setembro de 2006.

GODARD, Hubert; KUYPERS, Patricia. "Des trous noirs. Entretien avec Hubert Godard", *Revue Nouvelles de Danse*, n. 53, Bruxelas, 2006.

GODARD, Hubert. "Regard aveugle". *Lygia Clark, de l'œuvre à l'événement. Nous sommes le moule. À vous de donner le soule*. Catálogo da exposição homônima correalizada por Suely Rolnik e Corinne Diserens. Nantes, Musée des Beaux-Arts, 2005.

_____. "Le geste et sa perception" [posfácio a Isabelle Ginot e Marcelle Michel]. *La danse au XXème siècle*. Paris, Borda, 1995, p. 224-9.

_____. "Le corps du danseur: épreuve du réel", entrevistas com Laurence Louppe. *Art Press, Hors série* n. 13, 1992.

HAMILTON, Julyen; BENOIT, Agnès. "Entretien avec Julyen Hamilton". *Revue Nouvelles de Danse*, Bruxelas, n. 32-33. *On the edge. Créateurs de l'imprévu*, Contredanse, 1997.

HARAWAY, Donna. "The promises of monsters: A regenerative politics for inappropriate/d others". Em GROSSBERG, Lawrence; NELSON, Cary; TREICHLER A., Paula (eds.). *Cultural studies*. Nova York, Routledge, 1992, p. 295-337.

HECQUET, Simon; PROKHORIS, Sabine. *Fabriques de la danse*. Paris, PUF, 2007.

JOHNSTON, Jill. *Marmalade me*. Hanover/NH/Londres, Wesleyan University Press, 1998.

_____. "Paxton's People". *Village Voice*, 4 abr. 1968.

KIERKEGAARD, Søren. *Crainte et tremblement* (1843). Trad. Charles Le Blanc. Paris, Rivages Poche, 2000.

LEPECKI, André. *Exhausting dance, performance and politics of movement*. Nova York, Routledge, 2006.

LOUPPE, Laurence. *Poétique de la danse contemporaine*. Bruxelas, Contredanse, 2000.

_____. *Poétique de la danse contemporaine. La suite*. Bruxelas, Contredanse, 2007.

_____. *Danses tracées: dessins et notation des chorégraphes*. Paris, Dis Voir, 1991. (obra col.)

MALLARMÉ, Stéphane. "Crayonné au théâtre". *Divagations*. Paris, Gallimard, 1997.

MARRATI, Paola. "Le nouveau en train de se faire. Sur le bergsonisme de Deleuze". *Deleuze, Revue Internationale de Philosophie*, n. 241, Bruxelas, 2007, p. 261-71.

MAYEN, Gérard. *De marche en danse, dans la pièce Déroutes de Mathilde Monnier*. Paris, L'Harmattan, 2005.

MONNIER, Mathilde; NANCY, Jean-Luc. *Allitérations. Conversations sur la danse*. Paris, Galilée, 2005. (Coleção Incises).

_____. *Dehors la danse*. Lyon, Rroz, 2001.

_____. "Seul(e) au monde, dialogue entre Mathilde Monnier et Jean-Luc Nancy". Em ROUSSIER, Claire (dir.). *La danse en solo. Une figure singulière de la modernité*. Pantin, Centre National de la Danse, 2002, p. 51-62.

NANCY, Jean-Luc. *Corpus* (1992). Paris, Métaillé, 2000.

_____. *Le poids d'une pensée*. Québec, Le Grifon d'argile, 1991.

NELSON, Lisa. "Nouvelles de danse", entrevistas, n. 32-33. *On the edge. Créateurs de l'imprévu*. Bruxelas, Contredanse, 1997.

_____. "La sensation est l'image". *Revue Nouvelle de Danse*, n. 38-39. *Contact improvisation*, Bruxelas, Contredanse, 1999.

NIETZSCHE, Friedrich. *Ainsi parlait Zarathoustra*. Paris, Folio, 2002.

NOVACK, Cynthia. *Sharing the dance. Contact improvisation and American culture*. Madison (Wisconsin), The University of Wisconsin Press, 1990.

PAXTON, Steve. *Grand Union*. Trad. Elisabeth Schwartz. *Improviser la danse*, publicação dos encontros "Improviser dans la musique et la danse" (abr. 1998). Théâtre d'Alès, Alès, Cratère, 1999.

_____. "Élaboration de techniques intérieures". Revista *Contact Quaterly*, 1993, p. 61-6. Em FABBRI, Véronique. "Langage, sens et contact dans l'improvisation dansée". Em Boissière, Anne; Kintzler, Catherine (dir.). *Approche philosophique du geste dansé. De l'improvisation à la performance*. Villeneuve-d'Ascq, Presses Universitaires du Septentrion, 2006.

Pouillaude, Frédéric. *Le désœuvrement chorégraphique. Étude sur la notion d'œuvre en danse*. Paris, Vrin, 2009.

Rainer, Yvonne. *Work 1961-73*. Halifax/NS, The Press of Novia Scotia College of Art and Design, 1974.

_____. "Interview avec Lyn Blumenthal". *Profile*, v. 4, n. 6, 1984. Em _____. *A woman who...* Baltimore, The Johns Hopkins University Press, 1999, p. 67.

Rambaud, Frédéric. *Paradoxe, problème, désidentification. Recherche sur la philosophie française contemporaine*. Tese de doutorado em filosofia sob a coordenação de Hubert Vincent, defendida na Universidade de Paris 8 em 15 de dezembro de 2008.

Rancière, Jacques. *Le spectateur émancipé*. Paris, La Fabrique, 2008.

_____. *Le destin des images*. Paris, La Fabrique, 2003.

_____. *La chair des mots*. Paris, Galilée, 1998.

_____. *Aux bords du politique*. Paris, La Fabrique, 1998.

_____. *Le maître ignorant: cinq leçons sur l'émancipation intellectuelle* (1987). Paris, 10/18, 2001.

_____. "La méthode de l'égalité". Em Cornu, Laurence; Vermeren, Patrice. *La philosophie déplacée. Autour de Jacques Rancière*. Lyon, Horlieu, 2006, p. 507-23.

_____. "Existe-il une esthétique deleuzienne?". Em Éric Alliez (dir.). *Gilles Deleuze. Une vie philosophique*. Paris, Synthélabo, 1998. (Coleção Les empêcheurs de penser en rond)

_____. "Histoire des mots, mots de l'histoire", entrevistas com Martyne Perrot e Martin de la Soudière. *Revue Communications*, n. 58. *L'écriture des sciences de l'homme*. Le Seuil, 1994.

_____. *Le partage du sensible: Esthétique et politique*. Paris, La Fabrique, 2000.

Rolnik, Suely. "Géopolitique du maquereautage". Trad. Renaud Barbaras, inédita [ed. esp. "Geopolítica del rufián". Em Guattari, Félix; Rolnik, Suely. *Micropolíticas. Cartografías del deseo*. Buenos Aires, Tinta y Limón, 2006, p. 477-91].

RICOEUR, Paul. *La métaphore vive*. Paris, Seuil, 1975.

ROQUET, Christine. *"La scène amoureuse en danse. Codes, modes et normes de l'intercorporéité dans le duo chorégraphique"*. Tese de doutorado em estudos coreográficos sob a orientação de Michel Bernard, defendida na Universidade de Paris 8 em 20 de dezembro de 2002.

ROSSET, Clément. *Le réel et son double* (1976). Paris, Gallimard, 1984.

_____. *Logique du pire*. Paris, PUF, 1970.

ROUX, Céline. *Danse(s) performative(s)*. Paris, L'Harmattan, 2007. (Coleção Le corps en question)

SCHWARTZ, Elisabeth. *Improviser la danse*, publicação dos encontros "Improviser dans la musique et la danse", abr. 1998. Théâtre d'Alès, Alès, Cratère, 1999.

SCHOPENHAUER, Arthur. *Le monde comme volonté et représentation* (1818). Trad. A. Burdeau. Paris, PUF Quadrige, 1966.

TOMPKINS, Mark; BENOIT, Agnès. "Entretien avec Mark Tompkins". *Revue Nouvelles de Danse*, Bruxelas, n. 32-33, *On the edge. Créateurs de l'imprévu*. Contredanse, 1997.

TOUZE, Loïc. "Lorsque le chorégraphe devient auteur-concepteur". Em ROUX, Céline. *Danse(s) performative(s)*. Paris, L'Harmattan, 2007, p. 111-21. (Coleção Le corps en question)

VALÉRY, Paul. *Degas, danse, dessin* (1936). Paris, Gallimard, 1965.

_____. *L'âme et la danse* (1921). Paris, NRF Poésie/Gallimard, 1970.

_____. "Soma et Cem". *Cahiers 1, 1905-1906, Sans Titre*. Paris, Gallimard/La Pléiade, 1973.

WOOLF, Virginia. "Orlando" (1928). *Romans et Nouvelles*. Paris, LGF, 1993.

_____. "Le cinéma". *Revue Arts*, jun. 1926.

_____. *L'écrivain et la vie*. Paris, Payot et Rivages, 2008.

XENOFONTE. *Le banquet*. Trad. P. Chambry. Paris, Flammarion, 1996.

1ª **edição** Março de 2015 | **Diagramação** Megaarte Design
Fonte Palatino | **Papel** Offset 75 g/m² | **Impressão e acabamento** Yangraf